# 기본부터 배우는 나의 첫 가방 교과서
# 가방의 기본

이노마타 유키 지음

## 시작하며

어릴 때부터 재봉틀을 만지면서 재봉을 취미로 하던 제가 처음으로 가방 만들기에 눈을 뜬 건 고등학생 시절이었습니다. 가게에 진열된 가방을 보고 '이런 가방을 만들고 싶다'는 마음이 들었어요. 이렇다 할 지식도 없이 어깨너머로 본 걸 가지고 간신히 만들었지만, 완성도는 그다지 높지 않았죠. 하지만 가방 형태로 만들어냈다는 만족감으로 가슴이 벅찼던 일이 지금도 선명히 기억에 남습니다.

기본을 배우는 것도 물론 중요하지만, 호기심을 느끼는 것 역시 매우 중요합니다. 여러 형태의 가방 만들기에 도전해 보고 싶다는 의욕이 생기면 자연스레 재봉틀을 만질 기회도 늘어날 것입니다.

그럴 때 이 책이 도움이 되어 여러분의 시간을 더욱 즐겁게 할 수 있다면 좋겠습니다.

항상 응원해 주신 여러분께 진심으로 감사드립니다.

이노마타 유키 (neige+)

\* 이 책을 참고로 해서 만든 가방은 개인의 판매 사이트 등을 통해 각종 상품으로 자유로이 판매할 수 있습니다(단, 천 중에는 상업적 이용이 불가능한 것도 포함되어 있으니 주의해 주세요).

\* 작품이 완성되면 해시 태그로 SNS에 공유해 주세요. 핸드메이드를 좋아하는 친구를 만나게 되어 가방을 만드는 시간이 더욱 즐거워질 겁니다.
#가방의기본  #가방교과서

# CONTENTS

이 책을 보는 법 — 6
  주요 용어 정리 — 7
도구에 대하여 — 8
  재봉실과 재봉 바늘의 기본 조합 — 9
  재봉실의 색 고르는 법 — 9
천의 종류와 특징 — 10
부자재의 종류와 특징 — 11
도안 그리기와 천의 재단 — 12
  천의 축임질(선세탁) — 12
  패턴 없이 직선 형태로 도안 그리기 — 12
  패턴을 사용하여 도안 그리기 — 12
  접음선 표시가 있는 패턴 옮겨 그리기 — 13
접착심에 대하여 — 14
  접착심의 종류 — 14
  접착심 붙이는 법 — 14
  접착 퀼트심 붙이는 법 — 14

재봉틀로 꿰매기 — 15
  바늘땀의 길이와 폭 — 15
  침판 보조 눈금 사용하기 — 15
  직선 박기 — 15
  지그재그 박기 — 15
  지퍼를 꿰맬 때 노루발 사용 — 15
  래미네이트 등을 꿰맬 때 노루발 사용 — 15
주요 바느질법 — 16
  꿰매기의 시작과 끝 — 16
  주머니 꿰매기 — 16
  둘레를 한 바퀴 꿰매기 — 16
  창구멍 닫는 법 — 16
  라벨꿰매기 — 16
  천의 부분 명칭 — 17
  천의 겉과 안 구분법 — 17

### TYPE 1   바닥판이 없는 가방

| basic 1 | 납작 가방 — 18 · 20 |
| | 입구에 중앙 표시 넣기 — 22 |
| | 창구멍의 위치 — 23 |
| arrange 2 | 리넨 숄더백 — 19 · 25 |
| arrange 3 | 2way 백 — 19 · 26 |

### TYPE 2   옆판이 없는 T자 가방

| basic 4 | 천 한 장으로 만드는 토트백 — 28 · 33 |
| | 자석 단추 다는 법 — 38 |
| arrange 5 | 커다란 범포 토트백 — 28 · 39 |
| arrange 6 | 퀼팅 그래니 백 — 29 · 41 |
| arrange 7 | 트라이앵글 모양 가방 — 30 · 44 |
| arrange 8 | 링 핸들 토트백 — 31 · 46 |
| arrange 9 | 우드 핸들 토트백 — 31 · 47 |
| arrange 10 | 빅 포켓 배낭 — 32 · 49 |

## TYPE 3 옆판에 삼각형이 보이는 가방

| basic 11 | 2way 숄더백 | 52·54 |
| | 양면 징 박는 법 | 61 |
| arrange 12 | 메신저 백 | 53·62 |
| arrange 13 | 백 인 백 | 53·65 |

## TYPE 4 옆판의 소재가 다른 가방

| basic 14 | 원숄더 백 | 68·70 |
| arrange 15 | 원형 토트백 | 68·75 |
| arrange 16 | 스퀘어 백 | 68·77 |
| arrange 17 | 플랩 토트백 | 69·80 |
| arrange 18 | 플랩 숄더백 | 69·82 |

## TYPE 5 바닥이 둥근 가방

| basic 19 | 마르쉐 백 | 84·88 |
| | 안 몸체에 퀼팅을 사용하는 경우 유의점 | 90 |
| | 가죽에 구멍 뚫는 법 | 90 |
| arrange 20 | 가로로 긴 직사각형 가방 | 85·91 |
| arrange 21 | 절개식 토트백 | 86·93 |
| arrange 22 | 아일렛을 단 버킷백 | 87·95 |
| | 아일렛 다는 법 | 97 |

## TYPE 6 다트를 넣은 가방

| basic 23 | 두루주머니형 가방 | 98·101 |
| | 다트 꿰매는 법 | 102 |
| | 무늬의 크기가 큰 천을 사용할 때 | 103 |
| arrange 24 | 트위드 백 | 99·104 |
| arrange 25 | 양면 그래니 백 | 100·106 |

## TYPE 7 지퍼가 달린 가방

| basic 26 | 클러치 백 | 108·110 |
| arrange 27 | 사코슈 백 | 109·115 |
| arrange 28 | 웨이스트 파우치 | 109·118 |

## TYPE 8 보스턴백

| | | |
|---|---|---|
| basic 29 | 빅사이즈 보스턴백 | 120 · 123 |
| arrange 30 | 사다리꼴 파우치 | 120 · 123 |
| | 작은 라벨 꿰매기 | 124 |
| arrange 31 | 반달 모양 보스턴백 | 121 · 127 |
| arrange 32 | 원통형 보스턴백 | 122 · 129 |

## TYPE 9 프레임을 넣은 가방

| | | |
|---|---|---|
| basic 33 | 물림쇠 프레임 가방 | 132 · 135 |
| arrange 34 | 물림쇠 프레임 파우치 | 132 · 135 |
| | 물림쇠 프레임 다는 법 | 137 |
| | 손잡이 꿰매는 법 | 138 |
| arrange 35 | 바네 프레임 포셰트 | 133 · 139 |
| | 바네 프레임 끼우는 법 | 140 |
| arrange 36 | 와이어 프레임을 넣은 배낭 | 134 · 140 |

## TYPE 10 다양한 소재의 가방

| | | |
|---|---|---|
| basic 37 | 나일론 에코백 | 144 · 150 |
| | 천 이외의 소재 | 154 |
| arrange 38 | PVC 토트백 | 145 · 155 |
| | 스프링 스냅 단추 다는 법 | 157 |
| arrange 39 | 타포린 토트백 | 146 · 158 |
| | 원터치 아일렛 링 다는 법 | 159 |
| arrange 40 | 래미네이트 에코백 | 147 · 159 |
| arrange 41 | 래미네이트 보냉 토트백 | 147 · 161 |
| arrange 42 | 타이벡 클러치 백 | 148 · 163 |
| arrange 43 | 인조 가죽 심플 백 | 149 · 165 |
| arrange 44 | 인조 가죽 바이컬러 백 | 149 · 165 |

## 유치원 및 학교용 소품

| | | |
|---|---|---|
| basic 45 | 학원 가방 A | 167 · 169 |
| basic 46 | 학원 가방 B | 167 · 169 |
| arrange 47 | 신발주머니 A | 167 · 172 |
| arrange 48 | 신발주머니 B | 167 · 172 |
| arrange 49 | 체육복 주머니 | 168 · 174 |
| arrange 50 | 컵 주머니 | 168 · 174 |
| arrange 51 | 어른용 레슨백 | 168 · 175 |

# 이 책을 보는 법

이 책에서는 총 10개 타입의 가방을 소개하고 있으며, 각 타입별로 기본형에 해당하는 기본 작품(basic)과 기본 작품을 응용해서 만드는 응용 작품(arrange)으로 구분됩니다.

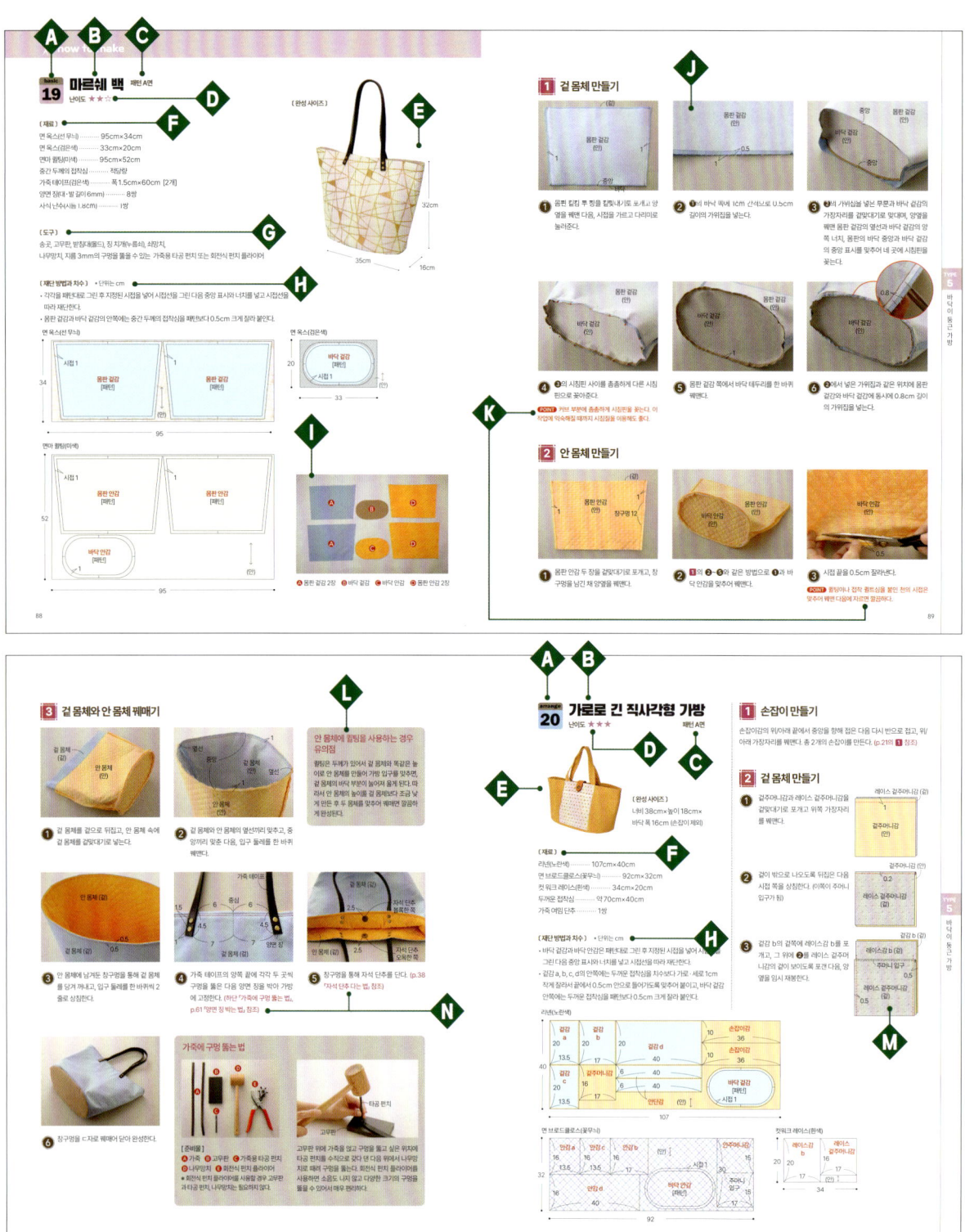

### A 작품 번호
작품에는 1~51까지의 번호가 붙어 있는데, 번호가 적힌 상자의 색은 기본 작품과 응용 작품의 테마 색으로 되어 있다. 기본 작품의 테마 색은 분홍색, 응용 작품의 테마 색은 파란색이다.

### B 작품명
가방의 쓰임과 형태가 반영된 가방의 이름이다.

### C 사용된 패턴
패턴을 사용해야 하는 작품은 패턴이 실린 특별부록의 게재 면을 표시했다.

### D 난이도
제작의 난이도를 별 세 개로 표시했다.
- ★☆☆ 초보자도 쉽게 만들 수 있는 간단한 가방이다. 비교적 단시간에 제작할 수 있다.
- ★★☆ 가방 만들기에 다소 익숙해진 중급자용 가방이다. 재봉해야 할 부품도 많아진다.
- ★★★ 상급자에게 추천할 만한 가방이다. 재봉할 부분이 많고, 만들기가 다소 복잡하다.

### E 완성 사진과 사이즈
완성된 가방의 치수를 표기하였다. 기본 작품의 경우 가방 사진에서 해당하는 부분의 치수를 표시하였고, 응용 작품에서는 가방의 '너비×높이×바닥 폭'의 치수로 기재하였다.

### F 재료
가방 제작에 필요한 천의 종류와 양, 부자재(p.11 참조) 등이다. 실제로 사용한 것을 기재하였으며 취향에 따라 변경할 수 있다. 천의 치수는 '가로(폭)×세로(길이)'로 기재했다.

### G 도구
기본 도구 외에 필요한 도구가 있는 경우에 기재했다.

### H 도안과 치수
치수(cm)가 표시된 안내도이다. 패턴 없이 그리는 부분은 도안에 표시된 치수대로 선을 그어 자르면 되고, 패턴을 사용하는 경우 도안과 해설을 참고하여 그리고 재단한다. 도안에서 접착심을 붙이는 곳은 하늘색, 퀼트심을 붙이는 곳은 연노란색으로 표시했다.

### I 재단한 천 사진
재단 방법과 치수에 맞춰 자른 천 부품을 사진으로 소개하고 있다.

### J 만드는 법 사진
기본 작품은 만드는 과정을 사진으로 설명한다. 이해를 돕기 위해 원래 사용한 원단과 상관 없이 따라 하기 과정 속 사진에서는 무늬가 없는 무지 원단과 붉은색 실을 사용하였다. 사진에 표시된 숫자는 치수(cm)를 의미한다.

### K Point
해당 과정에서 주의해야 할 점을 설명한다.

### L 도움말 칼럼
가방 만들기에 도움이 되는 정보나 가방 부자재 다는 법 등을 설명한다.

### M 만드는 법 일러스트
응용 작품은 만드는 과정을 일러스트로 설명한다. 해당 과정에서 꿰매는 재봉선은 일러스트 상에서 붉은 점선으로 표시하고 있다.

### N 참조 페이지
앞서 게재된 작품과 같은 방식으로 만드는 부분은 그 작품의 해설을 참조하여 작업할 수 있도록 해당 페이지를 표기하였다.

---

## 주요 용어 정리

**꿰매기**
'꿰맨다'고 표현한 곳은 따로 언급이 없는 경우 모두 재봉틀의 직선 박기를 의미한다. 꿰매기가 시작되는 곳과 끝나는 곳은 되돌아 박기를 한다.

**임시 재봉**
부품 등의 위치가 어긋나지 않도록 시침질하거나 바늘땀을 크게 해서 거칠게 꿰매 임시로 고정하는 것을 말한다.

**창구멍**
두 원단을 겉과 겉을 맞대어 꿰맨 후 겉쪽이 밖으로 나오도록 뒤집기 위해 일부를 꿰매지 않고 두는 것을 말한다. 뒤집을 때 실이 풀리지 않도록 창구멍이 시작되는 부분과 끝나는 부분은 반드시 되돌아 박기를 한다.

**입구**
가방의 입구를 뜻한다.

**너치(맞춤점)**
부품끼리 꿰맬 때 위치를 맞추기 위한 표시이다.

**겉맞대기**
천을 겉과 겉이 맞닿도록 겹치거나 포개어, 각각의 안쪽이 바깥으로 나오도록 하는 것을 말한다.

**안맞대기**
천을 안과 안이 맞닿도록 겹치거나 포개어, 각각의 겉쪽이 바깥으로 나오도록 하는 것을 말한다.

**꿰매기가 끝나는 곳, 개더 주름이 끝나는 곳**
개더 주름을 잡는 등의 일부만 꿰맬 경우, 꿰매기가 시작되는 곳과 끝나는 곳을 나타내는 표시이다.

## 도구에 대하여

이 책에 실린 가방을 만드는 데 필요한 도구를 소개합니다.

《기본 도구》

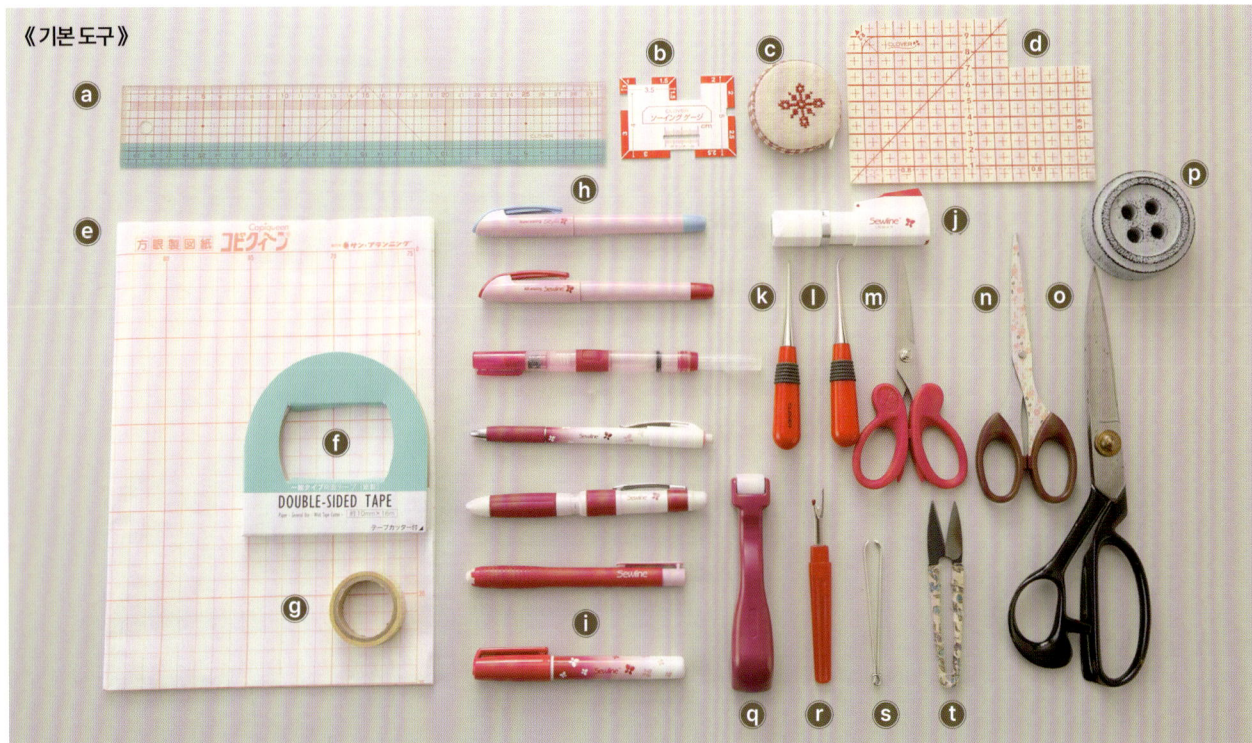

- **a 방안자** 투명하고 모눈이 들어간 자
- **b 시접자(소잉 게이지)** 1~5cm까지 5mm 단위로 표시가 되어 있는 미니 사이즈 자. 곡선 모양의 시접선을 그을 때 편리하다.
- **c 줄자**
- **d 다리미 자** 방안자 위에서 접고 싶은 폭으로 접고, 그 위에 직접 다림질을 할 수 있다.
- **e 모눈 제도지** 패턴을 옮길 때 사용하는 얇고 탄력이 있는 종이. 눈금이 표시되어 있어서 직선이나 좌우 대칭의 패턴을 옮기기 좋다.
- **f 양면 테이프** 라벨 등 작은 것을 임시로 자리를 잡아두는 데 쓴다. 얇은 종이로 된 것을 추천한다.
- **g 마스킹 테이프** 재봉틀의 침판 보조 눈금(p.16)이나 금속 프레임(p.137)처럼 직접 선을 그려 넣기 힘든 곳에 붙여서 표시할 때 사용한다.
- **h 표시용 펜과 지우개** 물로 지울 수 있거나 시간이 지나면 자국이 사라지는 펜형 초크, 물로 지워지는 펜, 샤프펜슬 형태의 초크, 선을 지우기 위한 지우개 등이 있다. 펜은 선을 그려 넣는 소재의 재질이나 색상, 표시를 넣는 위치 등에 따라 적당한 것을 고른다.
- **i 스틱형 풀** 시침핀이나 시침실을 대신하여 임시로 고정하는 풀이다.
- **j 실끼우개(실꿰기)**
- **k 송곳** 구멍을 뚫거나 가방 몸체의 모서리를 깔끔하게 잡는 용도, 재봉틀로 꿰맬 때 시침핀이나 시침실 대신 천을 누르는 용도로 사용한다.
- **l 커브 송곳** 끝부분이 곡선으로 되어 있어서 솔기를 풀거나 둥근 바닥을 만들기 위해 깔끔한 곡선을 만드는 데 편리하다.
- **m 수예용 가위** 시접을 자르거나 가위집을 넣는 등 세부적인 작업을 할 때 편리한 가위다.
- **n 크래프트 가위** 종이나 접착심을 자를 때는 꼭 크래프트 가위를 사용한다.
- **o 재단용 가위** 천을 자르기 위한 전용 가위. 래미네이트나 나일론 등 천 이외의 소재에는 사용하지 않는 게 좋다.
- **p 웨이트(문진)** 패턴을 모눈 제도지나 천 위에 옮길 때 눌러주는 용도
- **q 누름용 롤러** 접은 자국을 낼 때 다리미 대신 사용하면 작업 시간을 단축할 수 있다. 래미네이트나 나일론 등 다리미를 사용하기 어려운 소재에도 편리하다.
- **r 리퍼(실뜯개)** 재봉틀로 박은 솔기나 단추를 꿰맨 실 등 가위로 자르기 힘든 실을 끊을 때 쓴다.
- **s 끈끼우개** 두루주머니 등에 쓰는 끈이나 테이프를 넣을 때 쓴다. 끈의 끝부분을 끼워 쓰는 타입은 끈의 굵기와 상관없이 사용할 수 있어서 매우 편리하다.
- **t 쪽가위**

《실과 바늘》

**A 시침실** 지퍼 가장자리나 재봉틀을 이용해 임시로 꿰매기 힘든 부분은 시침실로 손바느질을 한다.

**B 시침핀** 천의 가장자리나 너치끼리 맞추어 고정하여 움직이지 않게 한다. 재봉틀로 꿰맬 때는 재봉 바늘이 떨어지기 직전에 순서대로 뺀다.

**C 손바늘** 단추나 태그, 손잡이 등을 꿰맬 때, 창구멍을 닫을 때 쓴다.

**D 손바느질용 실** 번호가 클수록 실이 가늘어지므로, 천의 두께에 맞는 굵기를 고른다.

**E 재봉실** 번호가 클수록 실이 가늘어진다. 이 책에서는 폴리에스테르 60번 재봉실을 사용하였다.

**F 재봉 바늘** 번호가 클수록 바늘이 굵어지므로, 천의 두께에 맞추어 고른다. 이 책에서는 면 옥스나 면 브로드클로스 등 일반 두께의 천에는 11번 바늘, 범포나 래미네이트 등의 두꺼운 천에는 14번 바늘을 사용하였다.

**G 수예용 클립** 시침핀을 꽂으면 구멍이 남는 래미네이트(가공지)나 시침핀을 꽂기 힘든 두께의 부분에 사용한다.

## 재봉실과 재봉 바늘의 기본 조합

면이나 삼베 재질 등 늘어나지 않는 천을 사용할 때는 폴리에스테르 등 합성섬유로 된 실이 좋다.

| 재봉실 | 재봉 바늘 | 용도 |
|---|---|---|
| 90번 | 9번 | 론이나 시폰과 같은 얇은 천 |
| 60번 | 11번 | 옥스, 시팅, 리넨과 같은 일반 두께의 천 |
| 60번, 30번 | 14번, 16번 | 범포, 데님, 래미네이트와 같은 두꺼운 천 |
| 니트용 50번 | 니트용 바늘 | 니트 등의 신축성이 있는 천 |

## 재봉실의 색 고르는 법

재봉실은 솔기가 눈에 띄지 않게 천과 비슷한 색을 골라야 한다. 무늬가 들어간 천에는 무늬로 제일 많이 사용되는 색의 실을 고르는 게 기본이다. 또한 서로 다른 색의 겉감과 안감을 꿰매어 붙일 때 재봉실의 윗실과 밑실의 색을 천에 맞추어 고르면 솔기가 눈에 띄지 않으면서 깔끔하게 마무리할 수 있다.

## 천의 종류와 특징

이 책에 실린 작품에서 사용하는 주된 천을 소개합니다. 어느 천이든 모두 색과 무늬가 다양하므로 취향에 맞게 조합하여 사용해도 좋습니다.

### 면 옥스

씨실과 날실을 두 줄씩 늘어 세워 촘촘하게 짠 평직의 두툼한 천이다.

### 면 브로드클로스

평직 천으로, 표면에 가로로 된 이랑이 보인다. 밀도가 높고 고급스럽다.

### 면 론

광택이 나며 얇고 보들보들하다. 겉감으로 쓸 때는 접착심을 붙이는 게 좋다.

### 면 트위드

일반적인 울 트위드의 질감을 유지하면서 가볍고 사용하기 쉽다.

### 면 트윌

능직 무늬(비스듬한 방향의 무늬)로 짠 천으로, 부드럽고 표면에 비스듬한 라인이 들어간 것처럼 보인다.

### 데님

트윌의 일종으로, 날실에 인디고(쪽 염색) 실을 사용한 천이다.

### 11호 범포(캔버스)

범포의 호수는 두께를 뜻한다. 11호가 가정용 재봉틀로 꿰매기 좋은 두께다.

### 면마 시팅

성글게 짠 평직물로 밀도가 낮고 통기성이 좋은 것이 특징이다. 저렴한 가격으로 구입하기 좋은 것도 매력이다.

### 면마 선염 스펙(speck)

소박한 느낌의 얼룩이 진 실을 사용해 짠 천이다. 부드럽고 적당히 두껍다.

### 퀼팅

두 장의 천 사이에 면이나 솜을 끼워 꿰매어 누른 천이다.

### 리넨

튼튼하고 세탁에도 강해서 사용할수록 부드러워진다. (사진은 컬러 리넨)

### 컷워크 레이스

천에 자수를 넣고 안쪽을 잘라내어 레이스 무늬를 만든 천이다.

## 부자재의 종류와 특징

천 이외에 가방 만들기에 편리하게 사용할 수 있는 시판 부자재를 소개합니다.

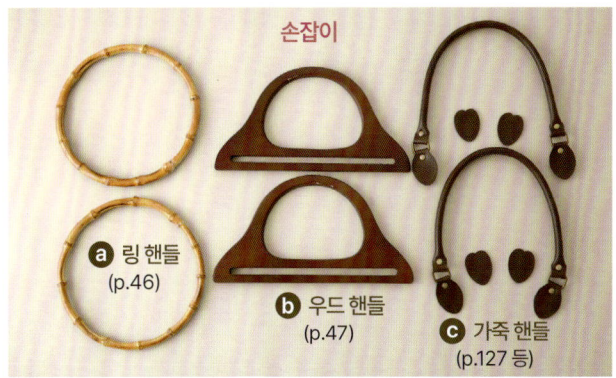

손잡이
- ⓐ 링 핸들 (p.46)
- ⓑ 우드 핸들 (p.47)
- ⓒ 가죽 핸들 (p.127 등)

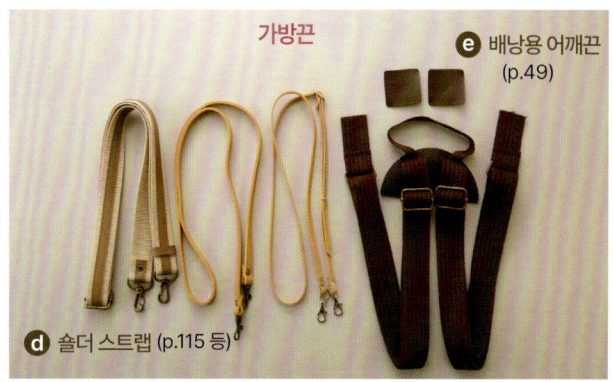

가방끈
- ⓓ 숄더 스트랩 (p.115 등)
- ⓔ 배낭용 어깨끈 (p.49)

- ⓐ는 둥근 모양의 손잡이, ⓑ는 나무 소재의 손잡이로, 몸체의 입구를 꿰매어 연결한다. · ⓒ는 가죽(천연 혹은 인조) 소재의 손잡이로 손잡이 고정 부분을 몸체에 꿰매거나 양면 징으로 고정한다. 색과 사이즈가 다양하다.

- ⓓ는 어깨에 멜 수 있는 끈으로, 양쪽에 달린 개고리를 가방에 달린 D링 등에 끼워 연결한다. · ⓔ는 웨빙끈, 조리개, 합성 피혁 부품으로 이루어진 어깨끈 세트로 가방에 꿰매어 붙이기만 하면 되므로 쉽게 배낭을 만들 수 있다.

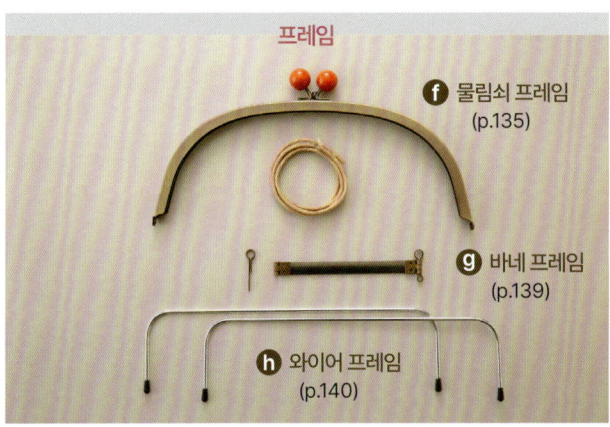

프레임
- ⓕ 물림쇠 프레임 (p.135)
- ⓖ 바네 프레임 (p.139)
- ⓗ 와이어 프레임 (p.140)

잠금 장식과 고리
- ⓘ 삽입형 고정쇠 (p.82)
- ⓙ 가죽 여밈 단추 (p.91)
- ⓚ 가죽 장식 연결고리 (p.165)

- ⓕ는 구슬 모양의 꼭지쇠를 비틀어 여는 물림쇠로, 가방 입구에 단다. · ⓖ는 손으로 양끝을 눌러 열 수 있는 프레임으로, 주로 작은 파우치에 단다. · ⓗ는 와이어가 모양을 유지해주며 지퍼와 함께 사용하면 입구를 탄력 있게 만들 수 있다.

- ⓘ는 밀어 끼우는 슬라이드 락 형태의 잠금 장식이다. · ⓙ는 가죽에 똑딱(자석) 단추가 달려 있는 잠금(여밈) 장식이다. · ⓚ는 가방에 부착해 손잡이나 스트랩을 걸 수 있는 고리로, 양면 징으로 고정하는 형태의 것을 사용하였다.

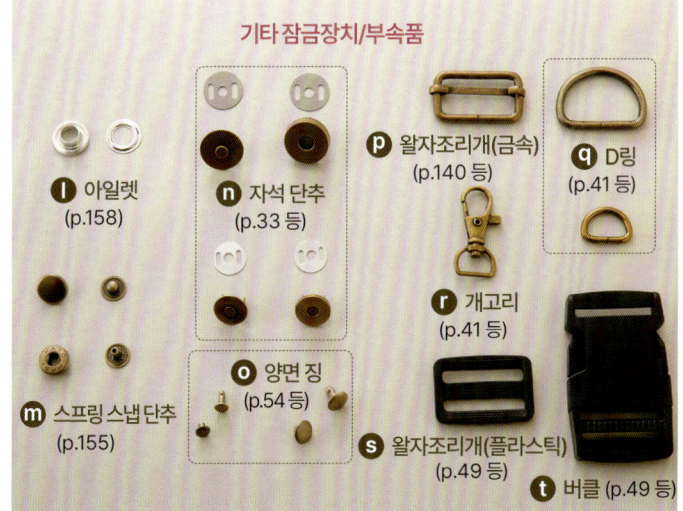

기타 잠금장치/부속품
- ⓛ 아일렛 (p.158)
- ⓝ 자석 단추 (p.33 등)
- ⓟ 왈자조리개(금속) (p.140 등)
- ⓠ D링 (p.41 등)
- ⓜ 스프링 스냅 단추 (p.155)
- ⓞ 양면 징 (p.54 등)
- ⓡ 개고리 (p.41 등)
- ⓢ 왈자조리개(플라스틱) (p.49 등)
- ⓣ 버클 (p.49 등)

- ⓛ은 구멍에 끼우는 링 모양의 부속품이다. · ⓜ은 똑딱 단추처럼 채우고 여는 단추로, 안쪽에 스프링이 들어 있어 탄력이 있다. · ⓝ은 가방 입구를 잠그는 데 사용되는 자석으로 된 단추이다. · ⓞ는 손잡이나 라벨 등을 고정할 때 박아 넣는 장식이다. · ⓟ와 ⓢ는 끈의 길이를 조정하는 데 쓴다. · ⓠ는 개고리 등을 끼워 연결하는 데 사용한다. · ⓡ은 어깨끈이나 스트랩 끝에 달아 D링 등에 끼워 연결하는 부속품이다. · ⓣ는 테이프나 끈 등의 끝에 끼우고 다른 한쪽의 끝을 끼워 넣어 고정하는 잠금장치이다.

## 도안 그리기와 천의 재단

천의 안쪽(뒷면)에 펜 형태의 초크로 선을 긋거나 패턴을 옮겨 그리고 필요한 부품을 모두 준비해둔 다음에 재단합니다.

### 패턴 없이 직선 형태로 도안 그리기

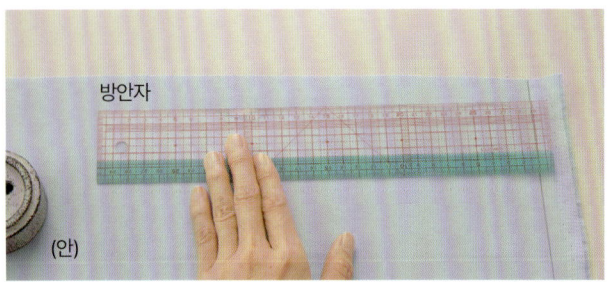

천의 안쪽(뒷면)에 방안자를 사용하여 펜 형태의 초크로 직선을 긋는다. 이 책에서 패턴이 없는 부품은 모두 시접이 포함된 치수로 되어 있으므로, 따로 시접을 더하지 않고 그린다.

#### 천의 축임질(선세탁)

선세탁이란, 천에 한 번 습기를 가해 줄어들게 하고 나서 결 방향을 따라 정리하는 것을 뜻한다. 리넨이나 마혼방 소재의 천은 줄어들 우려가 있으므로 이 작업을 해야 한다.
천 가장자리를 씨실을 따라서 똑바로 사른 다음, 물에 1~2시간 담갔다가 귀퉁이를 직각으로 가다듬어 음지에서 말리고, 반건조 상태에서 다림질하여 천의 결을 다듬는다. 면 소재의 천은 스팀 다리미로 결을 정리한다.

### 패턴을 사용하여 도안 그리기

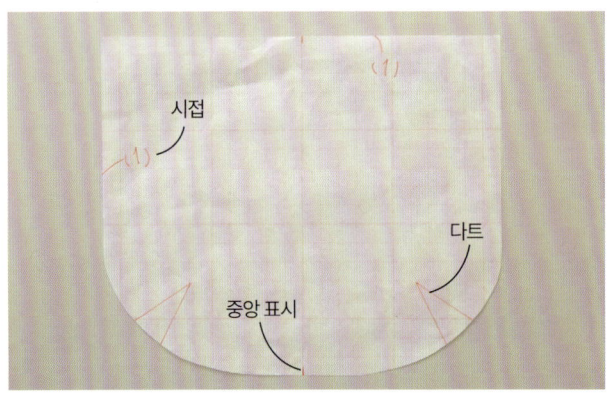

① 패턴을 모눈 제도지에 옮기고 모양대로 자른다. 중앙 표시, 너치(맞춤점), 다트, 시접 치수도 옮겨 그리거나 적는다.

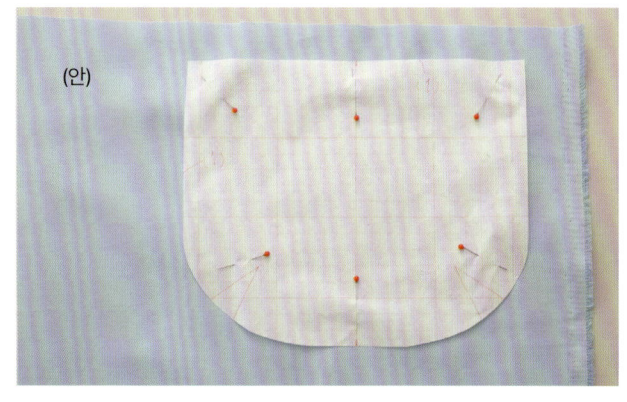

② 천의 안쪽에 패턴을 올리고 시침핀으로 고정한다.

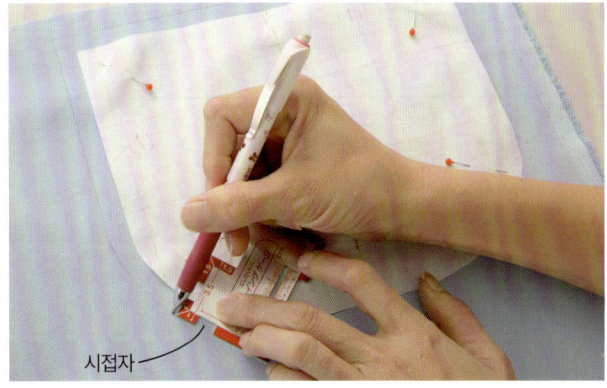

③ 펜 형태의 초크로 패턴 주위에 지정된 치수의 시접을 넣어 시접선을 그린다.

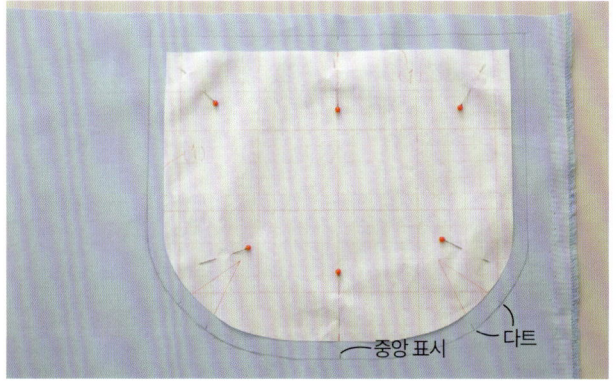

④ 시접 부분에 중앙 표시, 다트 등을 옮긴 다음 시접선을 따라 천을 자른다.

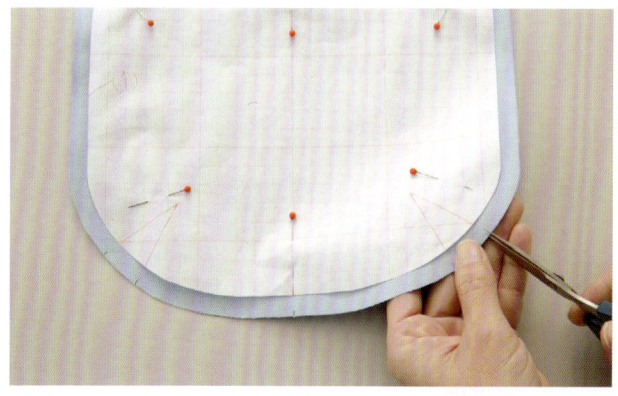

⑤ 다트나 너치에 0.5cm의 가위집을 넣는다. 이렇게 가위집을 넣어두면 초크로 표시한 천의 안쪽뿐 아니라 겉쪽에서도 위치를 알 수 있어 편리하다.

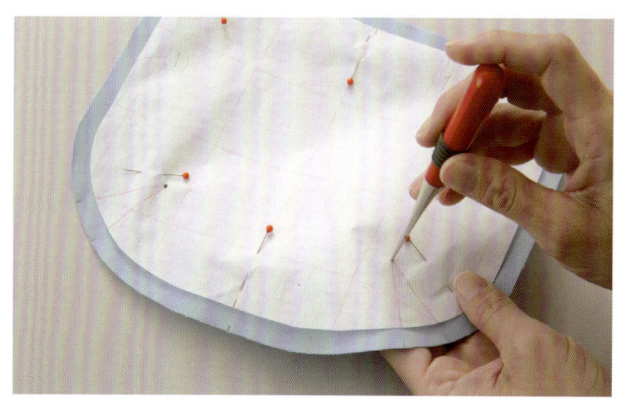

⑥ 다트의 꼭짓점은 송곳으로 살짝 구멍을 뚫어둔다.

⑦ 패턴을 벗기고 천을 반으로 접은 다음, 접히는 곳 끝에서 0.3cm 정도의 위치를 비스듬하게 잘라 중앙 표시를 한다.

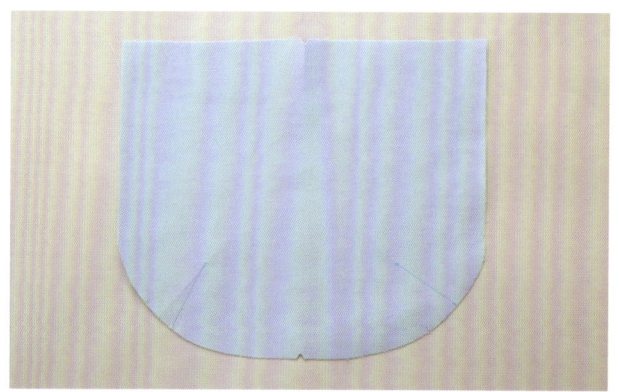

⑧ 다트 꼭짓점을 펜 형태의 초크로 다시 표시하고, 꼭짓점과 다트의 오른쪽 끝을 잇는 선을 그린다.

## 접음선 표시( )가 있는 패턴 옮겨 그리기

### 일반 천

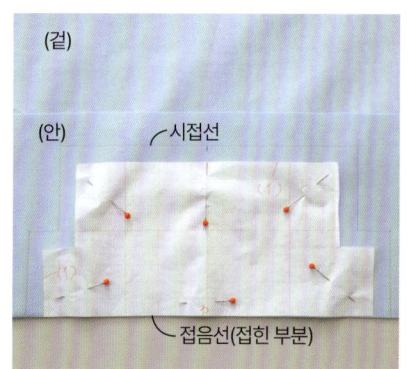

천을 겉맞대기로 반을 접고, 패턴의 접음선을 천의 접힌 부분에 맞추어 올린 다음 시침핀을 꽂는다. 시접을 넣어 시접선을 그리고 두 장을 한꺼번에 자른다.

### 퀼팅 등 두께가 있는 천

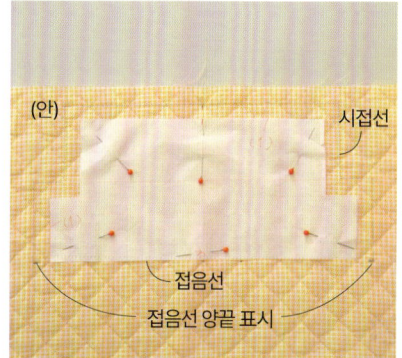

① 두께가 있는 천은 절반씩 옮긴다. 즉, 천의 안쪽에 패턴을 올린 후 시침핀으로 고정하고, 접음선을 제외한 곳의 시접선을 그린 다음 접음선 양쪽 끝에 표시를 해둔다.

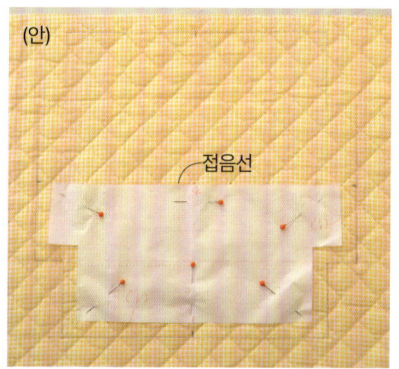

② 접음선을 기준으로 대칭으로 패턴을 뒤집은 다음 시침핀으로 고정하고 시접선을 긋는다.

## 접착심에 대하여

천의 안쪽에 다림질하여 접착합니다. 천을 보강하거나 형태가 무너지는 것을 막는 효과가 있습니다.

### 접착심의 종류

직포(織布)와 부직포의 접착심 중 이 책에서는 부직포를 사용하고 있다. 천의 두께와 완성된 이미지에 맞추어 접착심의 두께를 고른다. 접착 퀼트심은 도톰한 두께를 넣고 싶을 때 사용한다. 다음의 접착심은 모두 어느 방향으로 잘라도 무관하지만 꼭 크래프트 가위를 사용하는 것이 좋다.

ⓐ **접착 퀼트심**  두툼하며 안솜의 역할을 한다.
ⓑ **두꺼운 접착심**  천에 입체감을 주고 싶을 때 사용한다.
ⓒ **중간 두께의 접착심**  천에 빳빳한 힘을 주고 싶을 때 사용한다.
ⓓ **얇은 접착심**  천의 감촉을 잃지 않고 탄력감을 주기 위해 사용한다.

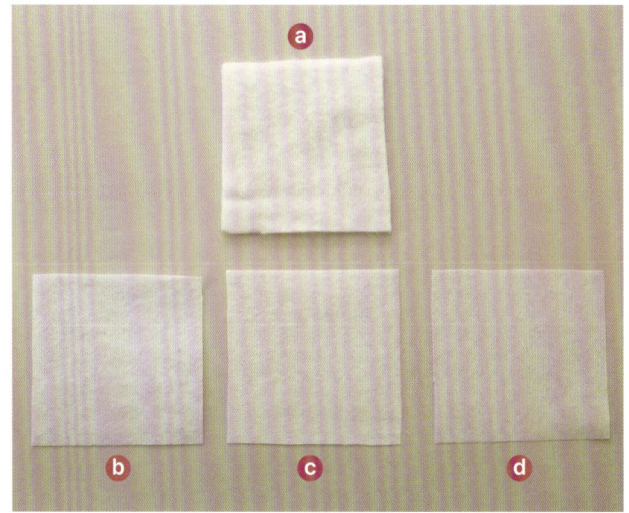

### 접착심 붙이는 법

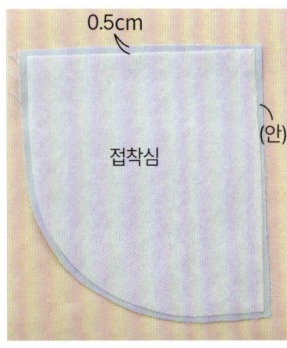

❶ 접착심을 자른다. 패턴이 있는 경우 패턴보다 0.5cm 크게 자르고, 패턴이 없는 직선 형태의 경우 치수보다 가로·세로 1cm 정도 작게 자른다. 자른 접착심을 끝에서 0.5cm 안으로 들어가도록 천 안쪽에 올린다.

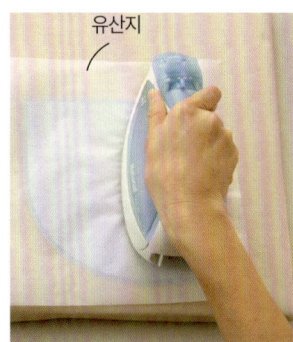

❷ 접착심 위에 유산지를 얹고, 다리미를 위에서 눌러 접착심 전체를 붙인다. 유산지는 투명해서 위치를 확인하면서 붙일 수 있다.

### 접착 퀼트심 붙이는 법

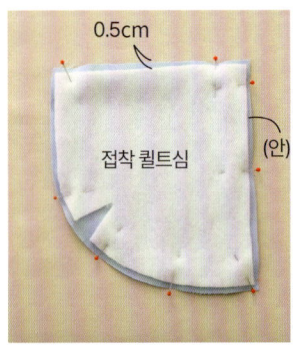

❶ 「접착심 붙이는법」의 ❶과 같은 방법으로 퀼트심을 자르고 자른 퀼트심을 천 안쪽 끝에서 0.5cm 안으로 들어가도록 맞추어 올린 다음, 시침핀을 꽂아 고정한다. 이때 시침핀 머리가 퀼트심 위에 올라가지 않도록 주의한다.

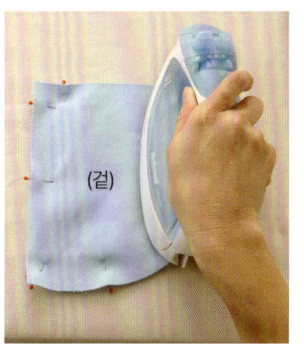

❷ ❶을 뒤집어서 천의 겉쪽에 다리미를 갖다 댄다. 위치를 바꿔가며 위에서 눌러 전체를 붙인다.

## 재봉틀로 꿰매기

이 책에서는 재봉틀의 직선 박기와 지그재그 박기 두 종류의 바느질을 사용하고 있습니다.

### 바늘땀의 길이와 폭

바늘땀의 '길이'는 재봉 바늘의 한 땀 길이를 뜻한다. 숫자가 커질수록 성기게 꿰매진다. 바늘땀의 '폭'은 지그재그 박기 등 좌우로 폭이 있을 때 사용하기 때문에 직선 박기에서는 0이 된다. 이 책에서는 직선 박기의 경우 바늘땀 길이를 2.5mm 전후로 설정하였고, 지그재그 박기의 경우 바늘땀 길이를 2.5mm, 바늘땀 폭은 널찍하게 7mm로 설정하였다.

### 침판 보조 눈금 사용하기

재봉틀 침판 보조 눈금을 이용하여 꿰맨다. 침판 보조 눈금의 숫자는 천 가장자리에서 바늘까지의 거리를 의미한다. 천 가장자리를 시접 치수의 위치(시접이 1cm일 경우에는 10mm의 숫자)에 맞추어 꿰맨다.

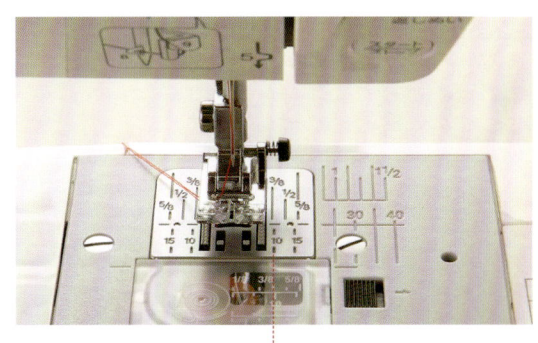

### 직선 박기

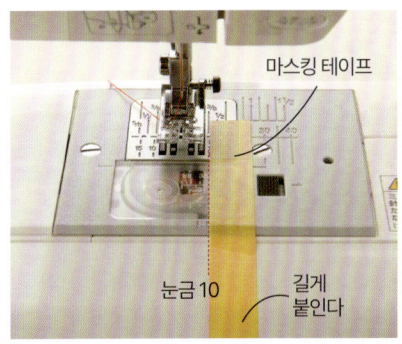

마스킹 테이프
눈금 10
길게 붙인다

① 시접 치수에 맞춰서 침판 보조 눈금을 따라 마스킹 테이프를 붙인다. (사진은 시접이 1cm인 경우)

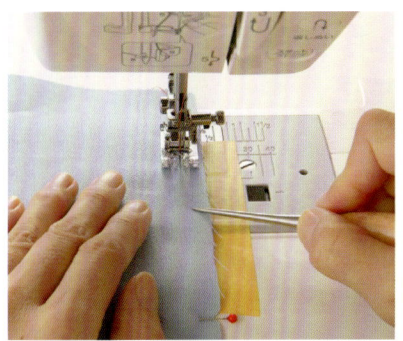

② 마스킹 테이프 끝과 천의 가장자리를 맞춘 다음 꿰맨다. 이때 바늘보다 조금 더 앞쪽부터 맞추어 꿰매면 똑바르고 깔끔하게 직선 박기를 할 수 있다.

### 지그재그 박기

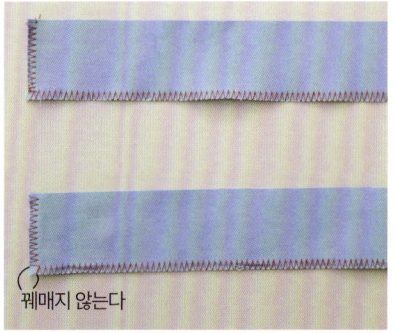

꿰매지 않는다

안단의 천 가장자리 처리에 사용한다. 모서리를 사이에 두고 두 변을 이어서 꿰매야 할 때, 끝부분까지 박아버리면 천이 둥글려지기 때문에 모서리는 피해서 꿰매야 한다.

### 지퍼를 꿰맬 때 노루발 사용

노루발을 「지퍼 노루발」로 바꾸어 꿰맨다. 일반 노루발보다 천과 접촉하는 부분의 가로폭이 좁아서 지퍼의 이빨에 닿지 않고 똑바로 꿰맬 수 있다.

### 래미네이트 등을 꿰맬 때 노루발 사용

노루발을 「테플론(테프론) 노루발」로 바꾸어 꿰맨다. 노루발 부분이 플라스틱이고 테플론 가공이 되어 있어 일반 금속 노루발보다 부드럽고 유연하게 꿰맬 수 있다.

## 주요 바느질법
각 작품에 공통되는 작업 포인트를 소개합니다.

### 꿰매기의 시작과 끝

직선 박기를 할 때는 부품이나 꿰매는 곳에 상관없이 꿰매기가 시작되는 곳과 끝나는 곳에는 되돌아 박기를 한다.

### 주머니 꿰매기

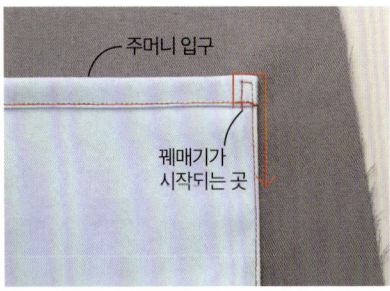

① 주머니 입구 이외의 세 변을 꿰맨다. 이때 꿰매기 시작하는 곳과 꿰매기가 끝나는 곳에서는 ㄷ자 모양으로 되돌아 박기를 해준다.

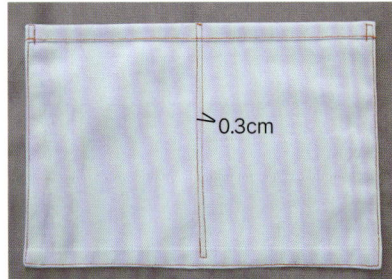

② 칸막이는 폭 0.3cm의 긴 직사각형 형태로 꿰맨다. 되돌아 박기는 하지 않고, 꿰매기 끝이 꿰매기가 시작되는 곳과 2cm 정도 겹쳐지도록 꿰맨다.

### 둘레를 한 바퀴 꿰매기

가방 입구 등은 가장자리를 한 번 또는 두 번 정도 꿰매주면 시접으로 인해 천이 붕 뜨지 않고 깨끗하게 마무리 지을 수 있다. 되돌아 박기는 하지 않고 꿰매기 끝이 꿰매기가 시작되는 곳과 2cm 정도 겹쳐지도록 꿰맨다.

### 창구멍 닫는 법

손바느질용 실이나 재봉실 한 줄을 이용하여, 창구멍의 시접 접음선을 ㄷ자 모양으로 교대로 꿰맨다. 몇 바늘 꿰매고 실을 당기면 겉쪽에서는 꿰맨 실이 보이지 않게 된다.

### 라벨 꿰매기

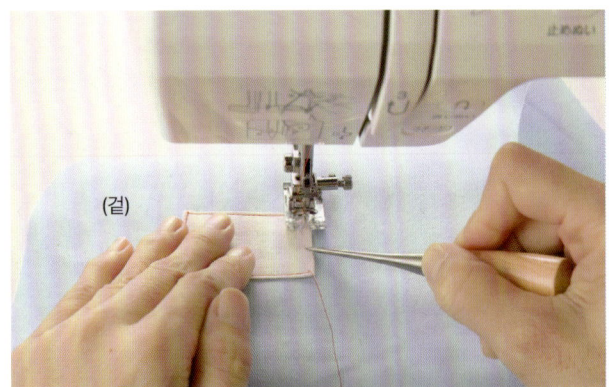

① 세 변을 꿰맨 다음 노루발을 들고 바늘을 내린 채 방향을 돌린다.

② 천을 들추어 천의 안쪽 꿰매기가 시작되는 곳의 윗실을 송곳을 이용해 안쪽으로 빼둔다.

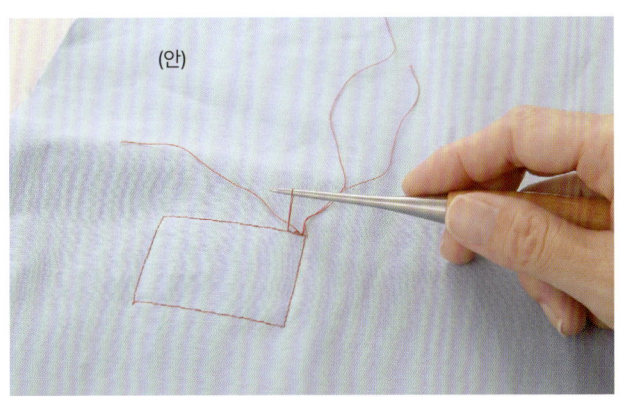 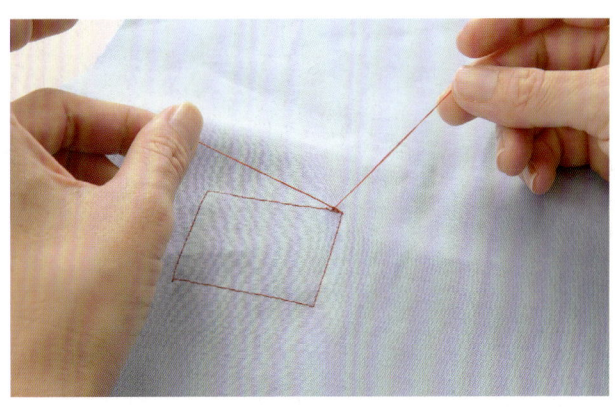

③ 마지막 변을 꿰맨 후 방향을 돌려서 꿰매기 시작 부분과 1cm 정도 겹칠 때까지 꿰맨 다음 실을 끊는다. 천의 안쪽에서 꿰매기가 끝나는 곳의 윗실을 송곳으로 끄집어낸다.

④ 꿰매기가 시작되는 곳의 윗실과 밑실, 꿰매기가 끝나는 곳의 윗실과 밑실을 두 번 묶고 나서 실을 끊는다. 이렇게 해두면 실 끝이 겉으로 나오지 않는다.

## 천의 부분 명칭

천에는 직물의 짜임에 의한 세로 방향과 가로 방향이 있다. 도안이나 패턴의 화살표 방향을 세로 방향에 맞추어 천을 재단한다.

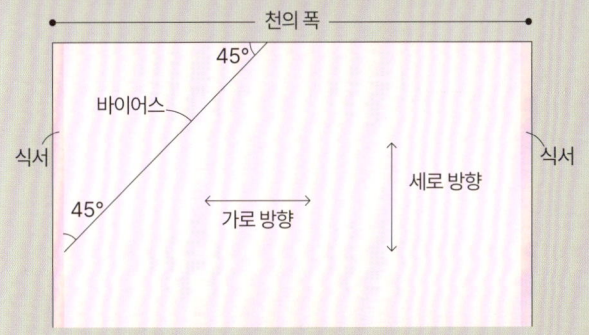

- **세로(식서) 방향**    천을 잡아당겼을 때 잘 늘어나지 않는 방향
- **가로(푸서) 방향**    세로 방향에 비해 잘 늘어난다.
- **천의 폭**    식서에서 식서까지의 길이. 시판되는 천은 110cm, 120cm 등이 많다.
- **식서(=귀, 셀비지)**    천의 양 끝에 단단하게 마감 처리 되어 있는 부분으로, 구멍이나 글자가 박혀 있다. 이 부분은 사용하지 않는다.
- **바이어스**    천이 가장 잘 늘어나는 사선 방향인 45°. 테두리로 사용할 바이어스 천은 이 방향으로 재단한다.

## 천의 겉과 안 구분법

식서가 있는 천은 식서의 모양을 보고 겉과 안을 쉽게 구별할 수 있다. 즉, 식서에 뚫려있는 구멍이 앞쪽으로 튀어나온 면이 겉이다. 천에 식서가 없을 때는 무늬가 또렷이 보이는 면이 겉이다.

무늬가 없는 천은 능직 천의 경우 비스듬하게 짜인 부분이 오른쪽 위에서 왼쪽 아래로 향하게 보이는 쪽이 겉이고, 평직 천의 경우는 구별하기 어려우므로 모든 부품에서 겉으로 쓰는 면을 통일하는 것이 좋다.

# TYPE 1 바닥판이 없는 가방

바닥판이 없는 가방은 직선 재단, 직선 박기만으로도 만들 수 있고 꿰매는 부분도 적어서 쉽게 도전할 수 있습니다.

## basic 1
### 납작 가방

가방 만들기의 기본이라고 할 수 있는 심플한 가방입니다. 겉감의 절개 부분과 안감은 같은 꽃무늬 천을 사용했습니다.

### 리넨 숄더백

가방 입구 부분을 앞쪽으로 접어 덮개로 쓰는 형태입니다. 내추럴한 천에 레이스와 단추로 악센트를 주었습니다.

### 2way 백

그냥 들면 세로로 긴 손가방으로, 중간에 있는 테이프로 들면 가로로 긴 미니 백으로 변신하는 투웨이 백입니다.

짐이 적을 때는
반 사이즈의 미니 백으로 변신

# how to make

## basic 1  납작 가방
난이도 ★ ☆ ☆

〔재료〕 리넨(연지색) ·········· 77cm×37cm
면 브로드클로스(꽃무늬) ·········· 47cm×72cm

〔완성 사이즈〕

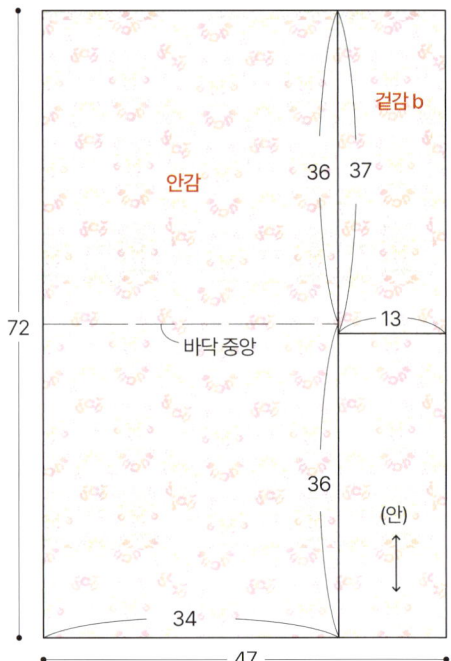

35cm / 32cm

〔재단 방법과 치수〕 *단위는 cm

리넨(연지색)

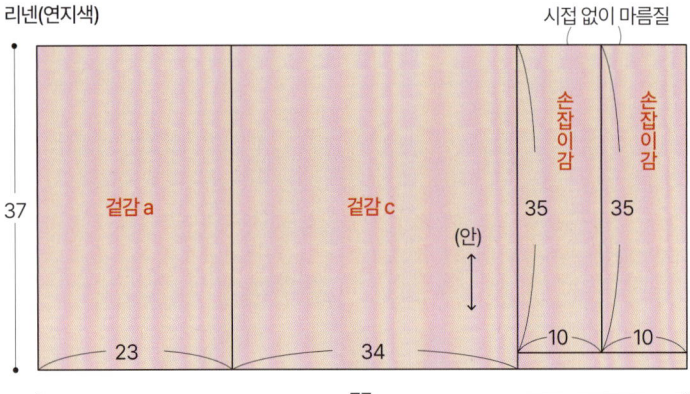

겉감 a / 겉감 c / 손잡이감 / 손잡이감
37 / 23 / 34 / 35 / 35 / 10 / 10
시접 없이 마름질
(안)
77

면 브로드클로스(꽃무늬)

안감 / 겉감 b
72 / 36 / 37 / 13 / 36
바닥 중앙
(안)
34
47

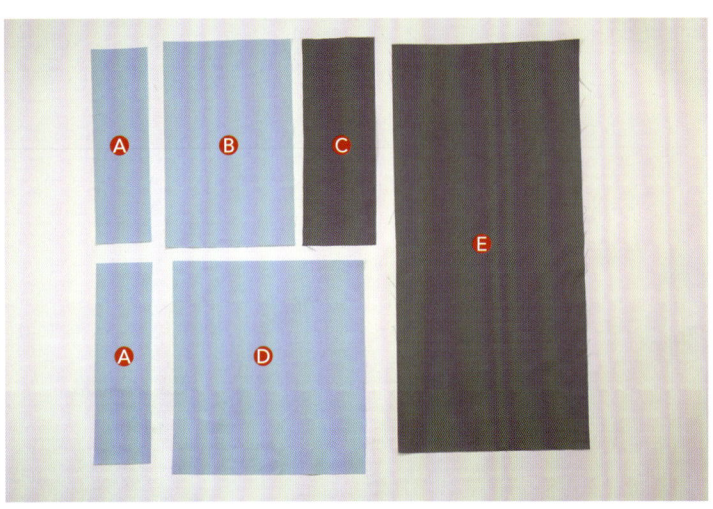

Ⓐ 손잡이감 2장  Ⓑ 겉감 a  Ⓒ 겉감 b  Ⓓ 겉감 c  Ⓔ 안감

20

## 1 손잡이 만들기

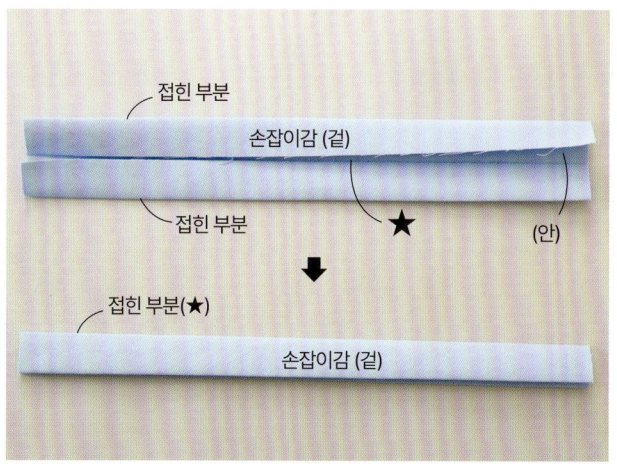

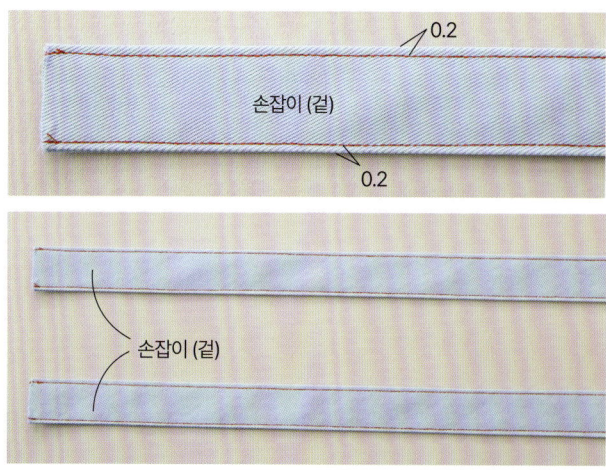

① 손잡이감을 반으로 접었다가 펼쳐서 접음선(★)을 만들고, 위/아래 끝을 접음선에 맞추어 접어 내리거나 올린 다음, 다시 반으로 접는다.

② 위/아래 가장자리를 꿰맨다. 같은 방식으로 손잡이를 하나 더 만든다. (총 2개)

## 2 겉 몸체 만들기

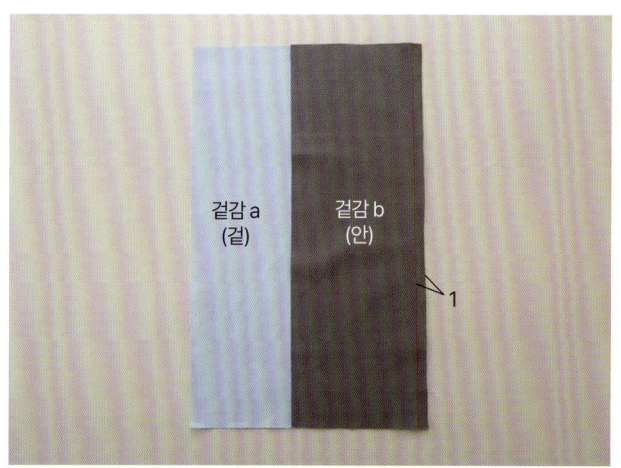

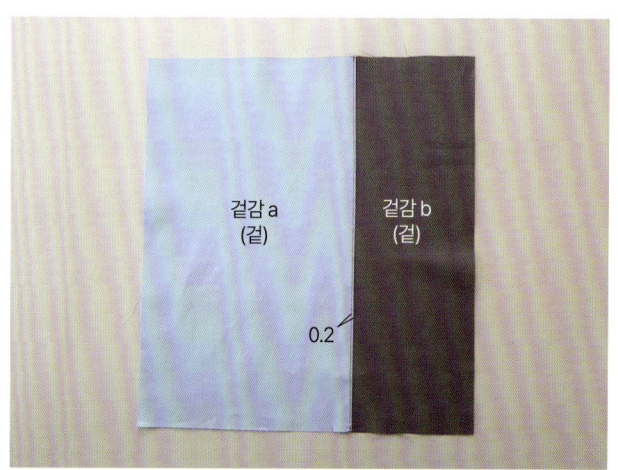

① 겉감 a 위에 겉감 b를 겉맞대기로 포개고 한쪽 가장자리를 꿰맨다.

② ①을 펼치고 꿰맨 부분의 시접을 겉감 a 쪽으로 넘긴 후 솔기의 겉감 a 쪽 가장자리를 상침한다. 이쪽이 가방의 앞쪽이 된다.

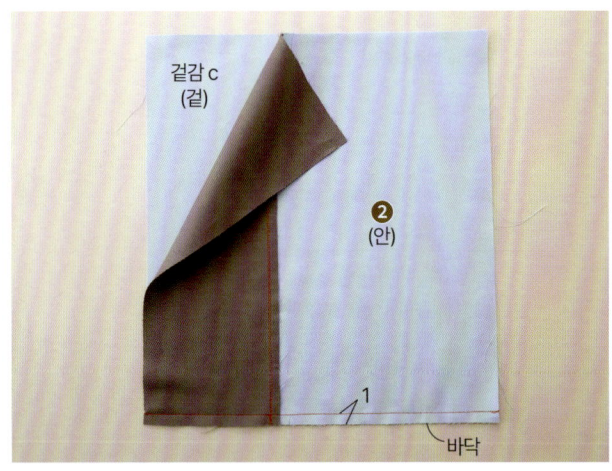

③ 겉감 c 위에 ❷를 겉맞대기로 포개고 시침핀으로 고정한 후 바닥 쪽 가장자리를 꿰맨다.

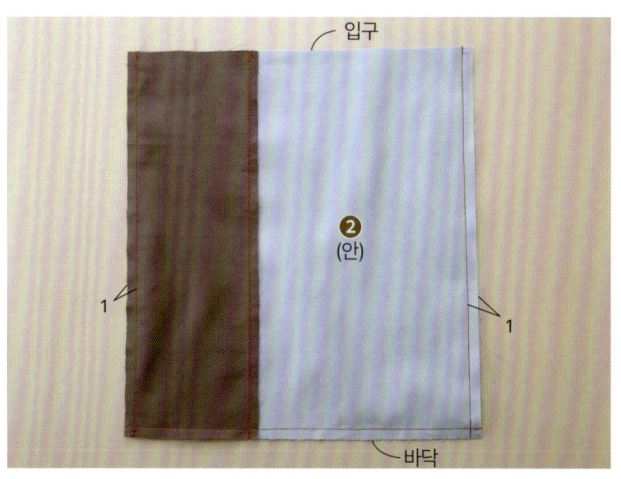

④ 이번에는 시침핀으로 고정한 후 입구에서 바닥 방향으로 양옆을 꿰맨다.

**POINT** 바닥에서부터 꿰매면 입구가 뒤틀리기 쉬우므로 입구에서부터 꿰매는 게 좋다.

⑤ 시접을 앞쪽으로 접은 다음 다리미로 눌러준다. 겉 몸체가 완성된다.

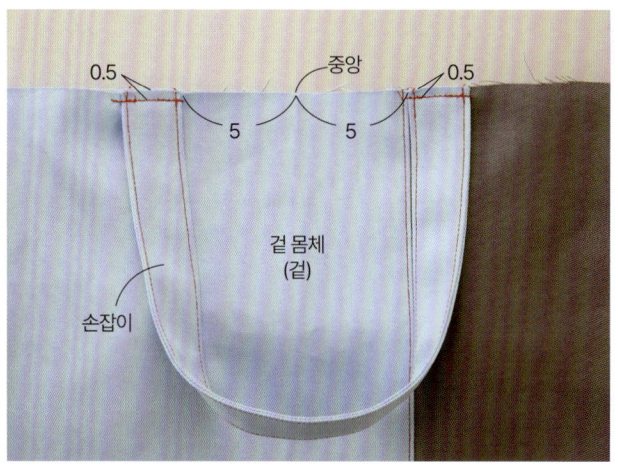

⑥ 겉 몸체의 겉이 밖으로 나오도록 뒤집고 입구의 중앙에 표시를 넣은 다음, 중앙에서 같은 거리에 양 끝이 위치하도록 손잡이를 임시 재봉한다.

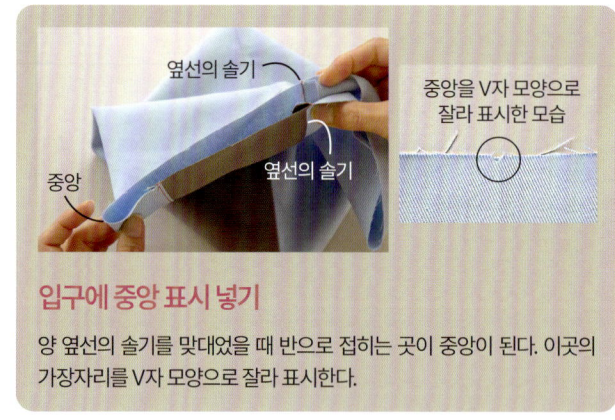

### 입구에 중앙 표시 넣기

양 옆선의 솔기를 맞대었을 때 반으로 접히는 곳이 중앙이 된다. 이곳의 가장자리를 V자 모양으로 잘라 표시한다.

## 3 안 몸체 만들기

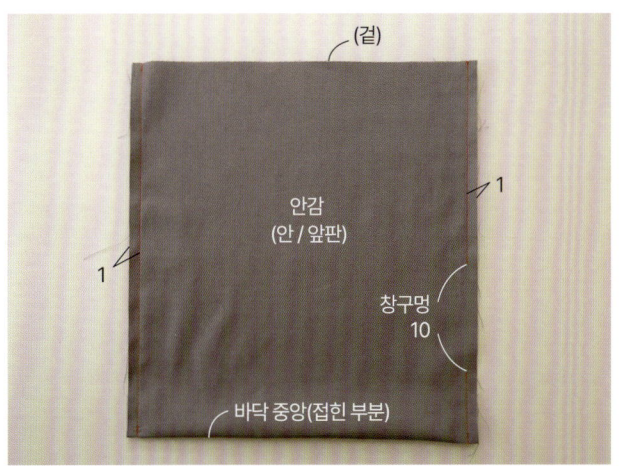

① 안감을 겉맞대기로 반으로 접고(접힌 부분이 바닥 중앙이 됨), 창구멍을 남기며 양옆을 꿰맨다. (창구멍이 오른쪽에 있는 것이 앞판이 됨) 안 몸체가 완성된다.

② 시접을 뒤쪽으로 넘기고 다리미로 눌러준 다음, 입구에 중앙 표시를 넣는다.

### 창구멍의 위치
창구멍은 가방 앞판의 오른쪽 옆선 중앙 부근에 남겨둔다. 너무 아래에 두면 가방의 각이 깔끔하게 잡히지 않고, 너무 위로 두면 가방 입구에서 보이기 때문에 주의해야 한다. 커브가 있는 가방의 경우 직선 부분에 창구멍을 낸다.

## 4 겉 몸체와 안 몸체 꿰매기

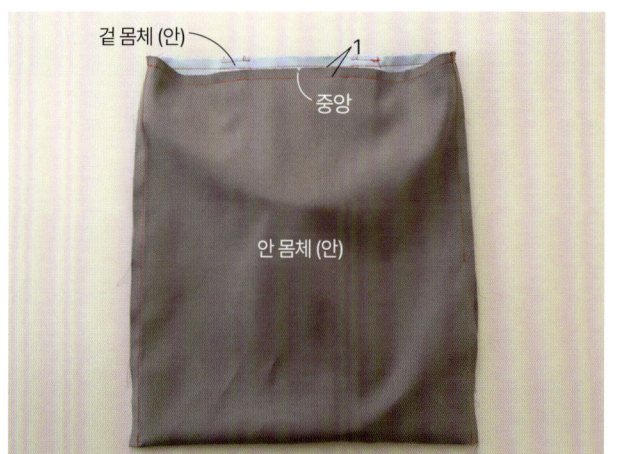

① 안 몸체 속에 겉 몸체를 겉맞대기로 넣는다.

**POINT** 겉 몸체와 안 몸체의 앞판을 맞춰서 넣으면 양옆 시접이 겹치지 않는다.

② 양옆과 중앙을 잘 맞추고, 두 몸체의 입구 둘레를 함께 한 바퀴 꿰맨다.

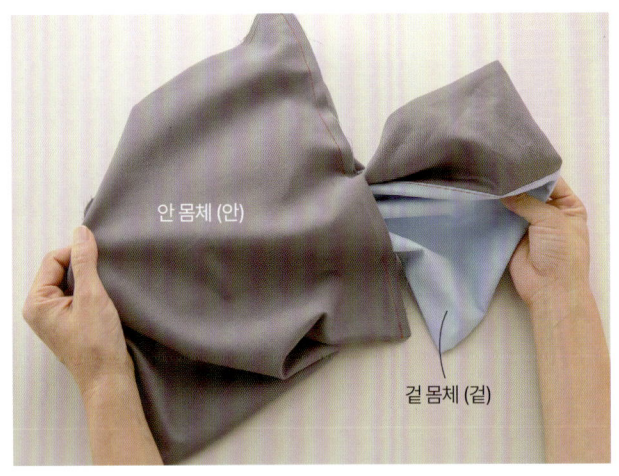

③ 창구멍을 통해 겉 몸체를 빼내고 안 몸체의 겉이 나오도록 계속 당겨 뺀다.

④ 안 몸체를 겉 몸체 속으로 넣으며 형태를 잡고, 입구 둘레를 한 바퀴 상침한다.

⑤ 안 몸체에 남아 있는 창구멍을 ㄷ자 모양으로 꿰매어 닫는다. (p.16 「창구멍 닫는 법」 참조)

⑥ 완성

# arrange 2 리넨 숄더백

난이도 ★☆☆

〔완성 사이즈〕
너비 28cm×높이 31cm
(숄더 스트랩 제외)

〔재료〕
리넨(베이지) ········· 110cm×98cm
리넨(옅은 갈색) ········· 47cm×90cm
레이스 테이프(미색) ········· 폭 3.5cm×30cm
단추(지름 1.2cm) ········· 1개
단추(지름 1.8cm) ········· 1개

〔재단 방법과 치수〕  * 단위는 cm

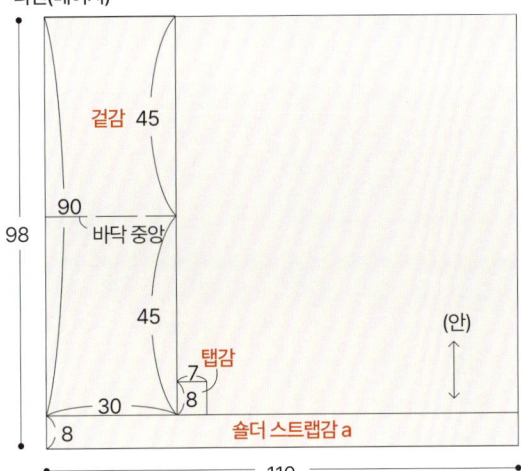

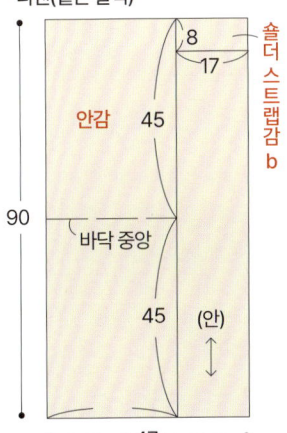

## 1 숄더 스트랩과 탭 만들기

① 숄더 스트랩감 a 위에 숄더 스트랩감 b를 겉맞대기로 포개고 한쪽 가장자리를 꿰맨다.

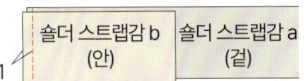

② ①을 뒤집어 꿰맨 부분의 시접을 가르고, 숄더 스트랩감 b의 끝부분을 앞쪽으로 접는다.

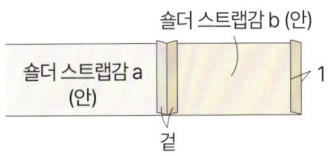

③ ②를 위/아래 끝에서 중앙을 향해 접은 다음 다시 반으로 접고 (p.21의 1-① 참조), 위/아래와 옆(한쪽)의 가장자리를 꿰맨다.

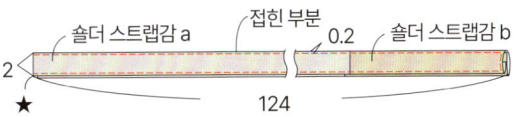

④ 탭감도 같은 방법으로 접고, 위/아래와 옆(한쪽)의 가장자리를 꿰맨다.

※ 이 탭은 숄더 스트랩의 한쪽 끝을 끼워서 묶을 수 있도록 만드는 홀더 역할을 하게 된다.

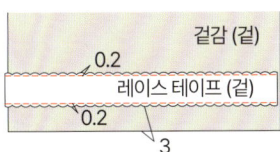

## 2 겉 몸체 만들기

① 겉감의 겉쪽에 레이스 테이프를 꿰매어 단다.

② 탭을 반으로 접어 겉감 겉쪽에 임시 재봉한다.

③ 숄더 스트랩을 겉감 겉쪽에 임시 재봉한다.

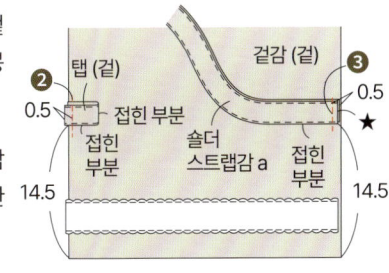

TYPE 1 바닥판이 없는 가방

④ 겉감을 바닥 중앙을 기준으로 겉맞대기로 반을 접고 양옆을 꿰맨 다음, 시접을 한쪽으로 넘긴다.

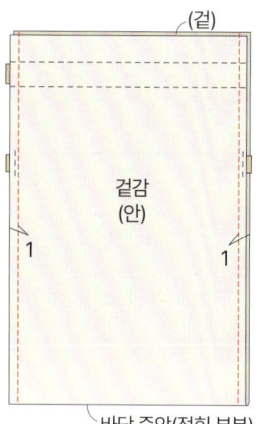

## 3 안 몸체 만들기

안감을 겉맞대기로 반으로 접고(접힌 부분이 바닥 중앙이 됨), 창구멍을 남기며 양옆을 꿰맨다. (p.23의 3 참조)

## 4 겉 몸체와 안 몸체 꿰매기

① 안 몸체 속에 겉 몸체를 겉맞대기로 넣은 다음 입구 둘레를 한 바퀴 꿰매고, 창구멍을 통해 몸체를 빼낸 다음 입구를 상침한다. 창구멍을 ㄷ자로 꿰매어 닫는다. (p.23~24의 4 참조)

② 단추를 원하는 위치에 꿰매어 단다.

③ 숄더 스트랩의 끝을 탭에 통과시킨 다음 한 번 묶어준다.

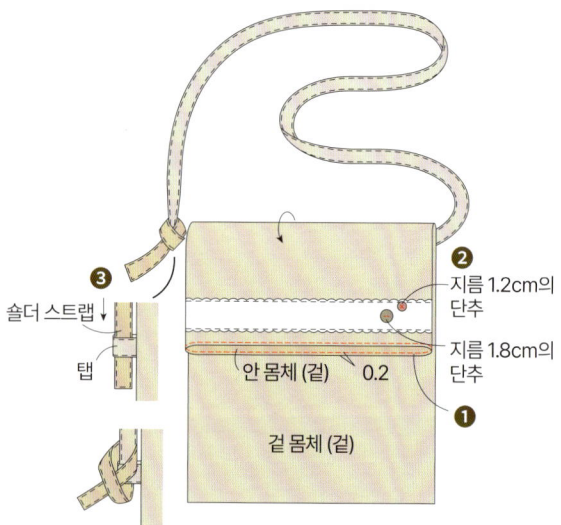

arrange 3 **2way 백**
난이도 ★☆☆

〔완성 사이즈〕
너비 32cm×높이 37cm
(손잡이 제외)

〔재료〕
리넨(스모크 블루) ……… 50cm×52cm
면마 선염 스펙(남색) ……… 34cm×76cm
면마 캔버스(꽃무늬) ……… 68cm×14cm
아크릴 웨빙끈(갈색) ……… 폭 3cm×66cm

〔재단 방법과 치수〕 *단위는 cm

리넨(스모크 블루)

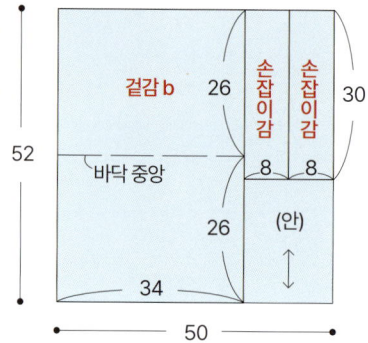

면마 선염 스펙(남색)

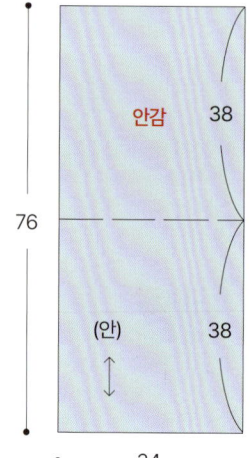

면마 캔버스(꽃무늬)

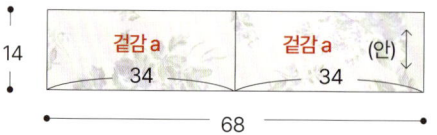

## 1  손잡이 만들기

손잡이감의 위/아래 끝에서 중앙을 향해 접은 다음 다시 반으로 접고, 위/아래 가장자리를 꿰맨다. 총 2개의 손잡이를 만든다. (p.21의 ❶ 참조)

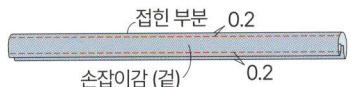

## 2  겉 몸체 만들기

① 겉감 b 위에 겉감 a 두 장을 그림과 같이 겉맞대기로 놓고 꿰맨다.

② ❶을 펼치고, 꿰맨 부분의 시접을 겉감 a 쪽으로 넘긴 후 솔기 가장자리를 상침한다.

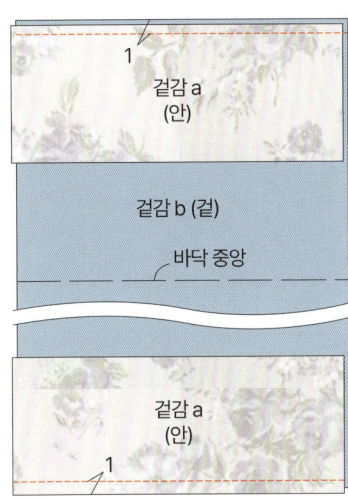

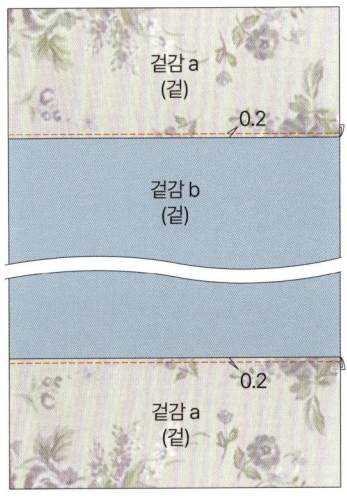

③ ❷를 겉맞대기로 반을 접고(접힌 부분이 바닥 중앙이 됨), 양옆을 꿰맨다. (p.22의 ❹ 참조) 겉 몸체가 완성된다.

④ 겉 몸체의 입구에 손잡이를 임시 재봉한다. (p.22의 ❻ 참조)

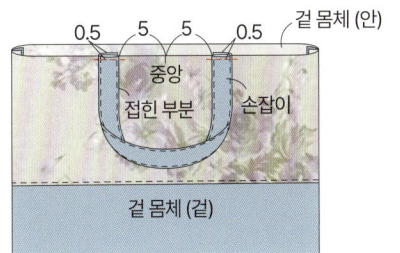

## 3  안 몸체 만들기

안감을 겉맞대기로 반을 접고(접힌 부분이 바닥 중앙이 됨), 창구멍을 남기며 양옆을 꿰맨다. (p.23의 ❸ 참조)

## 4  겉 몸체와 안 몸체 꿰매기

① 안 몸체 속에 겉 몸체를 겉맞대기로 넣은 다음 입구 둘레를 한 바퀴 꿰매고, 창구멍을 통해 몸체를 빼낸 다음 입구를 상침한다. 창구멍을 ㄷ자로 꿰매어 닫는다. (p.23~24의 ❹ 참조)

② 아크릴 웨빙끈의 양 끝이 만나도록 반으로 접고 끝을 꿰맨 다음 시접을 가른다. 그리고 솔기(★)와 중앙(☆)이 각각 겉 몸체 옆선에 맞도록 끼우고, 조각배 모양으로 꿰매어 완성한다.

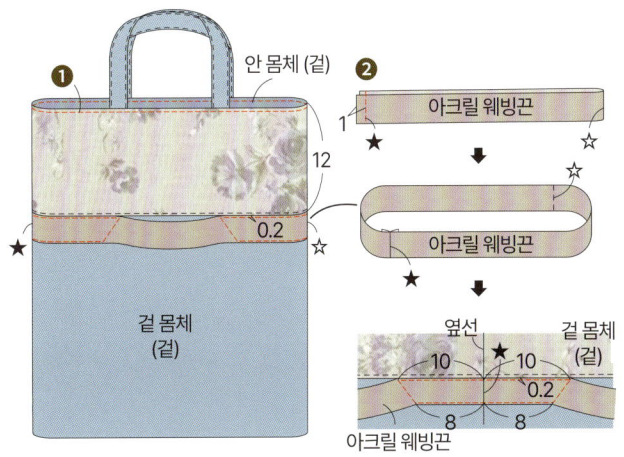

# TYPE 2 | 옆판이 없는 T자 가방

옆판이 없어 가방 옆선이 T자 형태로 보이는 각진 가방들입니다.
손잡이의 소재와 다는 법을 달리하여 다양한 형태로 변화를 주었습니다.

### basic 4

## 천 한 장으로 만드는 토트백

범포 1장으로 만드는 기본 토트백입니다. 스트라이프 무늬의 천은 방향을 조절해 가로줄 무늬와 세로줄 무늬가 조합된 가방으로 만들 수 있습니다.

매다는 형태의 안주머니로 레벨 업!

### arrange 5

## 커다란 범포 토트백

선명한 녹색이 도드라진 토트백은 편리하게 사용할 수 있게 큰 사이즈로 만들었습니다. 안감으로는 꽃무늬 천을 사용하여 캐주얼한 느낌을 가미했습니다.

arrange
**6**

## 퀼팅 그래니 백

널찍한 바닥판 덕분에 수납력도 뛰어납니다. 두 장으로 된 퀼팅 천으로 만들어서 만듦새도 탄탄하여 레저 활동에도 얼마든지 유용하게 사용할 수 있습니다.

가방 안쪽에는 칸막이식 주머니와 편리한 음료 홀더가 달려 있어요!

**arrange 7**

## 트라이앵글 모양 가방

1장의 천으로 만들 수 있는 옛날식 트라이앵글 모양 가방을 베이스로, 기다란 손잡이를 달아 한손잡이 가방으로 만들었습니다.

### arrange 8
## 링 핸들 토트백

대나무 링으로 된 손잡이와 부드러운 천으로 만든 본체를 조합하여 포근한 분위기의 가방으로 만들었습니다.

### arrange 9
## 우드 핸들 토트백

앤티크한 무늬의 천에 우드 핸들로 클래식한 분위기를 낸 가방입니다. 균일한 간격으로 꿰매어 넣은 턱 주름이 포인트입니다.

arrange
**10**

## 빅 포켓 배낭

시판되는 배낭 부품을 사용하면 멋들어진 배낭을 손쉽게 만들 수 있답니다. 커다란 주머니에는 큼지막한 무늬가 들어간 천이 잘 어울려요.

# how to make

## basic 4 — 천 한 장으로 만드는 토트백
난이도 ★☆☆

〔완성 사이즈〕

〔재료〕
- 11호 범포(스트라이프 무늬) ·········· 94cm×73cm
- 라벨(원하는 디자인) ·········· 폭 1.5cm×6cm
- 자석 단추(지름 1.4cm) ·········· 1쌍

〔재단 방법과 치수〕 *단위는 cm

11호 범포(스트라이프 무늬)

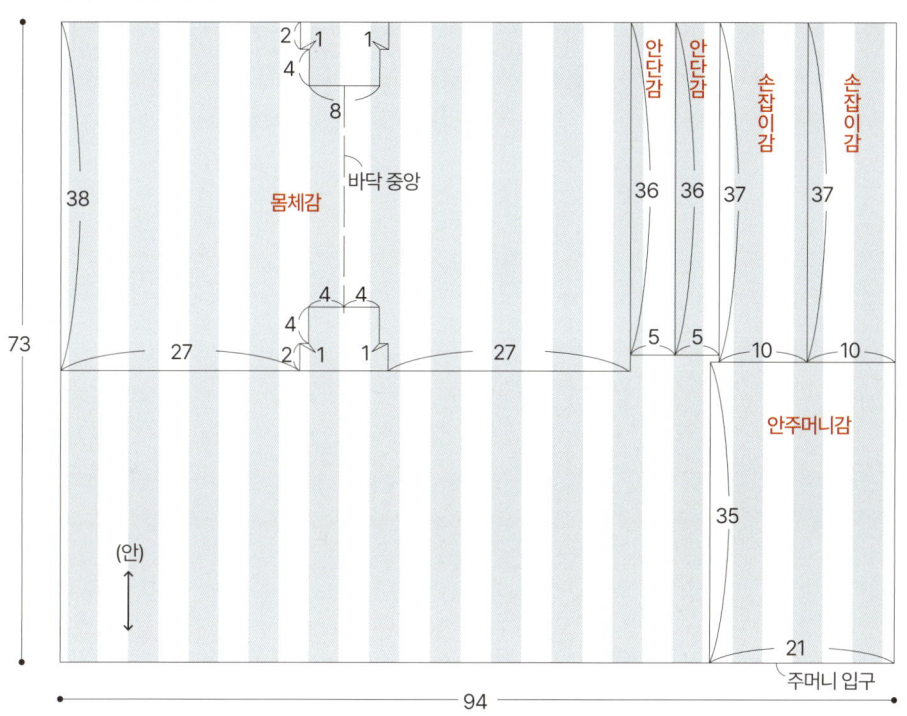

※ 몸체는 가로줄 무늬로 만들 것이므로 식서의 방향과 반대로 치수를 재어 재단하였다. 세로줄 무늬로 만들려면 도안을 90° 회전하여 재단한다.

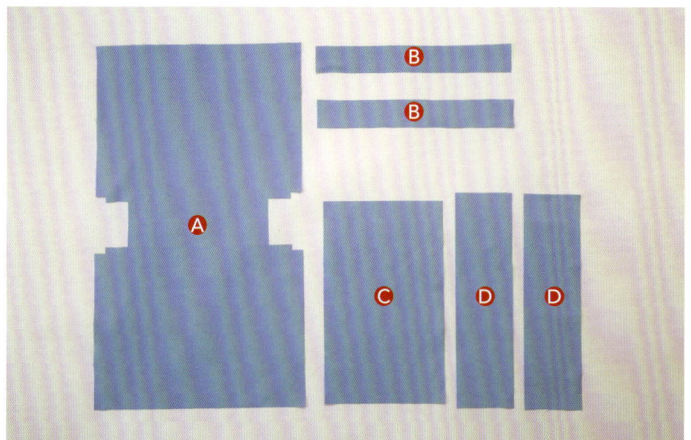

Ⓐ 몸체감　Ⓑ 안단감 2장　Ⓒ 안주머니감　Ⓓ 손잡이감 2장

TYPE 2 — 옆판이 없는 T자 가방

# 1 손잡이와 안주머니 만들기

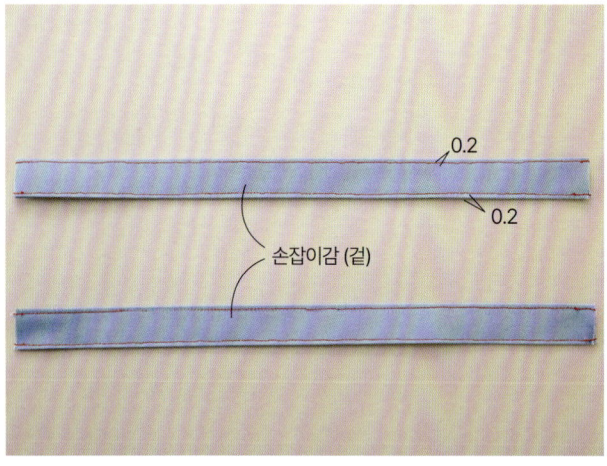

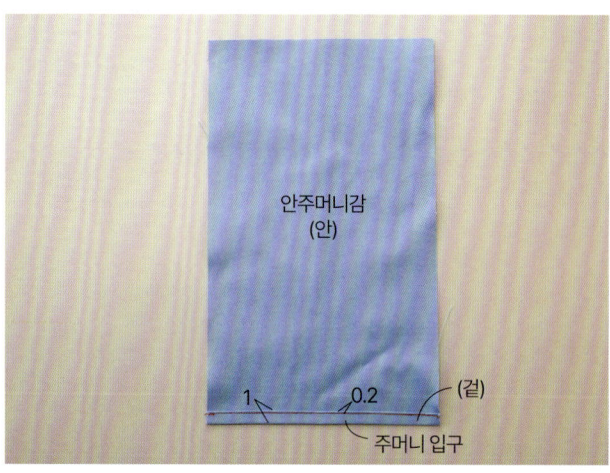

❶ 손잡이 감을 위/아래 끝에서 중앙을 향해 접은 다음 다시 반으로 접고, 위/아래 가장자리를 꿰맨다. 총 2개의 손잡이를 만든다. (p.21의 ❶ 참조)

❷ 안주머니감을 안쪽이 보이도록 놓은 다음, 끝부분을 앞쪽으로 2번 접어 꿰맨다. 접힌 부분이 주머니 입구가 된다.

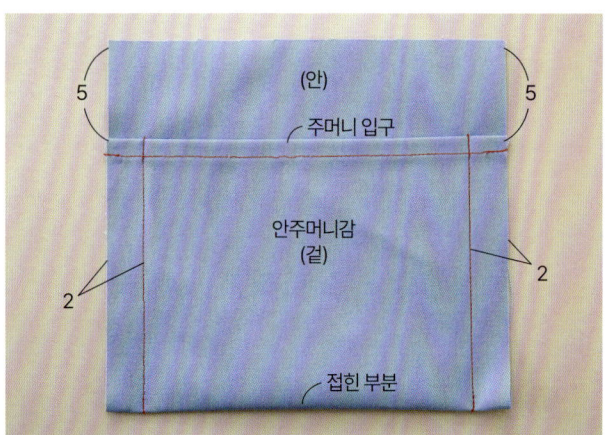

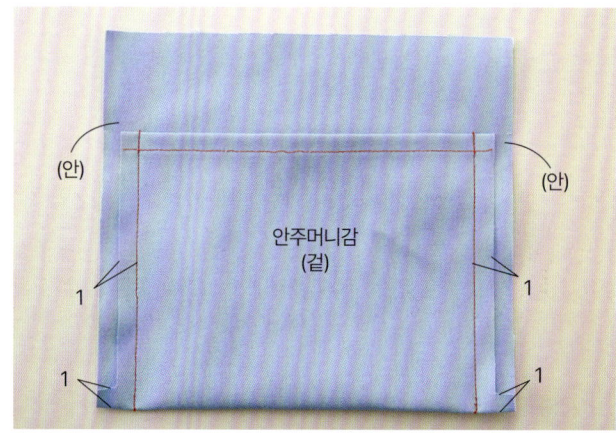

❸ ❷를 안맞대기로 접고 양옆을 꿰맨다.

❹ 꿰맨 곳 시접의 앞장을 그림과 같이 끝에서 1cm 잘라낸다.

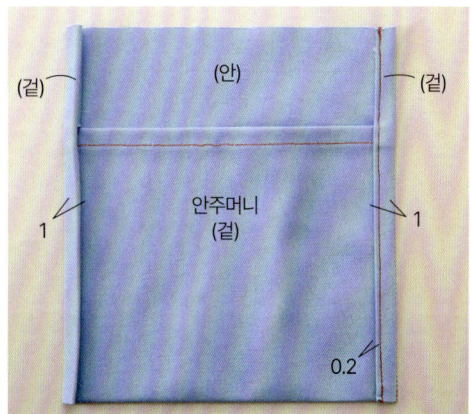

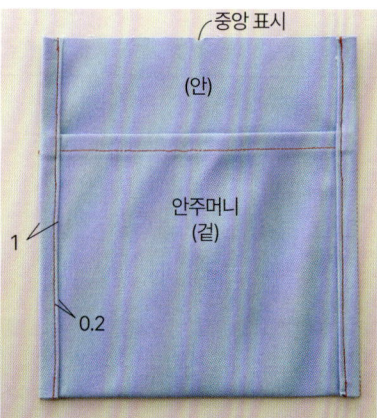

❺ 뒷장의 잘라내지 않은 시접을 (잘라낸 부분을 덮으며) 앞쪽으로 2번 접어 가장자리를 꿰맨다. 그리고 안주머니를 반으로 접어 V자 모양으로 잘라 중앙 표시를 해둔다.

## 2 몸체 만들기

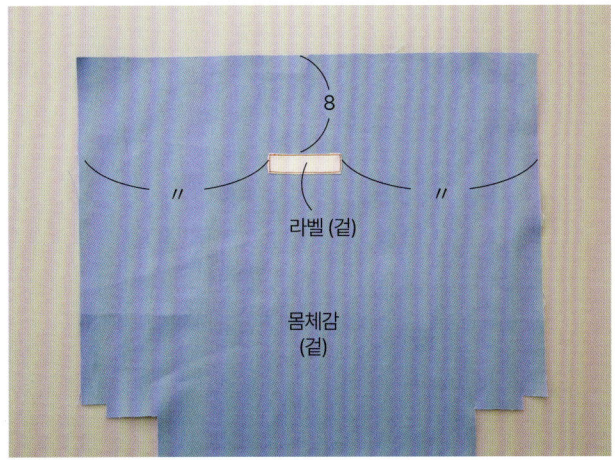

① 몸체감 겉쪽에 라벨을 꿰매어 단다. (p.16~17 「라벨 꿰매기」 참조) 라벨을 단 곳이 가방의 앞쪽이 된다.

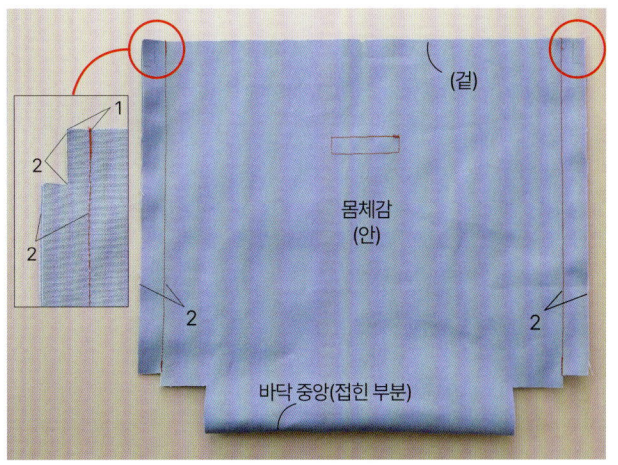

② 몸체감을 겉맞대기로 반으로 접고(접힌 부분이 바닥 중앙이 됨), 양옆을 꿰맨 다음, 시접 위쪽 모퉁이(사진 속 동그라미 표시 부분)를 두 장 같이 자른다.

③ 양 끝의 시접을 그림과 같이 각각 안쪽으로 접어 넣는다.

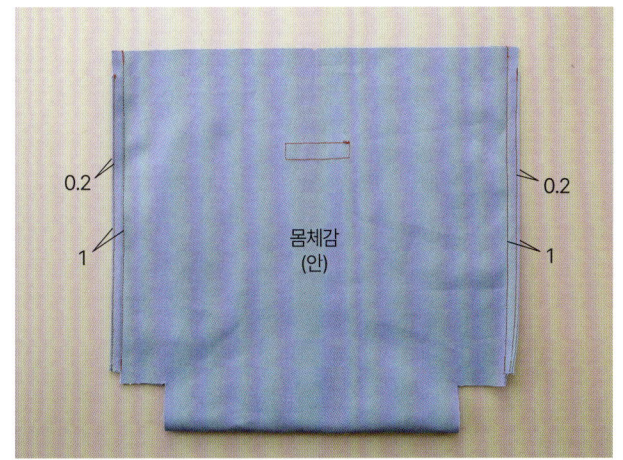

④ 접어 넣은 시접의 가장자리를 2줄로 꿰맨다.

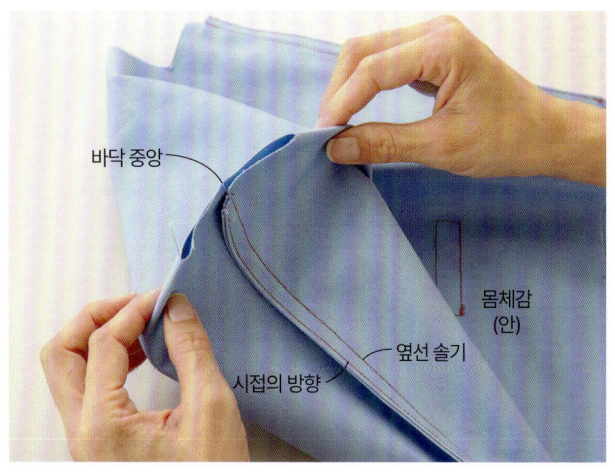

⑤ 꿰맨 곳(옆선)의 시접을 몸체의 뒤쪽(라벨이 달리지 않은 쪽)으로 넘긴 다음 옆선 솔기와 바닥 중앙을 맞댄다.

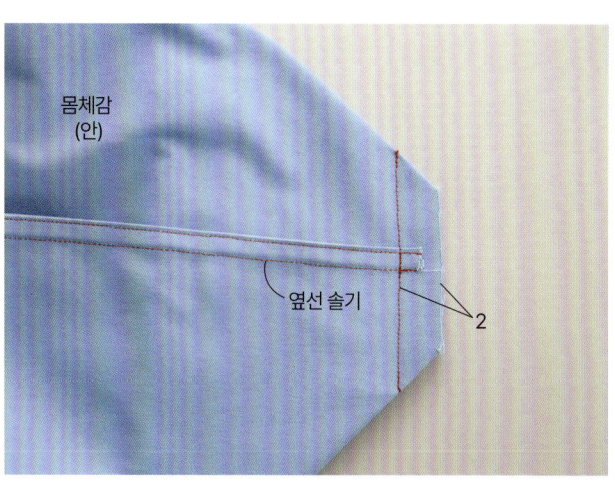

⑥ 맞댄 곳 가장자리를 꿰맨다.

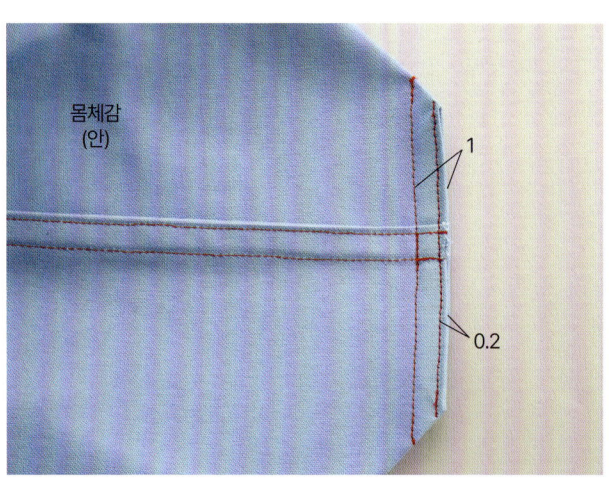

⑦ ❸에서와 마찬가지로 ❻의 시접을 안쪽으로 접어 넣고 가장자리를 꿰맨다. 나머지 한쪽도 같은 방법으로 꿰맨다. 바닥판이 있는 몸체가 만들어진다.

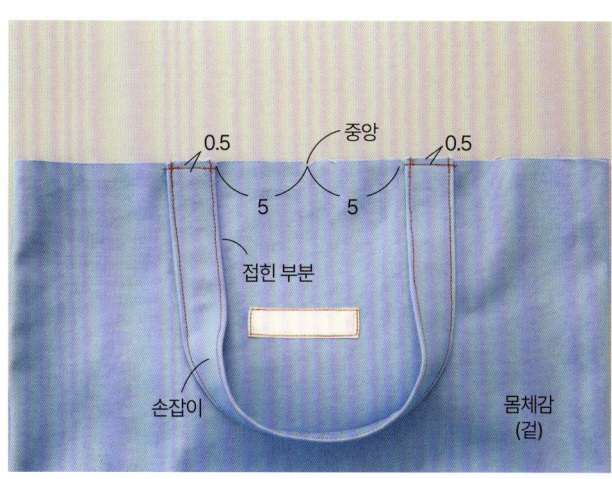

⑧ 몸체를 겉이 밖으로 나오도록 뒤집는다. 입구의 중앙을 표시한 다음 손잡이를 임시 재봉한다. (p.22의 ❻ 참조)

## 3 안단 만들기

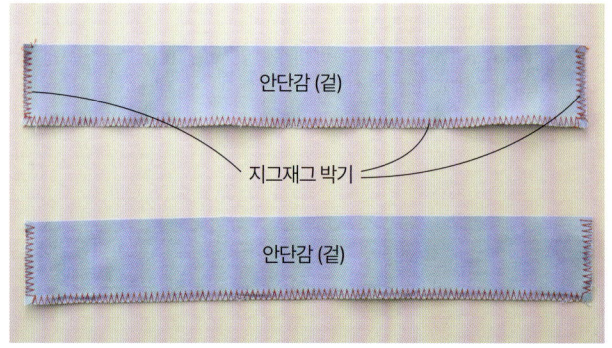

① 2장의 안단감 양 끝과 아래 가장자리에 지그재그 박기를 한다.

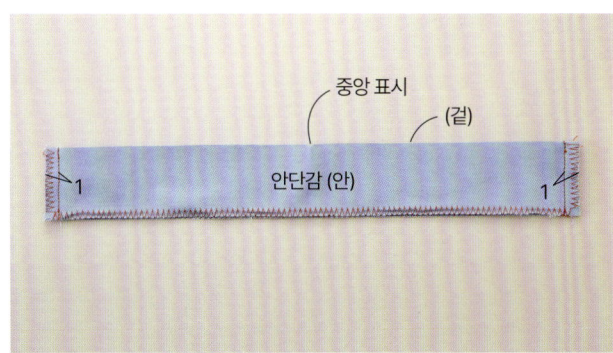

② ①의 안단감을 각각 반으로 접고 V자 모양으로 잘라 중앙 표시를 해두고, 2장을 겉맞대기로 겹쳐 놓고 양쪽 가장자리를 꿰맨다.

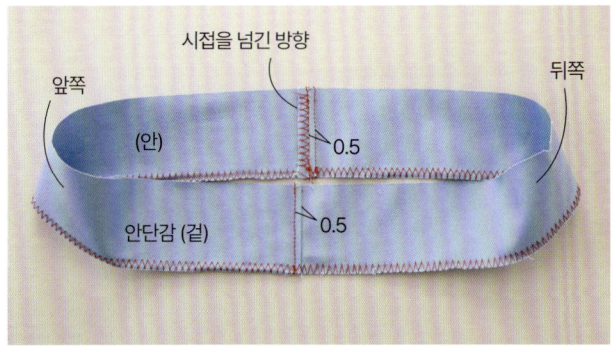

③ 양쪽 시접을 같은 방향으로 넘긴 다음, 안단감의 겉이 나오도록 뒤집고 이음매를 상침한다. 시접을 넘긴 방향이 앞쪽이 된다.

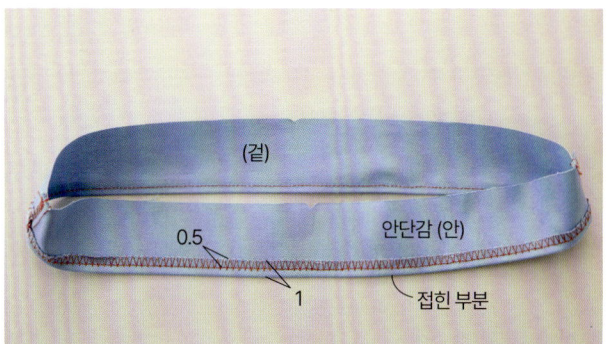

④ 안단감의 안이 나오도록 다시 뒤집고, 지그재그 박기 해둔 쪽을 앞쪽으로 접어 한 바퀴 꿰맨다.

## 4 몸체에 안단과 안주머니 달기

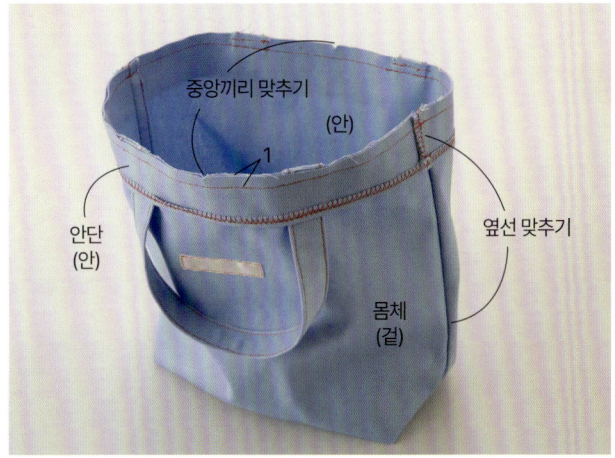

① 몸체 입구에 안단을 겉맞대기로 끼우고 입구 둘레를 한 바퀴 꿰맨다.

POINT 몸체 시접은 뒤쪽, 안단의 시접은 앞쪽으로 넘겨두었으므로, 시접끼리 겹치지 않는다.

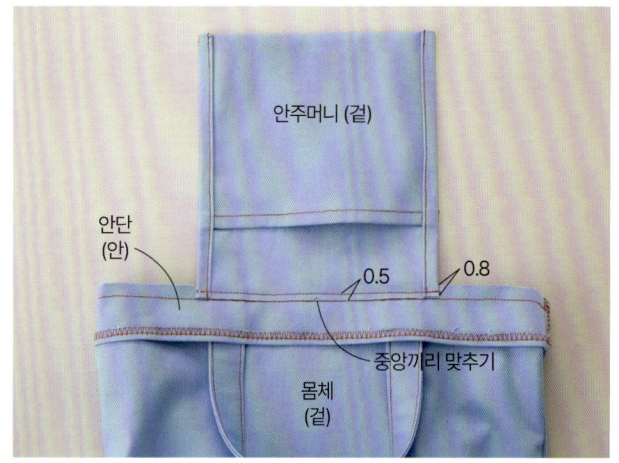

② 몸체의 뒤쪽(라벨이 달리지 않은 쪽) 안단의 시접에 안주머니를 임시 재봉한다. 이때, 안주머니 중앙과 안단의 중앙을 잘 맞추어준다.

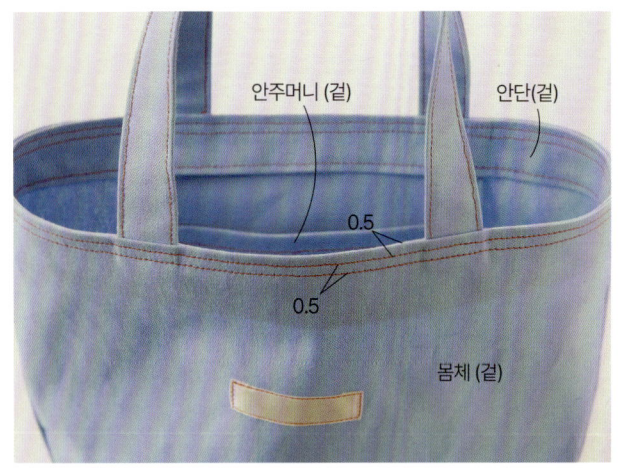

③ 안단을 겉이 보이도록 세워 올린 후 가방 안쪽으로 다시 접어 넣은 다음 입구 둘레를 한 바퀴씩 2줄로 상침한다.

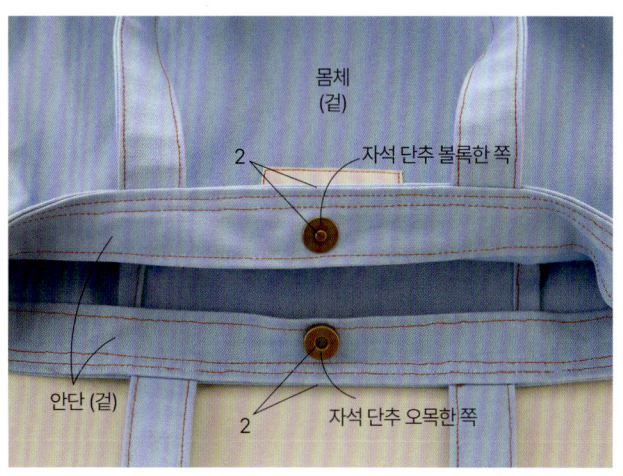

④ 앞·뒤쪽의 안단 중앙에 자석 단추를 단다. (하단의 「자석 단추 다는 법」 참조)

⑤ 완성

## 자석 단추 다는 법

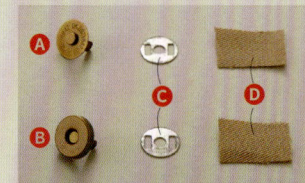

[준비물]
- Ⓐ 자석 단추 볼록한 쪽(수놈)
- Ⓑ 자석 단추 오목한 쪽(암놈)
- Ⓒ 와셔(자석 단추와 세트임)
- Ⓓ 바대(남는 천을 단추보다 조금 큰 직사각형으로 자른 것)

❶ 입구의 중앙/안단의 안쪽에 와셔를 대고 단추의 발을 끼울 위치(Ⅰ부분)를 표시한다.

❷ 표시한 곳에 칼집을 넣고, 겉쪽에서 오목한 쪽 단추의 발을 찔러 넣는다.

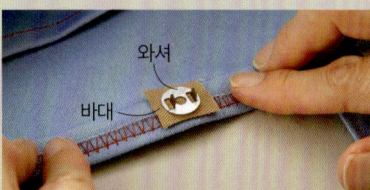

❸ 바대에도 같은 방법으로 칼집을 넣고, 칼집을 넣은 바대를 안단의 안쪽에서 단추의 발에 끼운다. 그 위에 다시 와셔를 끼운다.

❹ 단추의 발을 좌우로 벌린다. 반대쪽 안단에도 같은 방법으로 볼록한 쪽 단추를 단다.

※천이 얇은 경우 접착심을 붙인다.

## arrange 5 커다란 범포 토트백

난이도 ★★★

〔완성 사이즈〕
너비 35cm×높이 30cm×바닥 폭 16cm
(손잡이 제외)

〔재료〕

11호 범포(미색) ········· 106cm×50cm
면 브로드클로스(꽃무늬) ········· 53cm×78cm
11호 범포(녹색) ········· 90cm×54cm
아크릴 웨빙끈(베이지) ········· 폭 3cm×120cm [2개]
태그(원하는 디자인) ········· 폭 1cm×5cm

〔재단 방법과 치수〕  * 단위는 cm

• 안감의 바닥 중앙 양 끝을 네모 형태로 잘라낸다.

11호 범포(미색)

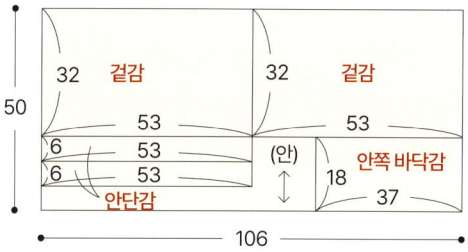

면 브로드클로스(꽃무늬)

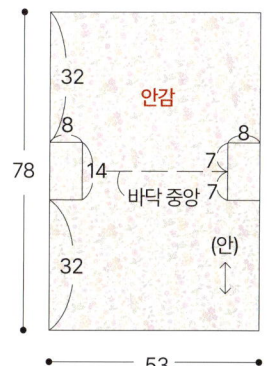

11호 범포(녹색)

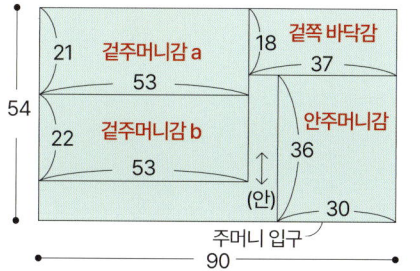

## 1 겉감에 겉주머니와 웨빙끈 달기

❶ 겉주머니감 a의 끝을 앞으로 2번 접어 꿰맨다.

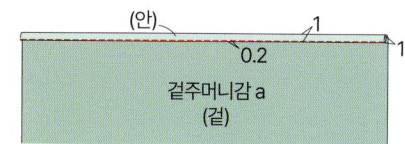

❷ 한 장의 겉감 겉에 그림과 같이 ❶을 포개고 겉주머니감 a의 세 변을 임시 재봉한다.

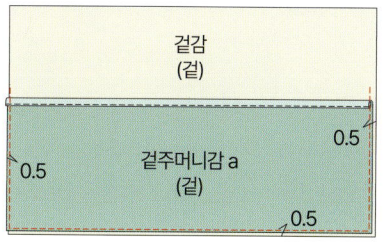

❸ ❷의 겉쪽에 아크릴 웨빙끈을 꿰매 붙이되, 태그를 안맞대기로 반을 접어 웨빙끈 아래에 끼우고 같이 꿰맨다. 이쪽이 가방의 앞쪽이 된다.

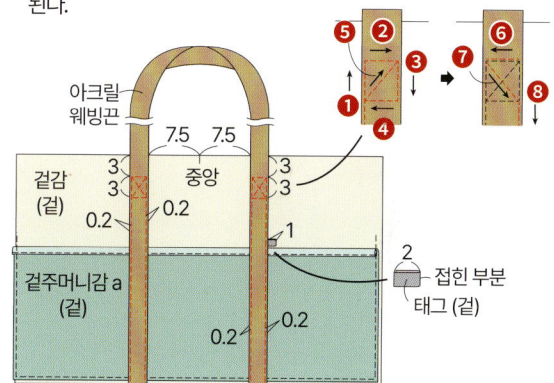

❹ 같은 방법으로 다른 한 장의 겉감에 겉주머니감 b를 임시 재봉하고 아크릴 웨빙끈을 꿰맨다. 이쪽은 가방의 뒤쪽이므로 태그는 끼우지 않는다.

## 2 겉 몸체 만들기

❶ 겉쪽 바닥감과 안쪽 바닥감을 안맞대기로 포개고 한 바퀴 돌아가며 임시 재봉한다.

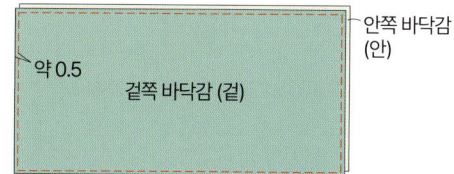

② ①의 ②(「겉감+겉주머니감 a」) 위에 ①(「겉쪽 바닥감+안쪽 바닥감」)을 포개고 아래 가장자리를 꿰맨다.

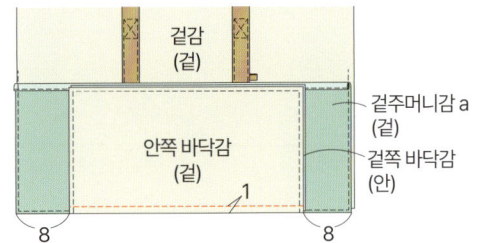

③ ②를 펼치고 시접을 바닥 쪽으로 넘긴 다음 2줄로 상침한다.

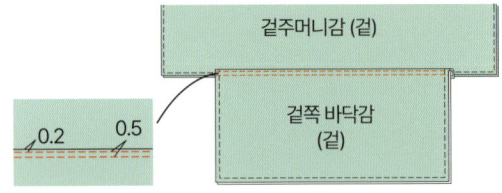

④ 같은 방법으로 「겉감+겉주머니감 b」의 겉에 겉쪽 바닥감의 겉이 만나도록 포개고 꿰맨 후 펼쳐서 시접을 바닥 쪽으로 넘긴 후 2줄로 상침한다.

⑤ ④를 바닥 중앙을 중심으로 겉맞대기로 접고, 양 옆선을 꿰맨 후 시접을 가른다.

⑥ 옆선 솔기와 바닥 중앙을 맞대고 가장자리를 꿰맨다.

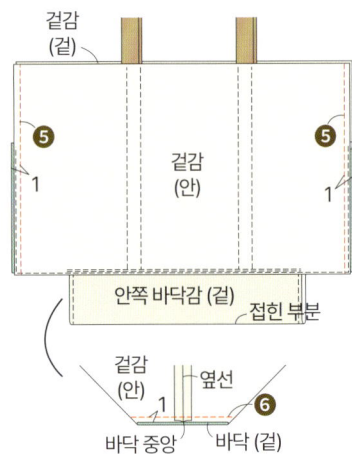

## 3 안 몸체 만들기

안감을 겉맞대기로 반으로 접고, 양 옆선을 꿰맨 다음 시접을 가른다. 옆 솔기와 바닥 중앙을 맞대고 가장자리를 꿰맨다. (②의 ⑤~⑥ 참조)

## 4 안주머니 만들기

① 안주머니감의 끝을 2번 접어 꿰매고(이곳이 주머니 입구가 됨) 그림과 같이 안맞대기로 접는다.

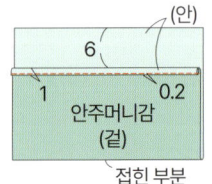

② 양옆을 꿰매고, 시접 바깥쪽을 잘라낸 다음 시접을 2번 접어 꿰맨다. (p.34의 ③~⑤ 참조)

③ 폭 0.3cm의 긴 직사각형 형태로 칸막이를 꿰맨다.

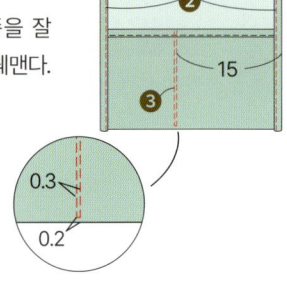

## 5 안단 만들기

① 안단감 2장의 양 끝과 아래 가장자리에 지그재그 박기를 하고, 겉맞대기로 겹쳐 양쪽 가장자리를 꿰맨다. (p.36~37의 ③-①~② 참조)

② 시접을 가르고 솔기의 양쪽을 상침한다.

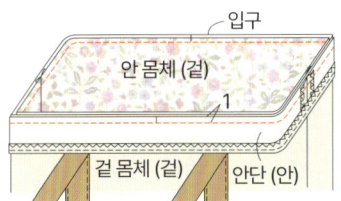

③ 지그재기 박기 해 둔 끝부분을 접어 꿰맨다. (p.37의 ④ 참조)

## 6 겉 몸체와 안 몸체, 안단과 안주머니 꿰매기

① 겉 몸체의 겉이 밖으로 나오도록 뒤집고, 겉 몸체 속에 안 몸체를 안맞대기로 넣는다. 안단을 겉 몸체에 겉맞대기로 끼우고, 안단과 몸체의 중앙과 옆선을 맞춘 다음 입구 둘레를 한 바퀴 꿰맨다.

② 안단의 시접에 안주머니를 임시 재봉한다. (p.37의 ④-② 참조)

③ 안단을 몸체 안쪽으로 접어 넣고, 아크릴 웨빙끈을 젖혀서 같이 꿰매지지 않도록 한 다음 입구 둘레를 한 바퀴씩 2줄로 상침한다.

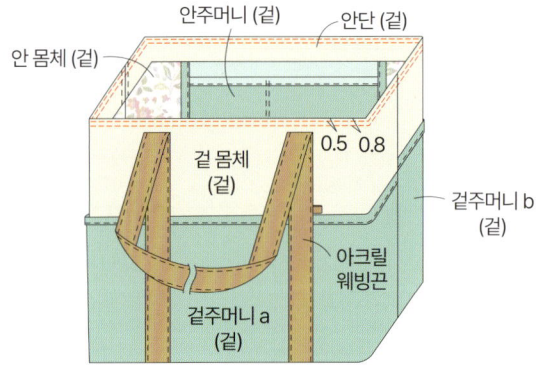

## arrange 6 퀼팅 그래니 백 패턴 A면

난이도 ★★☆

〔완성 사이즈〕
너비 34cm×높이 27cm×바닥 폭 14cm
(손잡이 제외)

〔재료〕

| | |
|---|---|
| 퀼팅(꽃무늬) | 54cm×70cm |
| 11호 범포(회색) | 80cm×70cm |
| 트윌 웨빙끈(미색) | 두께 2mm·폭 3cm×25cm [2개] |
| └ 손잡이와 입구에 두르는 용도 | 두께 2mm·폭 3cm×140cm |
| 라벨(원하는 디자인) | 폭 1.5cm×6cm |
| 가죽(갈색) | 4cm×6.5cm |
| 리본 테이프(원하는 색상) | 폭 1cm×10cm [2개] ─ 리본 테이프에 D링과 개고리를 달고 가방 입구에 꿰매어 잠금장치로 사용 |
| D링(12mm) | 1개 |
| 개고리(32mm) | 1개 |

〔도구〕
고무판, 지름 2mm 구멍을 뚫을 수 있는 펀치, 나무망치

〔재단 방법과 치수〕 *단위는 cm

• 겉감과 안감은 패턴대로 그린 후 지정된 시접을 넣어 시접선을 그린 다음 중앙 표시를 하고 시접선을 따라 재단한다. 그 외는 치수대로 재단한다.

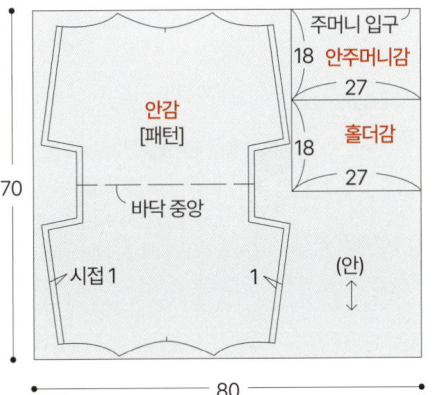

## 1 겉 몸체 만들기

① 겉감의 겉쪽에 라벨을 꿰매어 단다. 이쪽이 가방의 앞쪽이 된다.

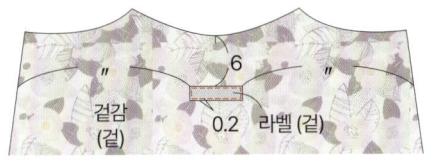

② 겉감을 바닥 중앙을 중심으로 겉맞대기로 반으로 접고 양 옆선을 꿰맨 후 시접을 가른다.

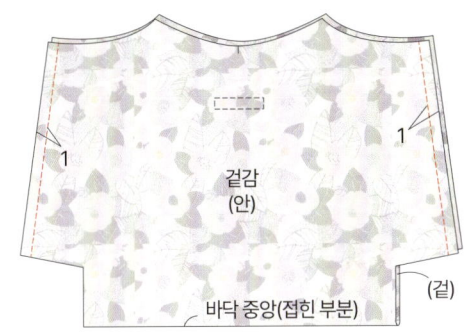

③ 옆선(솔기)과 바닥 중앙을 맞대고 가장자리를 꿰맨다.

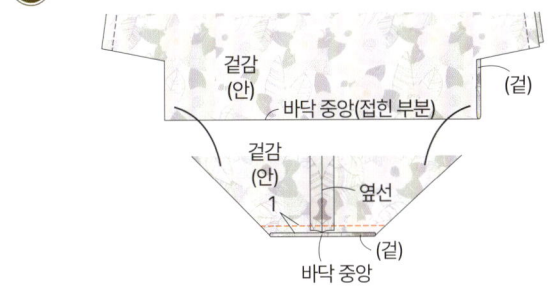

## 2 안주머니, 홀더, 잠금끈 만들기

① 안주머니감의 양옆과 아래쪽 끝에 지그재그 박기를 하고, 주머니 입구를 앞쪽으로 2번 접어 꿰맨다.

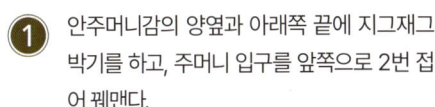
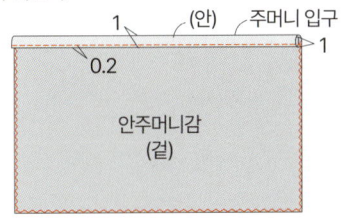

❷ 양옆의 끝을 먼저 안쪽으로 접고, 이어서 아래쪽 끝을 안쪽으로 접는다.

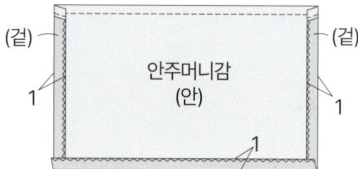

❸ 홀더감의 위/아래 끝을 겉쪽으로 각각 2번 접어 꿰맨다.

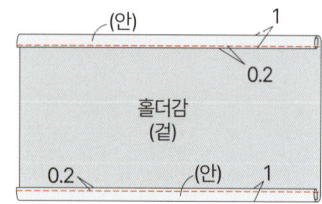

❹ 2개의 리본 테이프 중 하나는 D링을 통과시켜 꿰매고, 나머지 하나는 개고리를 통과시켜 꿰맨다.

## 3 안 몸체 만들기

❶ 안감의 겉쪽에 ❷-❷의 안주머니를 꿰매어 달고 안주머니에 폭 0.3cm의 긴 직사각형 형태로 칸막이를 꿰맨다. 이쪽이 가방의 뒤쪽이 된다.

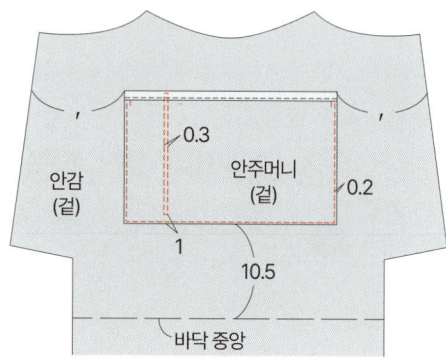

❷ ❷-❸의 홀더를 안맞대기로 반으로 접어서 안감 겉쪽에 임시 재봉한다.

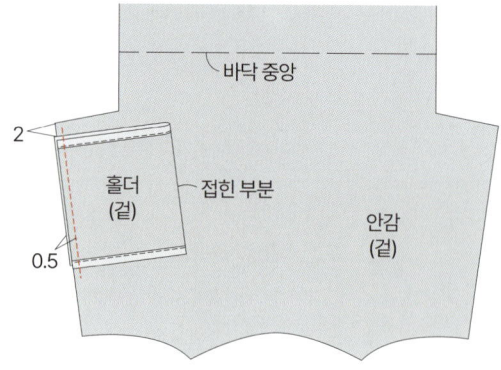

❸ 가방 뒤쪽에 해당하는 안감의 겉쪽/입구 중앙에 ❷-❹의 개고리를 단 리본 테이프를 임시 재봉하고, 반대쪽 입구 중앙에 D링을 단 리본 테이프를 임시 재봉한다.

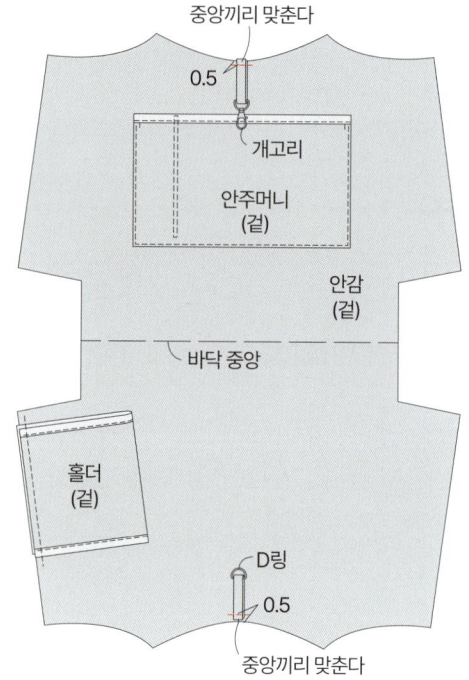

❹ ❶-❷~❸과 같은 방법으로 안감을 바닥 중앙을 중심으로 겉맞대기로 접어 양 옆선을 꿰매고, 시접을 가른 후 옆선과 바닥 중앙을 맞대어 가장자리를 꿰맨다.

## 4 겉 몸체와 안 몸체 꿰매고 손잡이 달기

① 겉 몸체의 겉이 밖으로 나오도록 뒤집고, 안 몸체를 겉 몸체 속에 안맞대기로 넣은 다음 입구 둘레를 한 바퀴 꿰맨다.

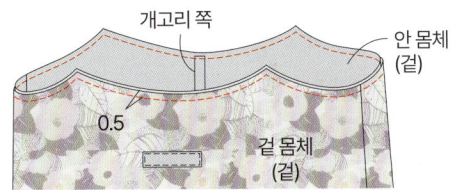

② 25cm 트윌 웨빙끈 2개를 각각 반으로 접고, 가방의 앞/뒤쪽 입구 부분에 끼운 다음 꿰맨다. 양 끝은 커브를 따라 자른다.

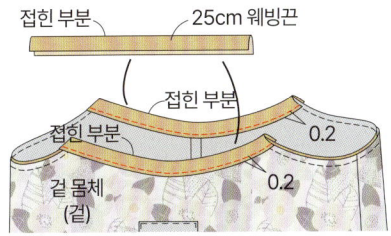

③ 140cm 트윌 웨빙끈을 반으로 접은 다음 중앙에 표시를 해둔다.

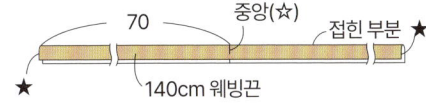

④ ①의 몸체 오른쪽 옆선에 웨빙끈의 중앙(☆)을 맞추어 끼운 다음 임시 재봉(천에 끼우는 클립으로 고정해도 좋다)하고, 다른 쪽 옆선에 웨빙끈의 양 끝(★)이 맞닿게 끼운 다음 임시 재봉한다. 손잡이에 해당하는 부분도 반으로 접히도록 하면서 전체를 한 바퀴 돌아가며 꿰맨다.

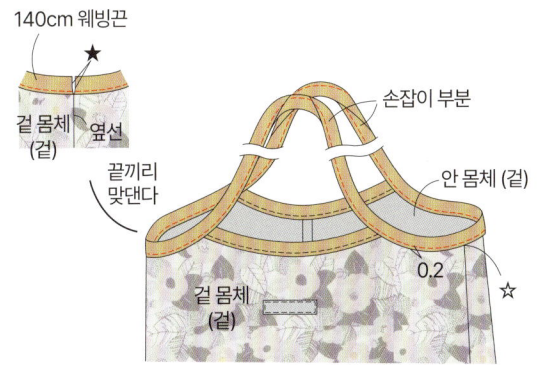

⑤ 가죽의 네 모서리에 구멍을 뚫은 다음(p.90 「가죽에 구멍 뚫는 법」 참조) ④의 트윌 웨빙끈 양 끝이 맞닿은 부분에 끼우고 직접 바늘로 꿰매어 붙여 완성한다.

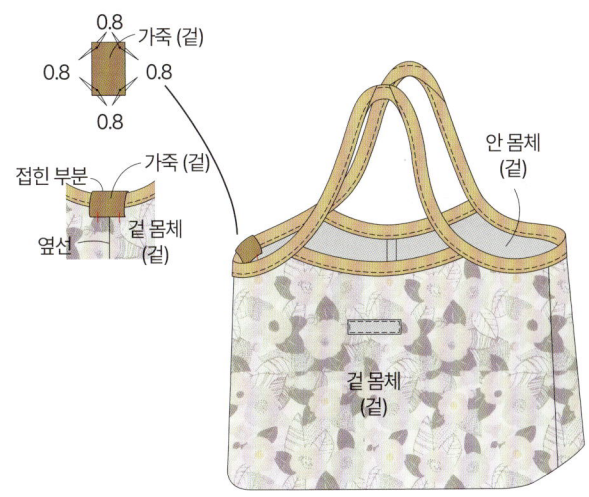

## arrange 7 트라이앵글 모양 가방
난이도 ★☆☆

〔완성 사이즈〕
너비 36cm×높이 42cm×바닥 폭 12cm
(손잡이 제외)

〔재료〕
얇은 면(큰 꽃무늬) ········· 107cm×37cm
얇은 면(작은 꽃무늬) ········· 107cm×37cm
면 옥스(회색) ········· 36cm×16cm
리본 테이프 ········· 폭1cm×25cm [2개]
└ 입구에 달아 여밈끈으로 사용

〔재단 방법과 치수〕 *단위는 cm

얇은 면(겉감: 큰 꽃무늬, 안감: 작은 꽃무늬)

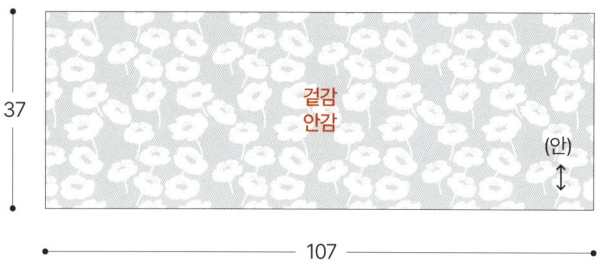

면 옥스(회색)

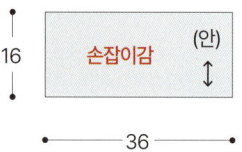

## 1 손잡이와 여밈끈 만들기

① 손잡이감의 위/아래 끝에서 중앙을 향해 접은 다음 다시 반으로 접고, 위/아래 가장자리를 꿰맨다. (p.21의 1 참조)

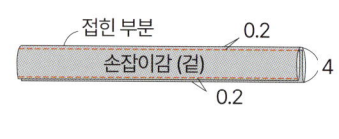

② 리본 테이프의 한쪽 끝을 안쪽으로 두 번 접고 가장자리를 꿰맨다.

## 2 겉 몸체 만들기

① 겉감을 그림과 같이 겉맞대기로 왼쪽에서 오른쪽으로 접은 다음, 아래 가장자리를 꿰맨다.

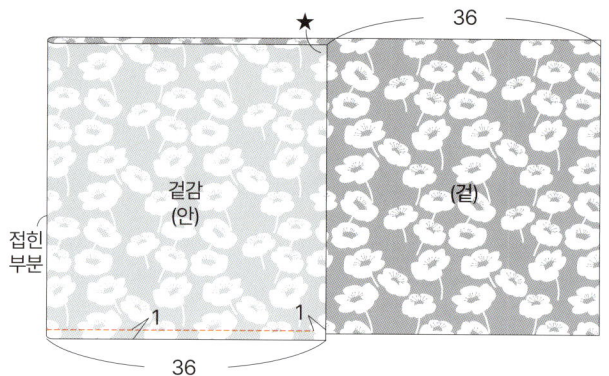

② 왼쪽 아래 모퉁이를 비스듬히 꿰매고(이곳이 바닥판이 됨), 오른쪽 위 모퉁이를 비스듬히 자른다(이곳에 손잡이를 달게 됨).

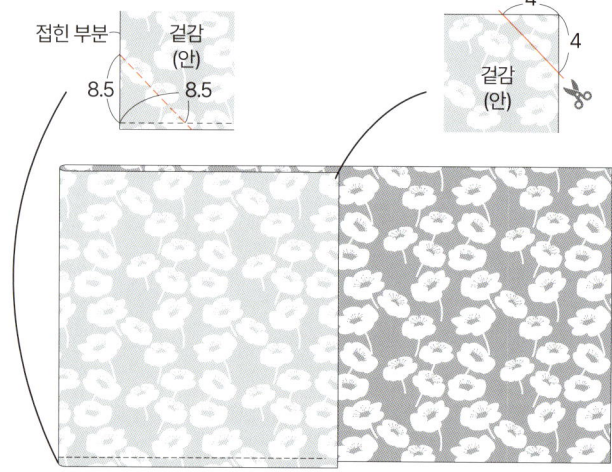

③ 이번에는 겉맞대기로 오른쪽에서 왼쪽으로 겉감을 접은 다음 위쪽 가장자리를 꿰맨다. 이때 ①에서 접은 천은 젖혀 놓고 작업한다.

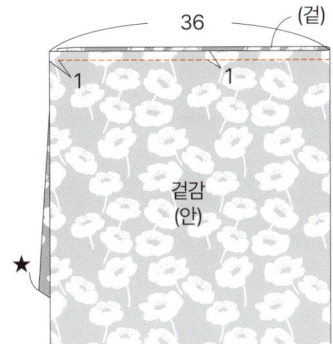

① 겉 몸체를 겉이 보이도록 뒤집고 ②-②, ④에서 자른 부분에 손잡이를 맞추어 임시 재봉한다.

② 겉 몸체의 앞/뒤쪽 V 부분에 ①-② 의 리본 테이프(여밈끈)를 각각 임시 재봉한다.

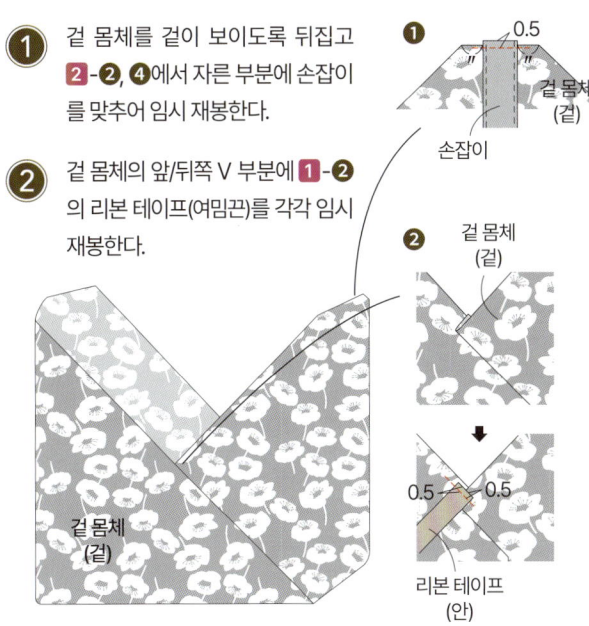

④ 오른쪽 위 모퉁이를 비스듬히 꿰매고, 왼쪽 아래 모퉁이를 비스듬히 자른다.

③ 안 몸체 속에 겉 몸체를 겉맞대기로 넣고, 창구멍을 남기며 입구 둘레를 한 바퀴 꿰맨다.

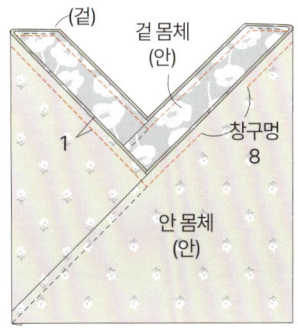

④ 창구멍을 통해 몸체를 빼내고, 입구 둘레를 한 바퀴 상침하여 완성한다.

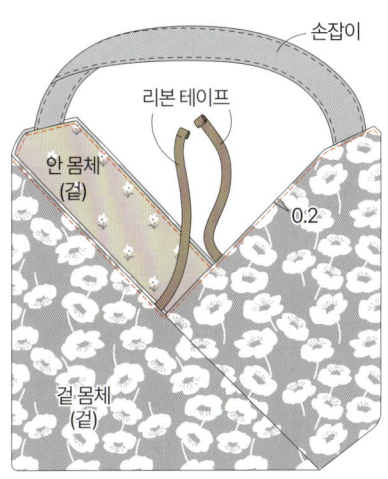

## 3 안 몸체 만들기

겉 몸체와 같은 방법으로 안 몸체를 만든다.

## 4 손잡이와 여밈끈 달고 겉 몸체와 안 몸체 꿰매기

## 링 핸들 토트백
난이도 ★★☆

〔완성 사이즈〕
너비 38cm×높이 27cm×바닥 폭 10cm
(손잡이 제외)

〔재료〕
면(꽃 모티프 무늬) ········ 50cm×76cm
리넨(겨자색) ········ 50cm×76cm
대나무 링 핸들(바깥지름 17.5cm) ········ 1쌍

〔재단 방법과 치수〕  * 단위는 cm

• 겉감과 안감의 재단 방법이 같다. 좌우 4곳에 가위집을 넣고, 바닥 중앙 양 끝을 네모 형태로 잘라낸다.

겉감: 면(꽃 모티프 무늬)
안감: 리넨(겨자색)

## 1 겉 몸체와 안 몸체 만들기

❶ 겉감과 안감을 각각 바닥 중앙을 중심으로 겉맞대기로 접은 다음, 접은 겉감과 안감을 겹쳐 놓는다. 양옆의 가위집에서부터 아래 방향으로 4장을 함께 꿰맨다.

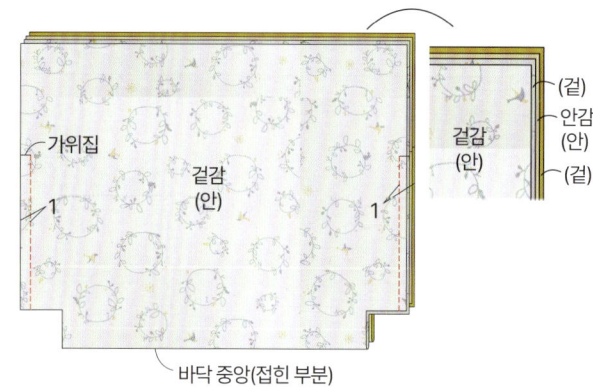

❷ 꿰매지 않은 가위집 위쪽은 안쪽에 있는 겉감과 안감 한 장씩을 안으로 접어 넣고 바깥쪽에 있는 겉감과 안감을 겉맞대기로 맞추어 꿰맨다.

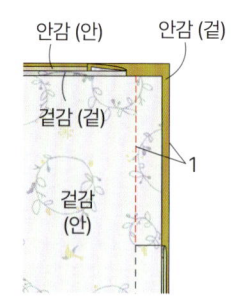

❸ 겉감의 바닥 중앙과 옆선, 안감의 바닥 중앙과 옆선을 각각 맞댄 다음 두 장의 천 가장자리를 함께 꿰맨다.

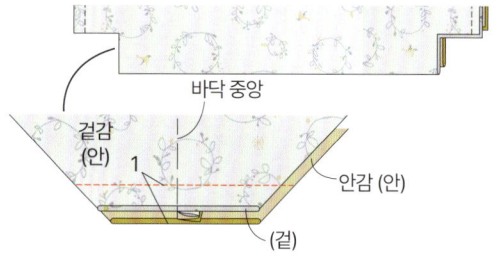

❹ ❷에서 접어 넣었던 겉감과 안감을 밖으로 나오게 뒤집어, 접어 넣었던 겉감과 안감을 겉맞대기 하여 가위집에서부터 위쪽으로 꿰맨다.

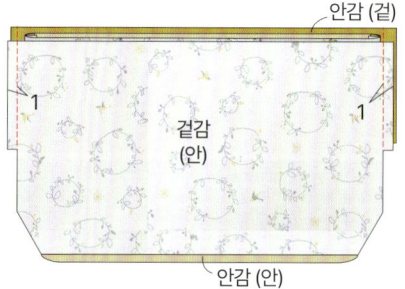

## 2 손잡이 달기

① 겉 몸체의 겉이 밖으로 나오도록 뒤집고, 형태를 가다듬는다.

② 양쪽 가위집에서부터 상단부까지의 가장자리를 V자로 꿰맨다.

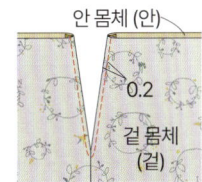

③ 겉 몸체와 안 몸체의 입구 끝을 지그재그로 박기 한다.

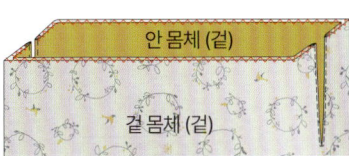

④ 입구 끝을 겉 몸체 쪽으로 접고, 다리미로 눌러 접음선을 만든다.

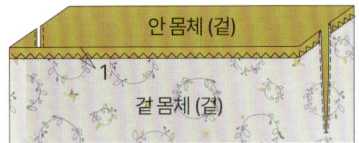

⑤ 몸체의 입구 쪽에 대나무 링 핸들을 끼우고, 위쪽 끝을 겉 몸체 쪽으로 접어 내린 다음 가장자리를 꿰매서 완성한다.

## arrange 9 우드 핸들 토트백

난이도 ★★☆

〔완성 사이즈〕
너비 38cm×높이 23cm
×바닥 폭 10cm (손잡이 제외)

〔재료〕

면마 캔버스(꽃무늬) ········· 50cm×70cm
리넨(보라색) ········· 50cm×70cm
우드 핸들(폭 30cm) ········· 1쌍

〔재단 방법과 치수〕  *단위는 cm

- 겉감과 안감의 재단 방법이 같다. 좌우 4곳에 가위집을 넣고, 바닥 중앙 양 끝을 네모 형태로 잘라낸다.

겉감: 면마 캔버스(꽃무늬)
안감: 리넨(보라색)

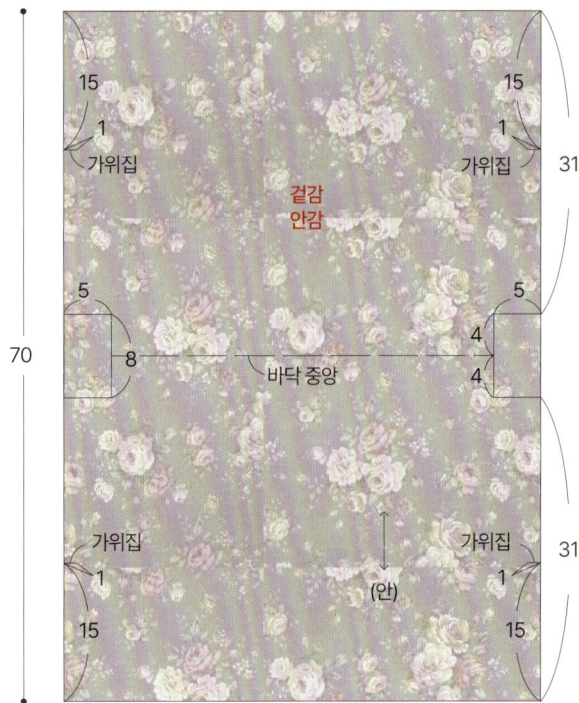

TYPE 2
옆판이 없는 T자 가방

## 1️⃣ 겉 몸체와 안 몸체 만들기

겉감과 안감을 각각 겉맞대기로 접은 다음 두 장을 겹쳐 놓고 꿰매어 겉 몸체와 안 몸체를 만든다. (p.46의 1️⃣ 참조)

## 2️⃣ 턱 주름 넣고 손잡이 달기

① 겉 몸체의 겉이 밖으로 나오도록 뒤집고, 가위집에서부터 상단부까지의 가장자리를 V자로 꿰맨다. (p.47의 2️⃣-①~② 참조)

② 안 몸체의 겉이 나오도록 뒤집고 다음 그림처럼 일정한 간격으로 세로선을 긋는다(빗금은 긋지 않아도 됨).

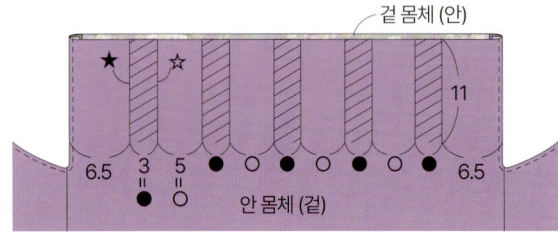

③ ②에서 그은 선끼리(★과 ☆) 맞닿도록 접고, 선을 따라 꿰맨다.

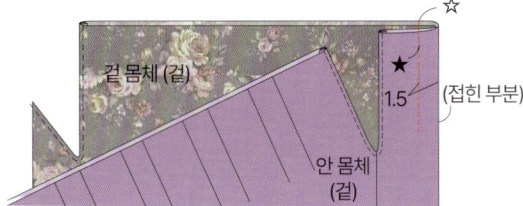

④ ③의 접힌 부분 끝을 0.5cm 잘라내고 시접을 가른다.

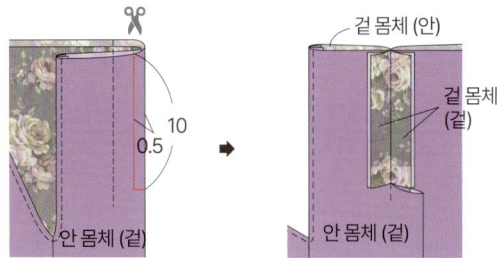

⑤ ③~④의 과정을 반복한다.

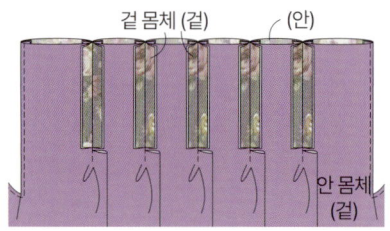

⑥ 입구 끝을 지그재그 박기 한다. (p.47의 2️⃣-③ 참조)

⑦ 입구 끝을 안 몸체 쪽으로 1cm 접고 우드 핸들을 끼운 다음, 다시 입구 끝을 안 몸체 쪽으로 접어 내리고 가장자리를 꿰매어 완성한다.

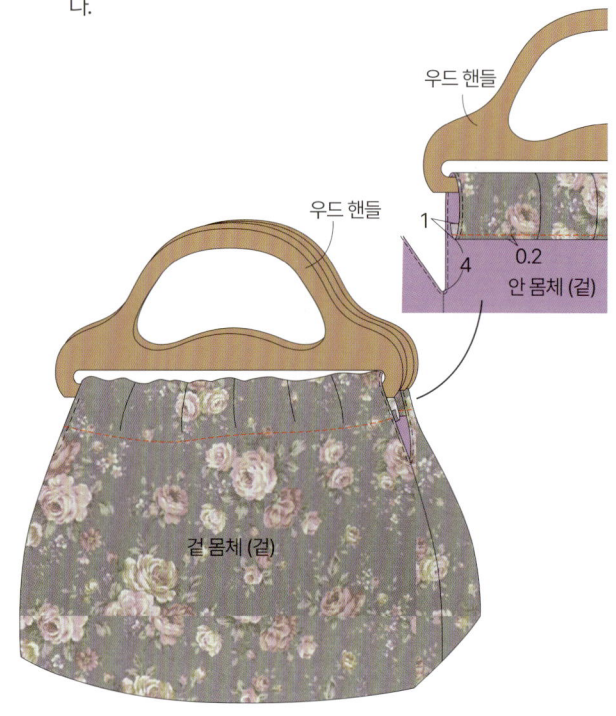

## arrange 10 빅 포켓 배낭

난이도 ★★★

〔완성 사이즈〕

너비 24cm×높이 35cm×
바닥 폭 10cm

〔재료〕

면마 캔버스(와인색) ·········· 98cm×55cm
면 옥스(북유럽 모티프 무늬) ·········· 72cm×106cm
얇은 접착심 ·········· 약 85cm×55cm
PP 웨빙끈(미색) ·········· 폭 3cm×37cm
　　　　　　　　　　　 폭 3cm×42cm
버클(검은색·30mm) ·········· 플러그와 소켓 1세트
왈자조리개(검은색·30mm) ·········· 1개
배낭용 가방끈(갈색 계열) ·········· 1세트

PP 웨빙끈에 버클과 왈자조리개를 달아 배낭끈과 함께 가방에 꿰매 붙인다.

## 1 앞판 잠금끈 만들기

① 버클의 플러그에 37cm의 PP 웨빙끈을 통과시키고 웨빙끈의 끝부분을 두 번 접어 꿰맨다.

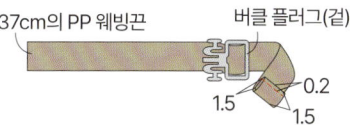

② 이번에는 왈자조리개에 42cm의 PP 웨빙끈을 통과시키고 끝부분을 접어 2줄로 꿰맨다. 그리고 웨빙끈의 반대쪽 끝을 버클의 소켓에 통과시킨 후 다시 왈자조리개에 통과시킨다.

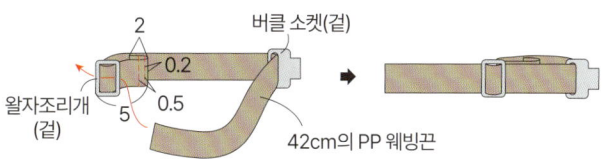

〔재단 방법과 치수〕  * 단위는 cm

- 겉감과 바닥감의 안쪽에는 얇은 접착심을 치수보다 가로·세로 1cm 작게 잘라 끝에서 0.5cm 안으로 들어가도록 맞추어 붙인다.
- 안감의 바닥 중앙 양 끝을 네모 형태로 잘라낸다.

면마 캔버스(와인색)

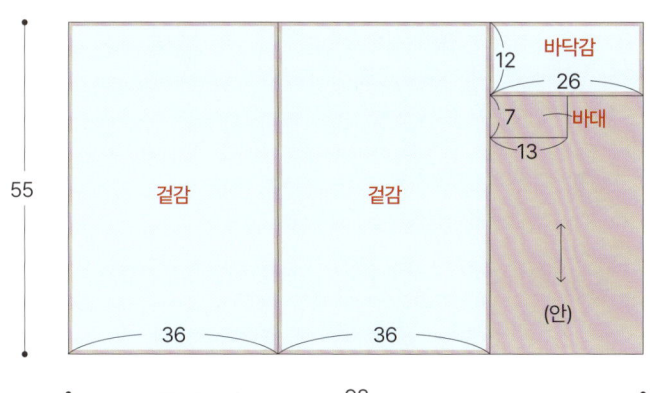

면 옥스(북유럽 모티프 무늬)

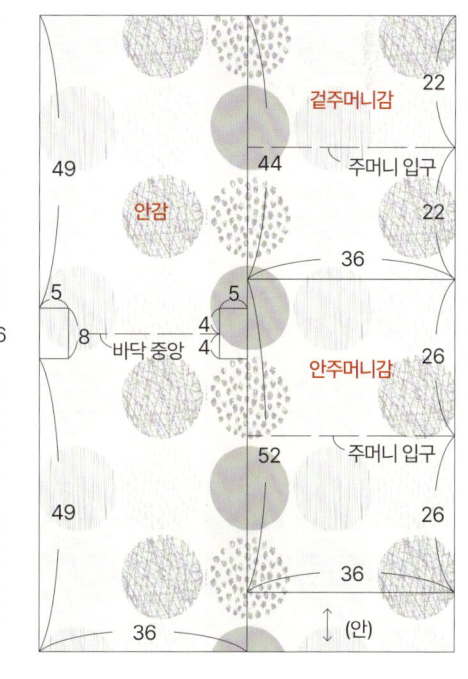

## 2 겉 몸체 만들기

❶ 겉주머니감을 안맞대기로 반으로 접은 다음 접힌 부분(주머니 입구가 됨)을 겉쪽으로 접어 내리고 가장자리를 꿰맨다.

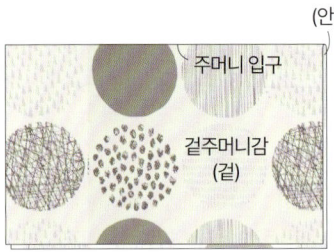

❷ 한 장의 겉감 겉쪽에 ❶을 포개고 양옆을 임시 재봉한다.

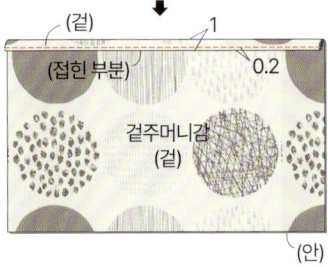

❸ 겉주머니 가운데에 37cm의 PP 웨빙끈(버클의 플러그를 끼워둔 것)을 포개어 꿰맨다.

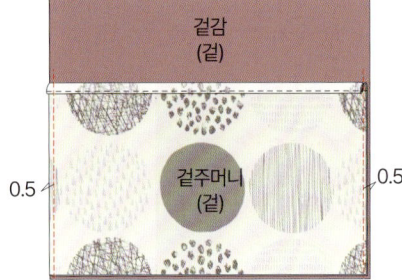

❹ 나머지 한 장의 겉감 겉쪽에 배낭용 어깨끈 부품인 인조 가죽을 포개고 겉감과 인조 가죽 부품 사이에 42cm의 PP 웨빙끈(버클의 소켓과 왈자조리개를 끼워둔 것)을 끼운 다음, 겉감의 안쪽에 바대를 대고 인조 가죽 부품을 꿰맨다.

❺ 배낭용 어깨끈의 웨빙끈을 겉감의 아래쪽 두 곳에 임시 재봉한다.

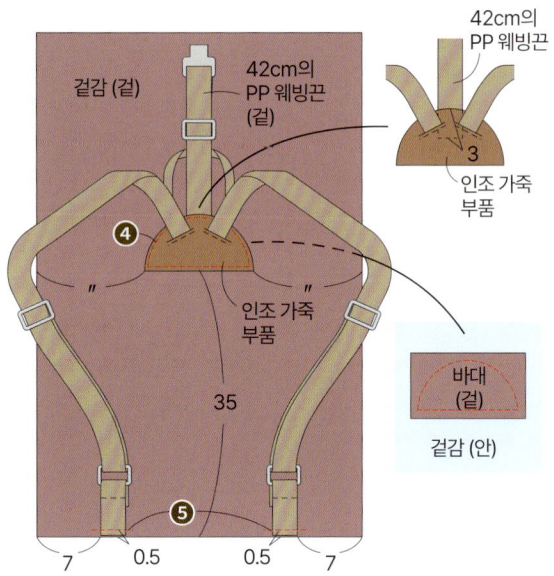

❻ 바닥감을 ❺의 아래쪽에 맞추어 겉맞대기로 포개고 아래쪽 가장자리를 꿰맨다.

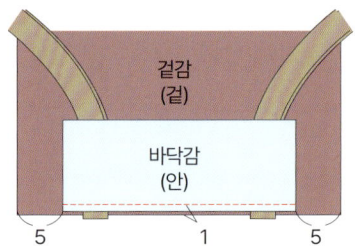

❼ 겉주머니를 달아 놓은 겉감(❷-❸)에 ❻의 바닥감(꿰매지 않은 쪽)을 겉맞대기로 포개고 가장자리를 꿰맨다.

❽ ❼을 겉쪽이 보이게 펼친 다음 바닥 가장자리를 상침한다.

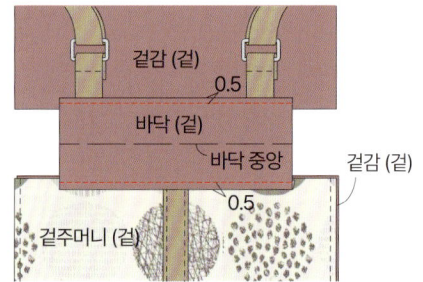

⑨ ❽을 바닥 중앙을 중심으로 겉맞대기로 반을 접고. 몸체의 양옆을 꿰맨다. 시접은 뒤쪽으로 넘긴다.

④ 안감을 바닥 중앙을 중심으로 겉맞대기로 반으로 접고, 창구멍을 남긴 채 양옆을 꿰맨 다음 시접을 앞쪽으로 넘긴다.

⑤ 옆선과 바닥 중앙을 맞대고 가장자리를 꿰맨다.

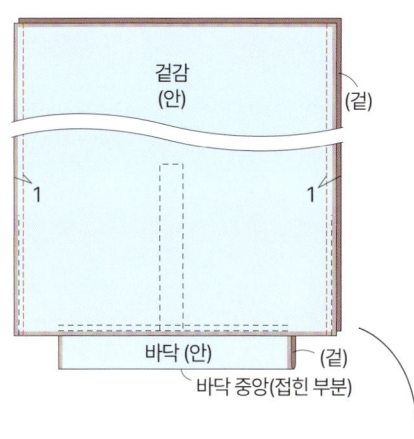

⑩ 몸체의 옆선과 바닥 중앙을 맞대고 가장자리를 꿰맨다.

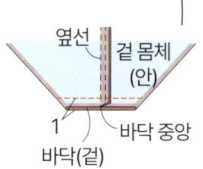

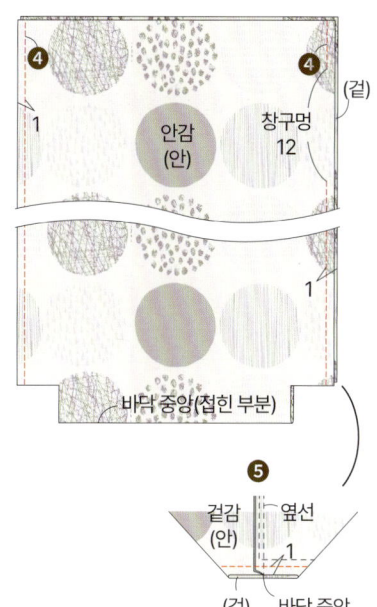

## 3 안 몸체 만들기

① 겉주머니와 마찬가지로 안주머니감을 반으로 접고 접힌 부분(주머니 입구) 끝을 접어 내린 다음 가장자리를 꿰맨다. (p.50의 ❶ 참조)

② 안감의 겉쪽에 안주머니를 그림과 같이 포개고 가장자리를 꿰맨다.

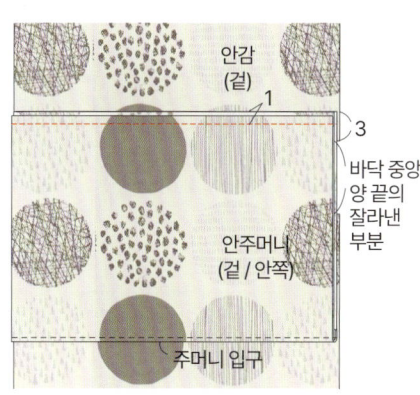

③ 안주머니를 올려 접은 다음 세 변을 꿰맨다. 이쪽이 가방의 뒤쪽이 된다.

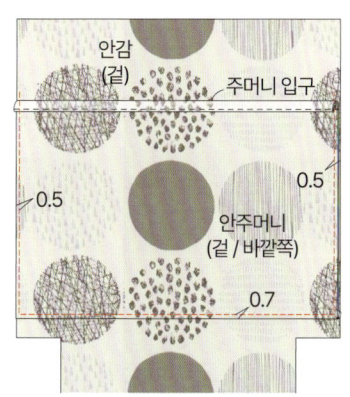

## 4 겉 몸체와 안 몸체 꿰매기

① 안 몸체 속에 겉 몸체를 겉맞대기로 넣은 다음 입구 둘레를 한 바퀴 꿰매고, 시접을 겉 몸체 쪽으로 넘긴다. 창구멍을 통해 몸체를 빼낸다. (p.23~24의 ❹-❶~❸ 참조)

② 입구 끝을 그림처럼 안으로 접어 넣고 한 바퀴 상침한다. 창구멍을 ㄷ자로 꿰매어 닫아 완성한다.

# TYPE 3 | 옆판에 삼각형이 보이는 가방

바닥 부분을 자바라 형태로 접어 꿰맸기 때문에 옆판의 아래쪽에 삼각형이 생기게 되었어요.
디자인적으로 예쁜 옆판의 모습을 가지고 있는 가방입니다.

크로스로 멜 수도 있고
손잡이를 잡아 들 수도 있는
2way 가방입니다.

**basic 11**

## 2way 숄더백

숄더 스트랩의 안쪽, 가방 안쪽에 달린 안주머니, 가방 안쪽에서 보이는 옆선의 시접 끝을 같은 무늬의 천을 사용하여 무늬가 없는 가방에 포인트를 주었어요.

arrange
12

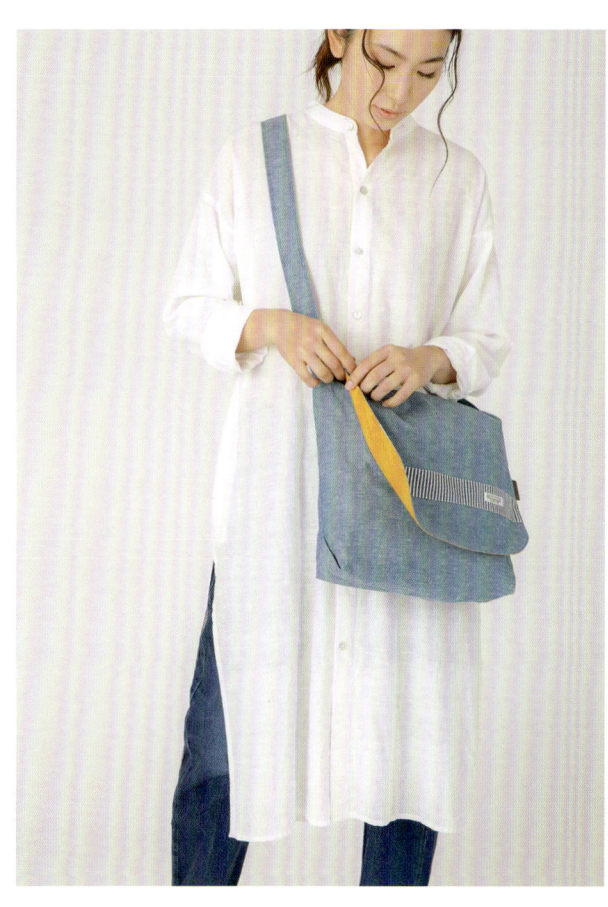

## 메신저 백

크로스로 멜 수 있는 큼지막한 뚜껑이 달린 가방입니다. 얼핏 보이는 뚜껑의 안쪽 옐로 컬러가 포인트로, 이 노란색 천은 안 몸체에도 사용되었습니다.

arrange
13

## 백 인 백

주머니가 많이 달린 미니 사이즈의 가방은 가방 안의 가방으로 분리 수납하는 데 제격입니다. 커다란 파우치 대용으로도 사용할 수 있어요.

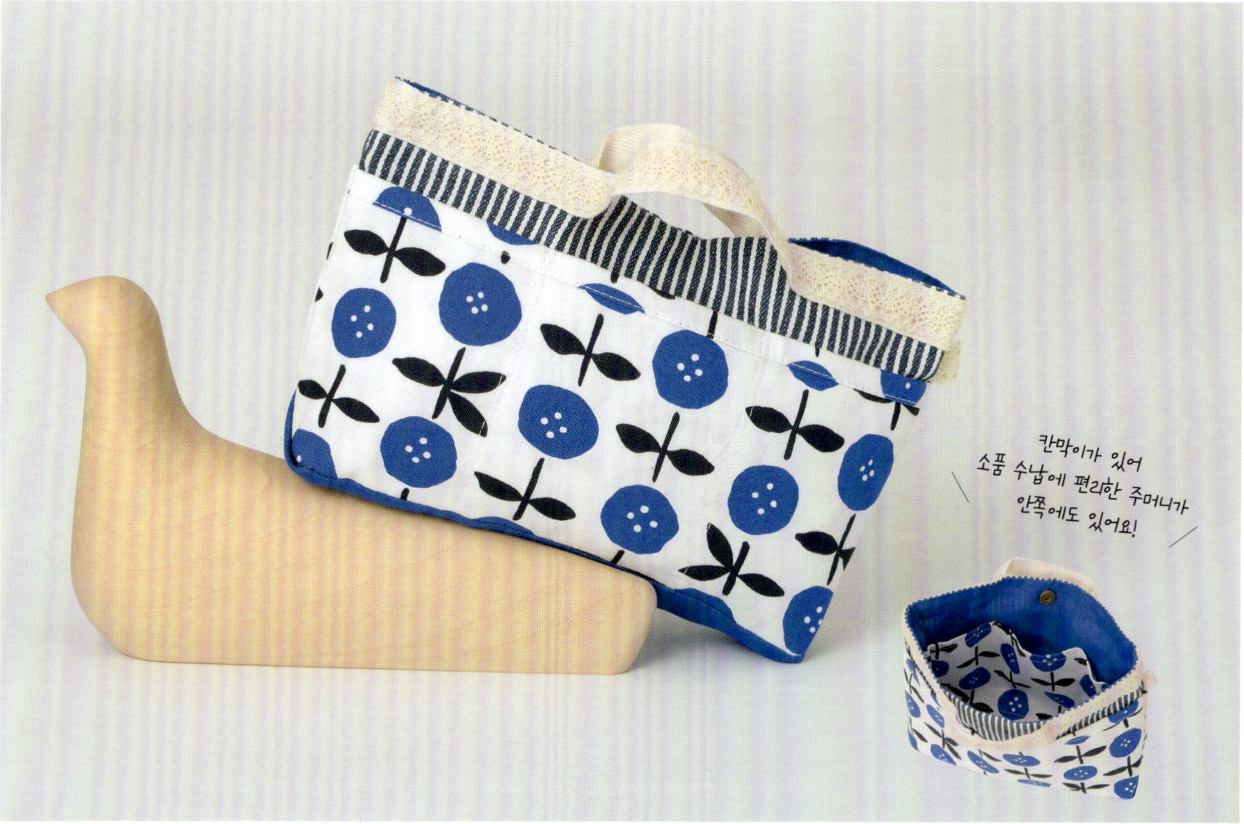
칸막이가 있어
소품 수납에 편리한 주머니가
안쪽에도 있어요!

… how to make

### basic 11 · 2way 숄더백
난이도 ★★☆

〔완성 사이즈〕

30cm
28cm
10cm

〔재료〕

- 11호 범포(겨자색) ········ 86cm×80cm
- 면 옥스(꽃무늬) ········ 29cm×80cm
- 라벨(원하는 디자인) ········ 폭 5cm×3.8cm
- 자석 단추(지름 1.4cm) ········ 1쌍
- 양면 징(중·발 길이 6mm) ········ 1쌍

〔도구〕

송곳, 고무판, 받침대(몰드), 징 치개(누름쇠), 쇠망치

〔재단 방법과 치수〕 *단위는 cm

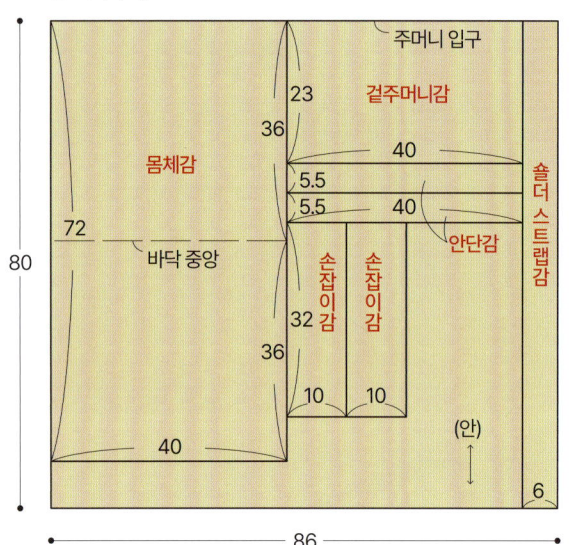

— 가방 옆선 시접을 감싸는 용도

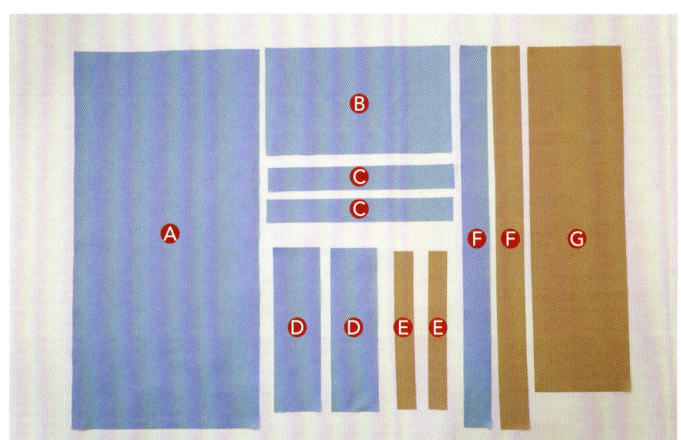

A 몸체감   B 겉주머니감   C 안단감 2장   D 손잡이감 2장
E 테이프감 2장   F 숄더 스트랩감 2장   G 안주머니감

## 1 손잡이, 숄더 스트랩, 안단, 테이프 만들기

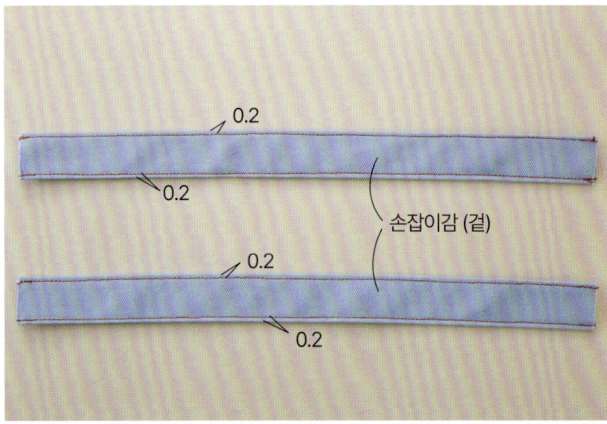

① 손잡이감의 위/아래 끝에서 중앙을 향해 접은 다음 다시 반으로 접고, 위/아래 가장자리를 꿰맨다. 총 2개의 손잡이를 만든다. (p.21의 1 참조)

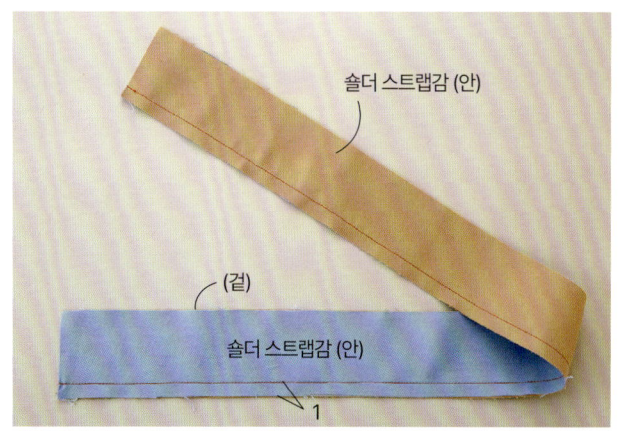

② 숄더 스트랩감 두 장을 겉맞대기로 포개고 아래 가장자리를 꿰맨다.

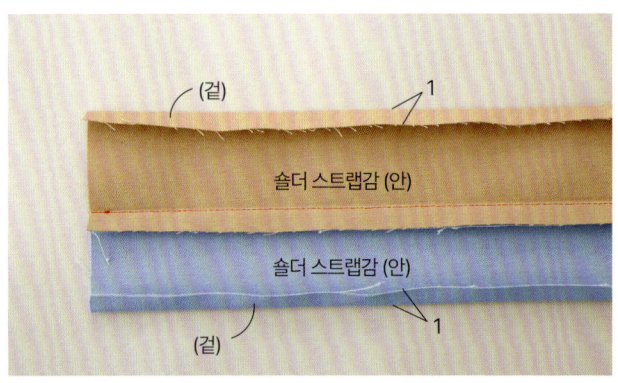

③ ②를 안쪽이 보이게 펼친 다음 시접을 한쪽으로 넘기고, 위/아래 가장자리를 안쪽으로 각각 1cm 접는다.

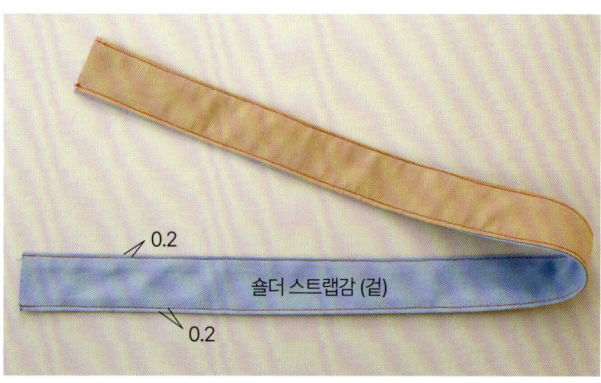

④ 다시 안맞대기로 접고, 위/아래 가장자리를 꿰맨다. 숄더 스트랩이 완성된다.

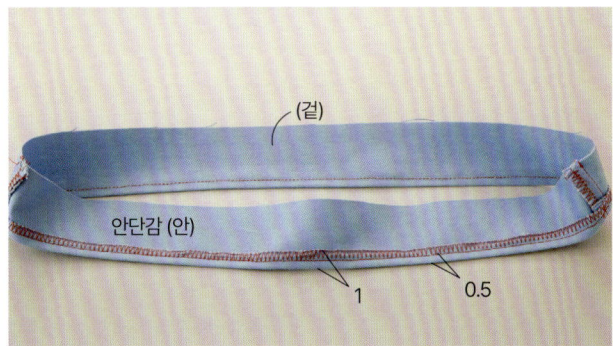

⑤ 안단감 2장의 양 끝과 아래 가장자리에 지그재그 박기를 하고, 겉맞대기로 포개어 양쪽 가장자리를 꿰맨 다음, 시접을 넘기고 이음매를 상침한다. 그리고 지그재기 박기 해 둔 끝부분을 접어 꿰맨다. (p.36~37의 3 참조)

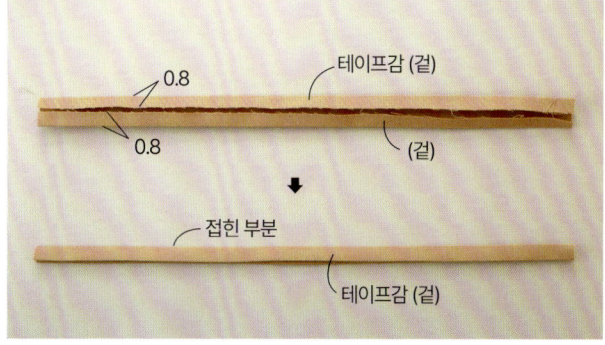

⑥ 테이프감의 위/아래 끝에서 주어진 치수만큼 접어 내리거나 올리고 다리미로 눌러준 다음 다시 반으로 접는다.

## 2 안주머니 만들기

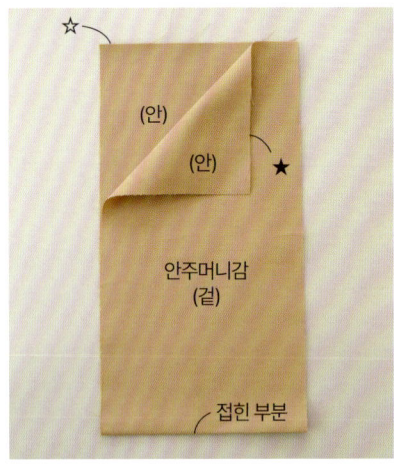

❶ 안주머니감을 안맞대기로 반으로 접는다.

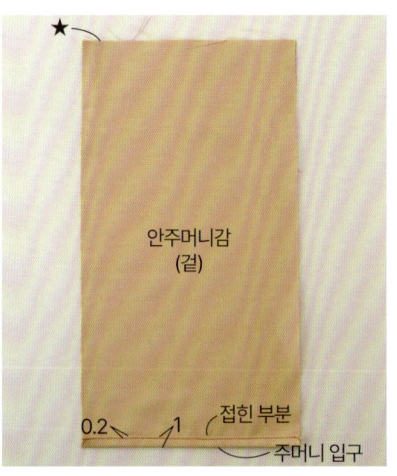

❷ 접힌 부분을 앞쪽으로 접고(이곳이 주머니 입구가 됨) 가장자리를 꿰맨다.

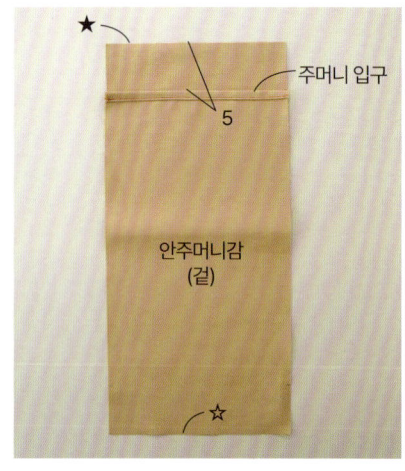

❸ ❷를 펼치고, 입구 부분을 끌어 올려 접는다.

❹ 아래쪽 끝(☆)을 접어 올려 위쪽 끝(★)에 맞춘다.

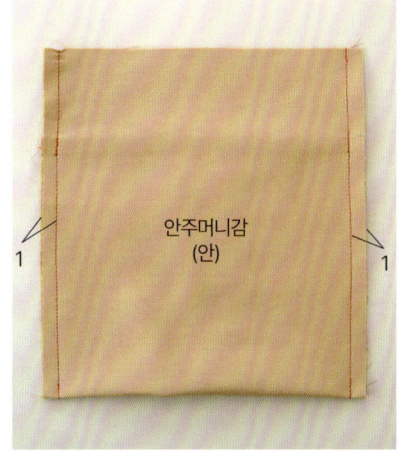

❺ 양옆을 꿰맨다.

❻ 겉이 밖으로 나오도록 뒤집은 다음, 양옆 가장자리를 꿰맨다.

## 3 겉주머니 만들어 달기

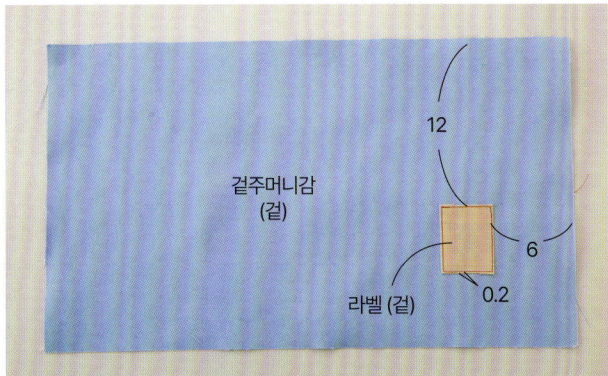

① 겉주머니감의 겉쪽에 라벨을 꿰매어 단다.

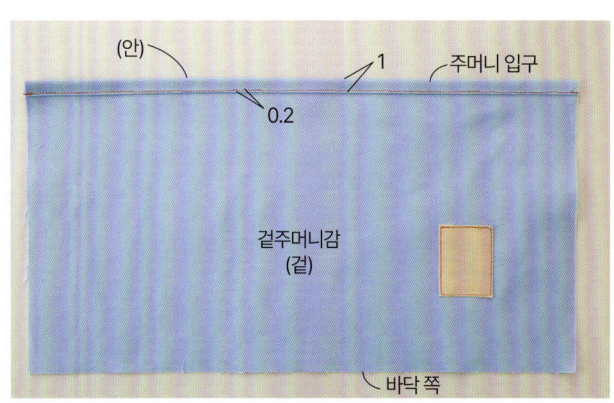

② 겉주머니감의 위쪽 끝을 앞쪽으로 2번 접은 다음 가장자리를 꿰맨다. 접힌 곳이 주머니 입구가 된다.

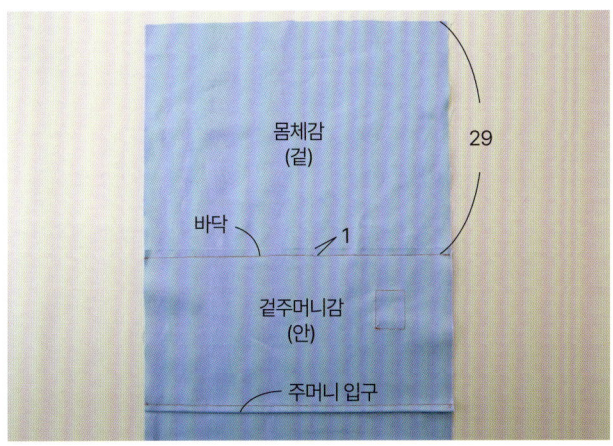

③ 몸체감의 겉쪽에 겉주머니감의 바닥 쪽이 위로 오도록 겉맞대기로 포개고, 가장자리(바닥 쪽)를 꿰맨다.

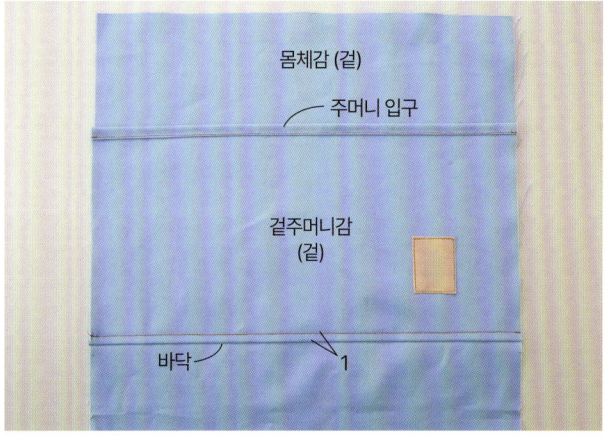

④ 겉주머니감의 겉쪽이 보이도록 접어 올린 다음, 겉주머니의 바닥 쪽을 상침한다.

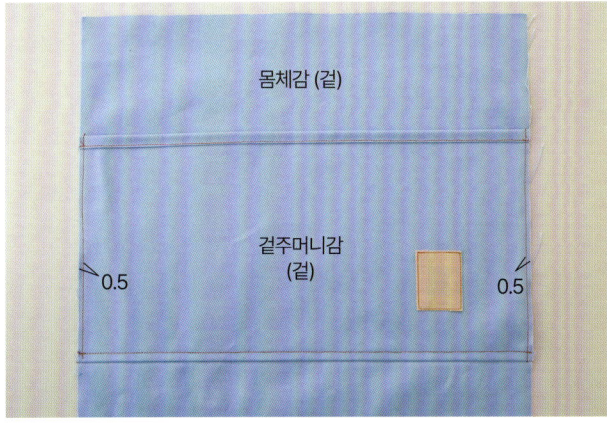

⑤ 겉주머니감의 양옆을 임시 재봉한다.

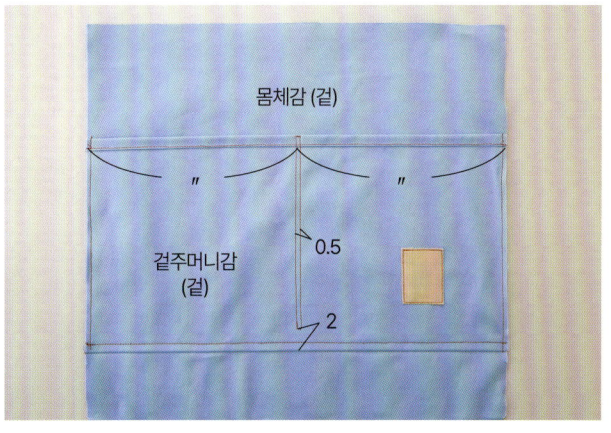

⑥ 겉주머니감의 중앙에 폭 0.5cm의 긴 직사각형 형태로 칸막이를 꿰맨다. 이쪽이 가방의 앞쪽이 된다.

## 4 몸체 만들고 테이프 감싸기

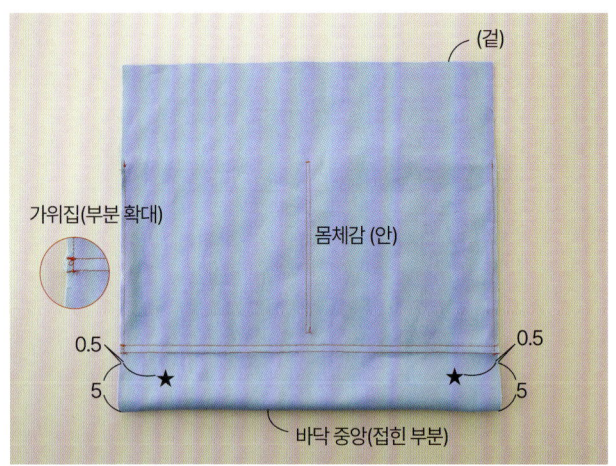

❶ 몸체감을 겉맞대기로 반으로 접는다. 바닥 중앙에서 5cm 떨어진 곳에 0.5cm 길이의 가위집을 넣는다(겹쳐진 두 장 모두).

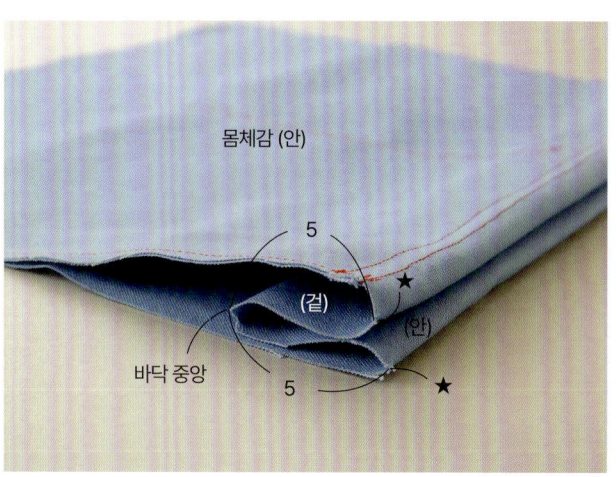

❷ 바닥 중앙을 안쪽으로 5cm 넣어 자바라 형태로 접는다. ❶에서 두 장에 넣어 준 가위집(★) 사이가 바닥판이 된다.

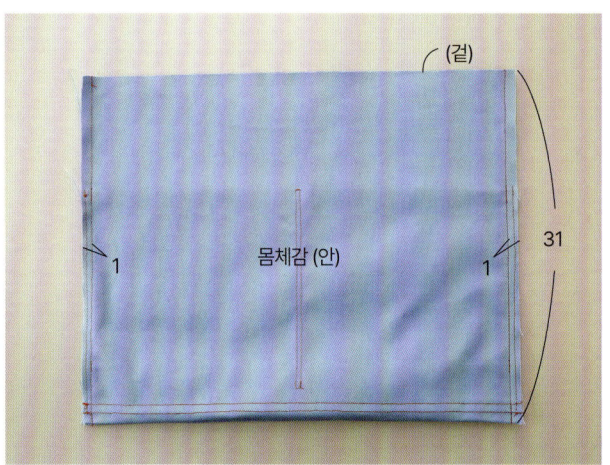

❸ 양옆을 꿰맨다.

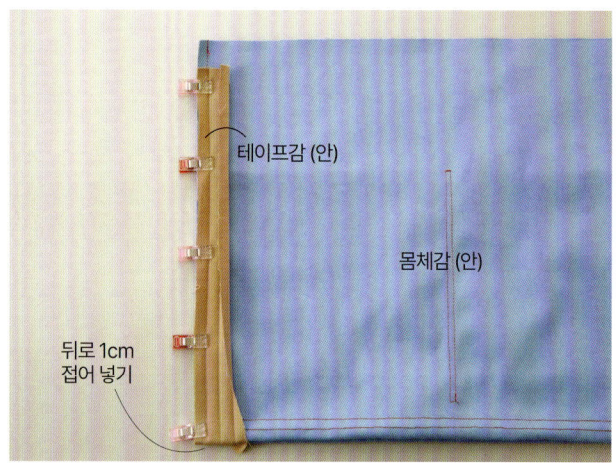

❹ 앞서 접어 놓은 테이프감을 펼친 다음, 그림과 같이 몸체 옆선 한쪽 끝에 맞추어 포개고 클립으로 고정한다. 이때, 테이프의 아래 1cm 정도는 뒤로 접어 넣는다.

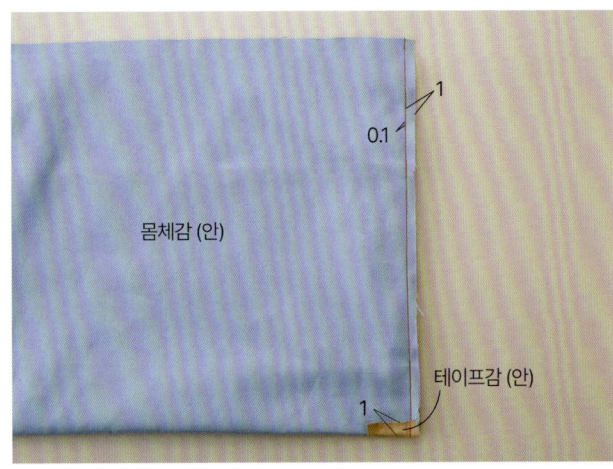

⑤ 몸체를 반대로 뒤집어 ❸에서 꿰매기한 솔기에서 0.1cm 안쪽을 꿰맨다.

**POINT** 옆선의 솔기 안쪽을 꿰매면, 테이프 바깥으로 박음선이 튀어나오지 않아 깔끔하다.

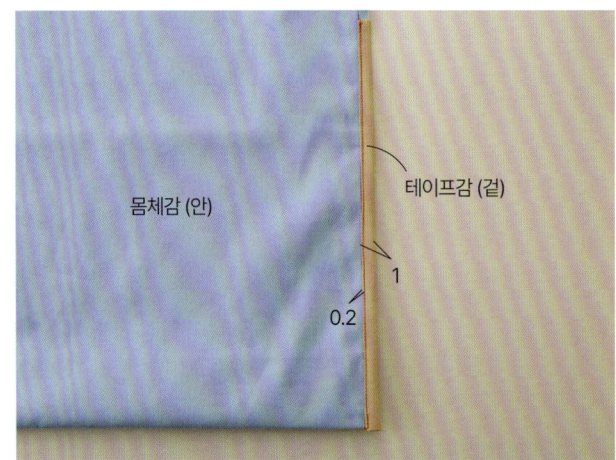

⑥ 만들어두었던 접음선대로 테이프감을 다시 접으면서 시접을 감싸고 박음선을 덮은 다음 가장자리를 꿰맨다.

## 5 몸체에 손잡이, 숄더 스트랩, 안단, 안주머니 달기

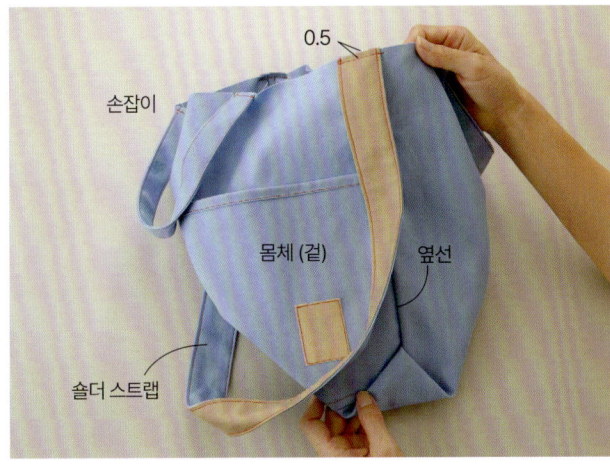

① 몸체를 겉으로 뒤집은 다음 입구에 손잡이를 임시 재봉한다. (p.22의 ❻ 참조) 그리고 숄더 스트랩 폭의 중앙을 양 옆선과 맞댄 다음 임시 재봉한다.

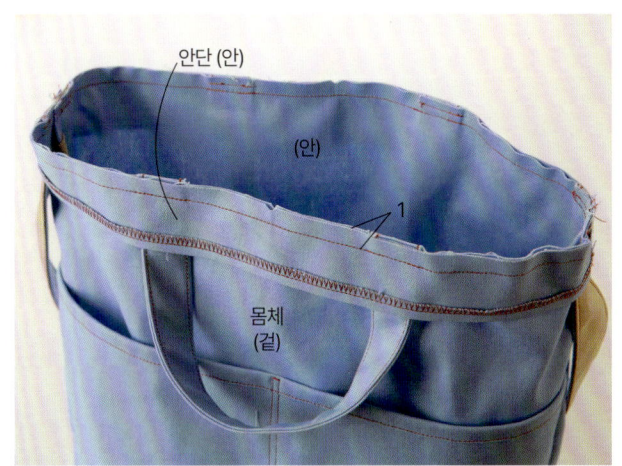

② 입구에 안단을 겉맞대기로 끼우고 입구 둘레를 한 바퀴 꿰맨다.

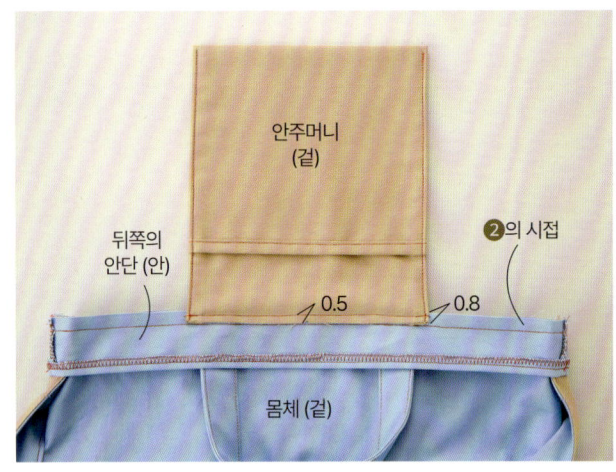

③ 가방 뒤쪽(겉주머니가 달리지 않은 쪽)의 안단 시접(❷에서 입구를 박아 생긴 시접)에 안주머니의 위쪽 끝을 안단의 중앙과 안주머니의 중앙이 일치하도록 포개고 임시 재봉한다.

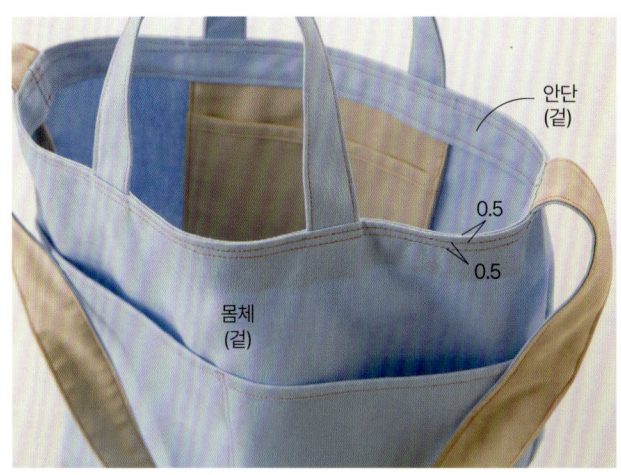

④ 안단을 겉이 보이도록 세워 올린 후 가방 안쪽으로 다시 접어 넣은 다음 입구 둘레를 한 바퀴씩 2줄로 상침한다.

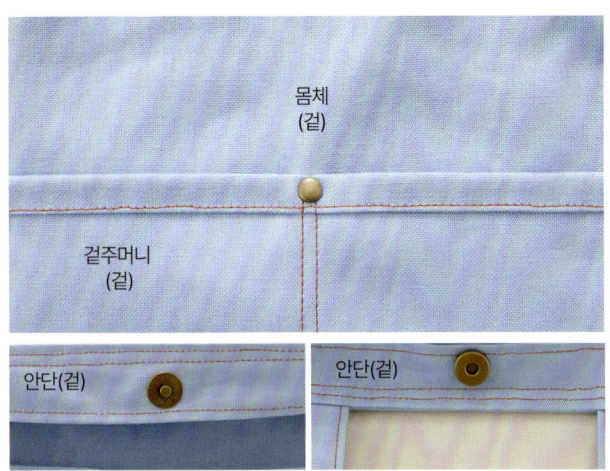

⑤ 겉주머니 중앙 칸막이 위에 양면 징을 박고, 안단에 자석 단추를 단다. (p.61 「양면 징 박는 법」, p.38 「자석 단추 다는 법」 참조)

⑥ 완성. 옆선과 바닥이 만나는 곳에 삼각형 모양이 생긴다.

## 양면 징 박는 법

**[준비물]**
- Ⓐ 양면 징( ⬤ - 수놈, ⬤ - 암놈)
- Ⓑ 고무판
- Ⓒ 받침대(몰드)
- Ⓓ 징 치개(누름쇠)
- Ⓔ 송곳
- Ⓕ 쇠망치

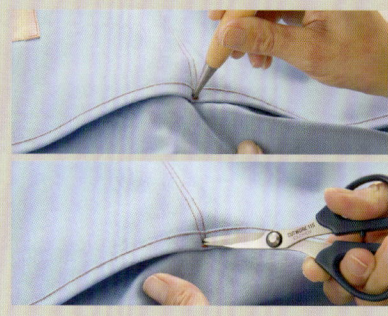

❶ 양면 징을 박을 부분의 겉쪽에서 송곳으로 구멍을 뚫고, 구멍을 뚫은 천 부분에 드러난 실밥을 가위로 자른다.

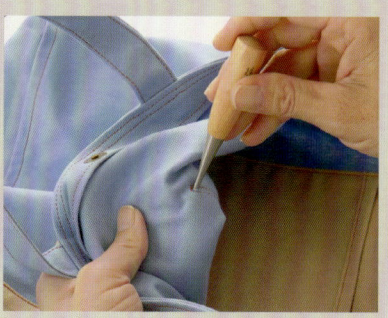

❷ 안쪽에서도 송곳으로 구멍을 뚫는다.

❸ 안쪽에 뚫은 구멍에 양면 징 수놈(발이 긴 쪽)을 끼우고, 가방 겉쪽에서 암놈(뚜껑)을 씌운다.

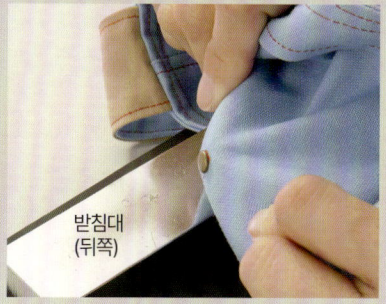

❹ 받침대(몰드) 뒤쪽이 위로 오도록 고무판 위에 올리고, 징의 뒤쪽(수놈)을 갖다 댄다.

**POINT** 받침대 뒤쪽의 평평한 면을 사용하면, 징의 뒷면이 평평하게 눌려 마무리된다.

❺ 징 치개(누름쇠)를 암놈에 수직으로 대고, 쇠망치로 내리친다.

**TYPE 3** 옆판에 삼각형이 보이는 가방

### arrange 12 — 메신저 백  패턴 A면
난이도 ★★☆

〔완성 사이즈〕
너비 30cm×높이 30cm×바닥 폭 10cm
(숄더 스트랩 제외)

〔재료〕
리넨 혼방 던거리(네이비) ········· 58cm×112cm  ┌ dungaree. 데님의 일종
면 브로드클로스(겨자색) ········· 80cm×72cm
면 옥스(스트라이프 무늬) ········· 38cm×6cm
라벨(원하는 디자인) ········· 폭 1.3cm×4.3cm
가죽(갈색) ········· 5cm×3cm

〔재단 방법과 치수〕  *단위는 cm

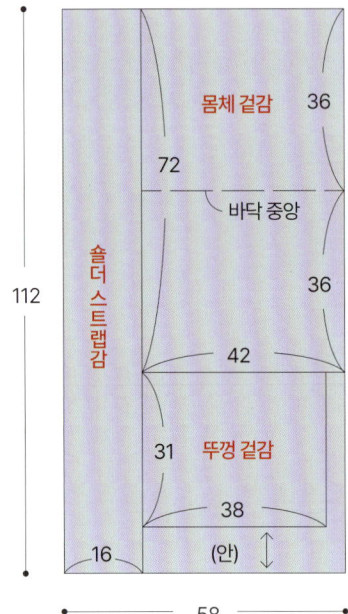

## 1  숄더 스트랩 만들기

숄더 스트랩감의 위/아래 끝에서 중앙을 향해 접은 다음 다시 반으로 접고, 위/아래 가장자리를 각각 2줄로 꿰맨다. (p.21의 1 참조)

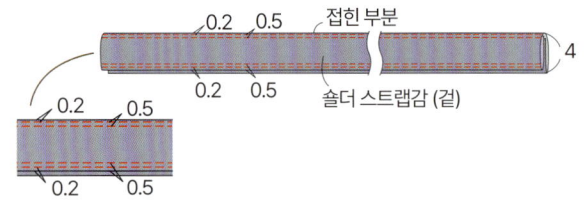

## 2  뚜껑 만들기

① 뚜껑 겉감의 좌우 아래 모퉁이에 부분 패턴을 대고 선을 그은 다음, 선을 따라 자른다.

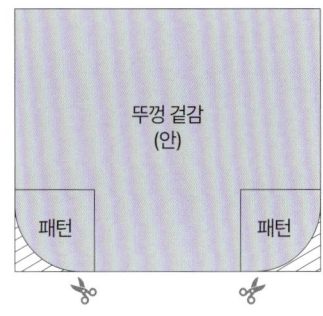

② 뚜껑 안감도 같은 방식으로 자른다.

③ 장식 천의 위/아래 끝을 안쪽으로 접고 다리미로 눌러서 접음선을 만든다.

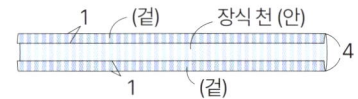

④ 뚜껑 겉감의 겉에 장식 천을 포개고 위/아래 가장자리를 꿰맨다.

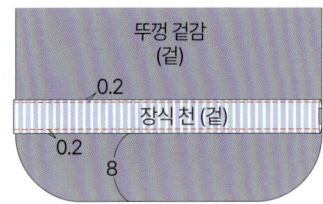

⑤ 가죽을 안맞대기로 반으로 접어서 뚜껑 겉감의 겉/장식 천 상단에 임시 재봉한다.

⑥ 장식 천 위에 라벨을 꿰매어 붙인다.

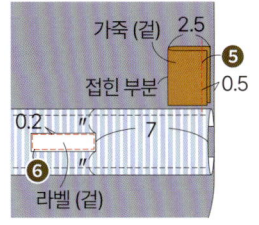

⑦ 뚜껑 겉감과 뚜껑 안감을 겉맞대기로 포개고 커브를 포함한 세 변을 꿰맨다.

⑧ 커브의 시접에 가위집을 넣는다.

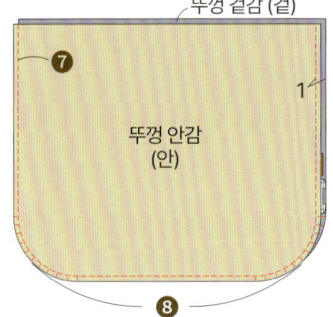

⑨ 커브의 시접에 가위집을 넣고, 시접 끝을 0.5cm 자른다.

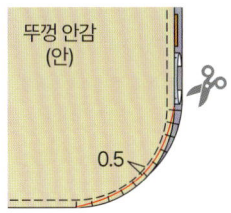

⑩ 뚜껑 겉감이 밖으로 나오도록 뒤집고 커브를 포함한 세 변을 상침한다.

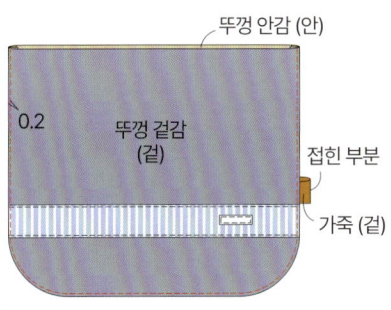

## 3 안주머니 만들기

① 안주머니감을 겉맞대기로 반으로 접고, 접힌 부분을 제외한 세 변을 꿰매되 아래쪽에 창구멍을 남긴다. (p.74의 3-① 참조)

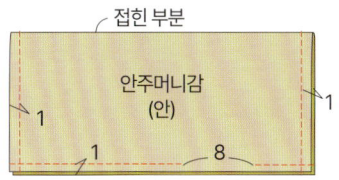

② 창구멍을 통해 겉으로 뒤집은 후, 주머니 입구를 앞쪽으로 접어 가장자리를 꿰맨다. (p.74의 3-② 참조) 이쪽이 안주머니의 앞쪽이 된다.

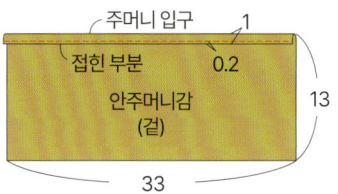

③ 안주머니의 뒤쪽이 보이도록 뒤집고, 그림과 같이 오른쪽 끝에서 중심쪽으로 접은 다음 오른쪽 가장자리를 꿰맨다.

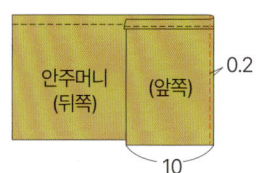

④ ③을 펼쳐 안주머니의 앞쪽이 보이도록 한 다음, ③에서 꿰맨 부분을 오른쪽으로 끌어 1.5cm 겹치게 접은 다음 다리미로 눌러 접음선을 만든다.

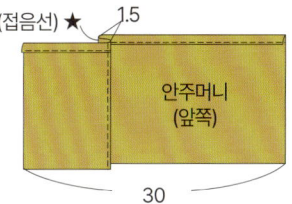

⑤ 안주머니를 몸체 안감의 겉에 포개고, ④에서 접어 놓았던 부분을 젖힌 다음 접음선 부분(★)을 폭 0.3cm의 긴 직사각형 모양으로 꿰맨다.

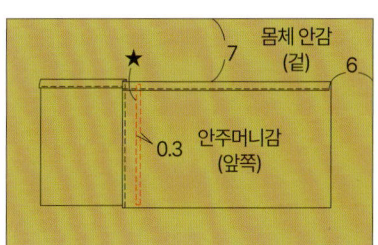

❻ ❹에서 접어놓았던 형태대로 다시 돌려놓고 세 변을 꿰맨다. (p.74의 ❸-❸ 참조)

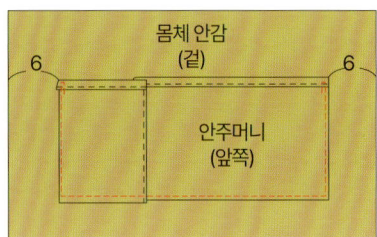

## 4 겉 몸체와 안 몸체 만들기

❶ 몸체 겉감을 겉맞대기로 반으로 접고, 바닥을 자바라 모양으로 접은 다음 양옆을 꿰매어 겉 몸체를 만든다. (p.58의 ❹-❶~❸ 참조)

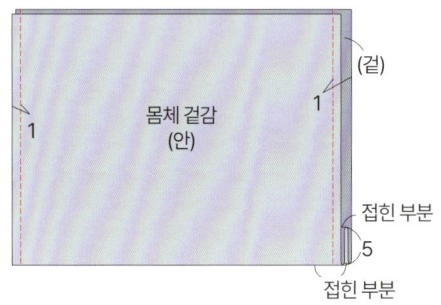

❷ 몸체 안감을 겉맞대기로 반으로 접고 바닥 중앙을 앞쪽으로 접은 다음, 한쪽에 창구멍을 남기며 양옆을 꿰매어 안 몸체를 만든다.

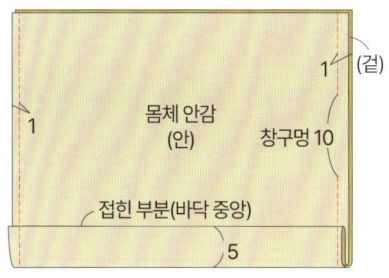

## 5 겉 몸체와 안 몸체 꿰매기

❶ ❹-❶의 겉 몸체를 겉으로 뒤집고, ❷-❿의 뚜껑을 그림과 같이 포갠 다음 중앙을 맞추어 위쪽 가장자리를 임시 재봉한다.

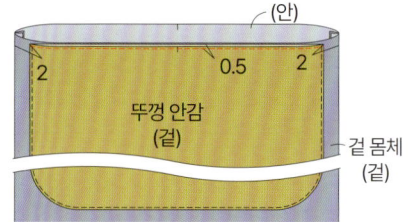

❷ 겉 몸체의 겉쪽에 가방 옆선과 숄더 스트랩 폭의 중앙을 맞추어 숄더 스트랩을 포갠 다음 가장자리를 임시 재봉한다.

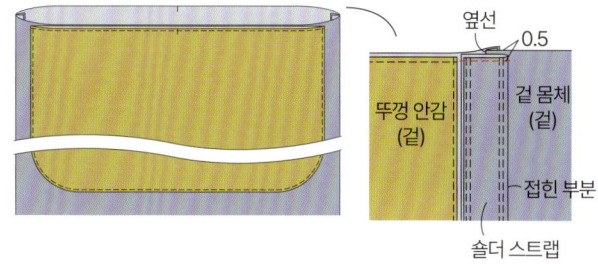

❸ 안 몸체 속에 겉 몸체를 겉맞대기로 넣고, 두 몸체의 입구를 함께 한 바퀴 꿰맨 다음 창구멍을 통해 몸체를 빼내 겉으로 뒤집는다. (p.23~24의 ❹-❶~❸ 참조)

❹ 뚜껑과 숄더 스트랩을 피해서 입구 둘레를 한 바퀴 꿰맨다. 창구멍을 ㄷ자 모양으로 꿰매어 닫는다.

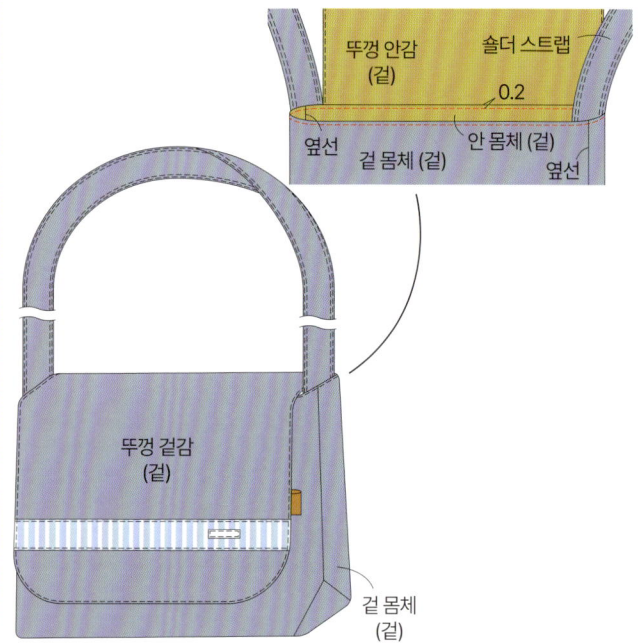

## arrange 13 백 인 백

난이도 ★★☆

〔완성 사이즈〕
너비 21cm×높이 15cm×바닥 폭 6cm

〔재료〕

면 옥스(스트라이프 무늬) ……… 58cm×17cm
면 옥스(꽃무늬) ……… 87cm×30cm
리넨(파란색) ……… 58cm×38cm
아크릴 웨빙끈(미색) ……… 폭 2cm×63cm
레이스 테이프(미색) ……… 폭 1.8cm×63cm, 폭 1.8cm×5cm
자석 단추(지름 1.4cm) ……… 1쌍

〔재단 방법과 치수〕 *단위는 cm

- 몸체 안감과 안주머니감은 바닥 중앙의 좌우를 네모 형태로 자른다.

면 옥스(스트라이프 무늬)

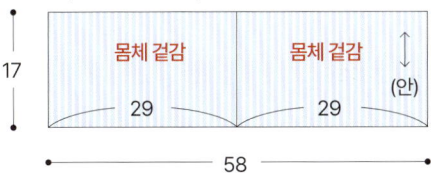

면 옥스(꽃무늬)

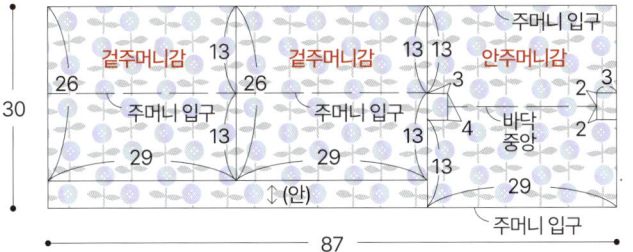

리넨(파란색)

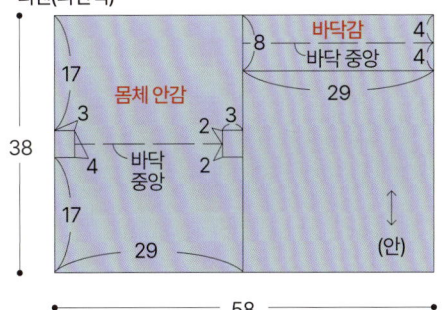

## 1 겉 몸체 만들기

**①** 먼저, 겉주머니감을 안맞대기로 반을 접고, 접힌 부분을 앞쪽으로 접은 다음(주머니 입구가 됨) 가장자리를 꿰맨다. 2장의 겉주머니감 모두 같은 방법으로 작업하여 겉주머니 2개를 만든다.

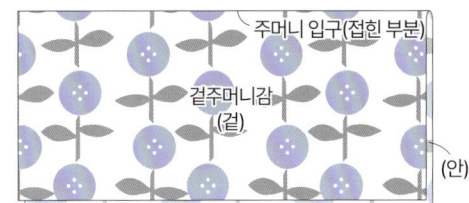

**②** 한 장의 몸체 겉감 겉쪽에 겉주머니 한 장을 포개고, 5cm의 레이스 테이프를 반으로 접어 겉주머니 상단에 놓은 다음, 양옆(레이스 테이프를 놓은 쪽은 레이스 테이프까지 함께 꿰맨다)을 임시 재봉한다. 그리고 겉주머니에 폭 0.3cm의 긴 직사각형 모양 칸막이를 두 곳에 만든다.

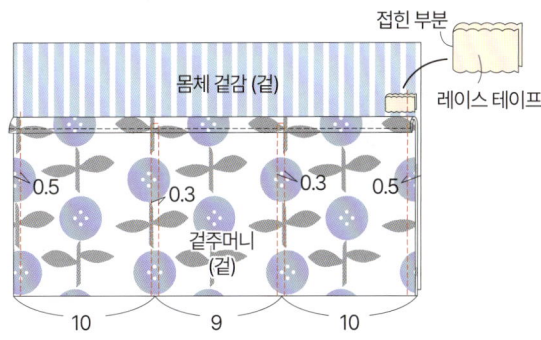

**③** 나머지 한 장의 몸체 겉감에 남은 한 장의 겉주머니를 포개고 양옆을 임시 재봉한 후 겉주머니 중앙에 칸막이를 만든다.

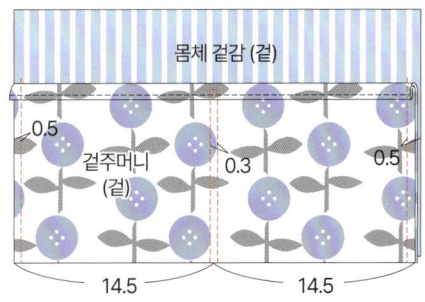

TYPE 3 옆판에 삼각형이 보이는 가방

④ 겉주머니를 꿰맨 몸체 겉감의 겉에 바닥감을 겉맞대기로 포갠 다음 가장자리를 꿰맨다.

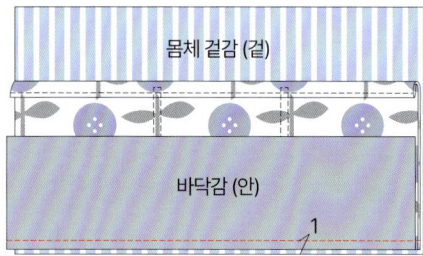

⑤ 바닥감의 꿰매지 않은 반대쪽에도 같은 방법으로 남은 한 장의 몸체 겉감을 꿰맨다.

⑥ 바닥 중앙을 중심으로 몸체 겉감을 겉맞대기로 접고, 바닥을 자바라 형태로 접은 다음 양옆을 꿰맨다. (p.58의 ❶~❸ 참조) 그리고 시접을 가른다.

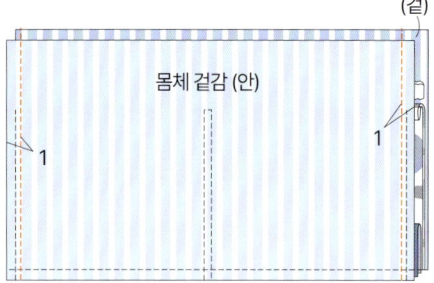

## 2 안 몸체 만들기

① 먼저, 안주머니감 위/아래 끝을 각각 안쪽으로 2번 접고 가장자리를 꿰맨다. (이곳이 주머니 입구가 됨)

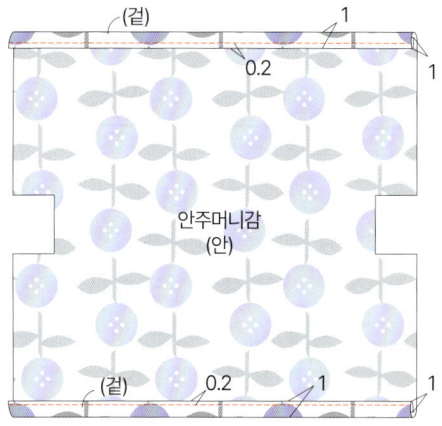

② 몸체 안감의 겉에 안주머니감을 포개고 그림과 같이 세 변과 칸막이를 꿰맨다.

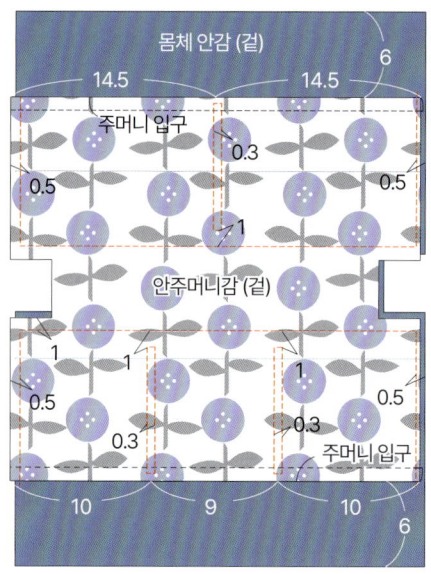

③ 몸체 안감을 바닥 중앙을 중심으로 겉맞대기로 접고, 창구멍을 남긴 채 양옆을 꿰맨 후 시접을 가른다.

④ 몸체의 옆선과 바닥 중앙을 맞대고 가장자리를 꿰맨다.

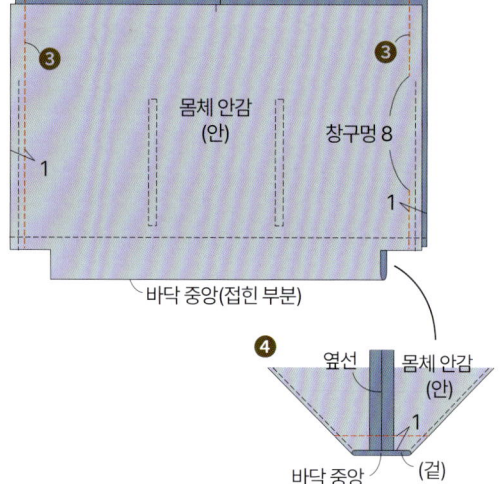

## 3 겉 몸체와 안 몸체 꿰매고 손잡이 달기

① 안 몸체 속에 겉 몸체를 겉맞대기로 넣고, 두 몸체의 입구를 함께 한 바퀴 꿰맨 다음 창구멍을 통해 몸체를 빼내 겉으로 뒤집는다. (p.23~24의 **4**-**①**~**③** 참조)

② 아크릴 웨빙끈 중앙에 63cm의 레이스 테이프를 포개고 위/아래 가장자리를 꿰맨다.

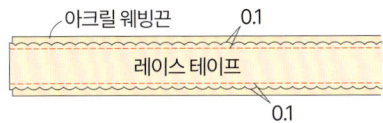

③ **②**를 겉맞대기로 반으로 접은 다음 한쪽 가장자리를 꿰매고 시접을 가른다. 레이스 테이프를 꿰매 붙인 이 끈이 손잡이가 된다.

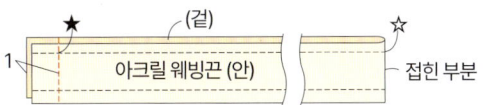

④ **③**의 ★(솔기 부분)과 ☆(중앙 부분)을 겉 몸체의 양쪽 옆선에 각각 맞추어 끼운 다음 그림과 같이 꿰맨다.

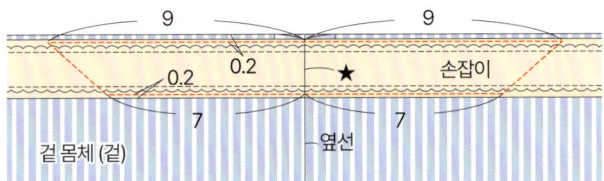

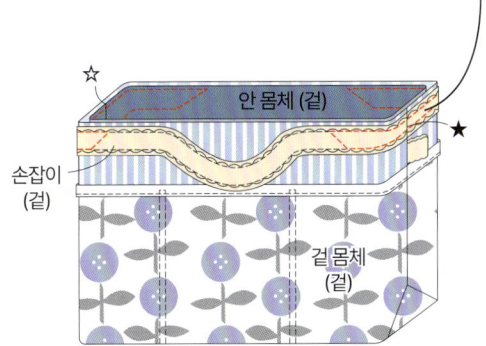

⑤ 창구멍을 통해 안 몸체에 자석 단추를 단다. (p.38 「자석 단추 다는 법」 참조)

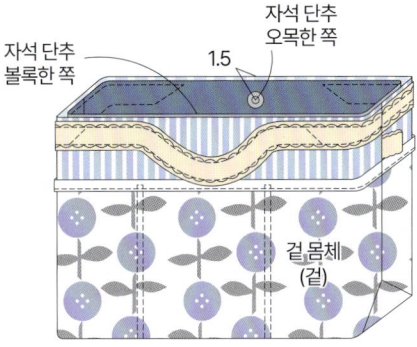

⑥ 창구멍을 ㄷ자로 꿰매어 닫아 완성한다.

## TYPE 4 | 옆판의 소재가 다른 가방

옆판과 앞뒤판을 서로 다른 천을 사용해 만듭니다.
곡선 형태의 커브 부분을 꿰매는 방법도 익혀 봅시다.

### basic 14
### 원숄더 백

어깨끈이 하나가 달린 숄더백으로, 앞판과 뒤판의 굴곡진 선을 따라 옆판을 꿰맸습니다.

### arrange 15
### 원형 토트백

동그란 몸판에 옆판을 단 귀여운 가방입니다. 어깨에 메기 좋게 긴 손잡이가 달려 있어요.

### arrange 16
### 스퀘어 백

네모 형태의 가방은 작아 보여도 수납력이 뛰어납니다. 양옆의 주머니는 디자인에 악센트를 주는 동시에 편리함까지 갖추었답니다.

**arrange 17**

### 플랩 토트백

플랩과 가죽 소재의 손잡이가 포인트인 이 가방은 퀼트심을 사용하여 도톰함을 강조합니다.

**arrange 18**

### 플랩 숄더백

트위드, 페이크 퍼, 인조 가죽 등 세 종류의 소재를 조합하였습니다. 가을, 겨울에 들기 좋은 가방입니다.

# how to make

## basic 14 원숄더 백  패턴 A면
난이도 ★★☆

〔재료〕
- 면 캔버스(꽃 모티프 무늬) ……… 98cm×56cm
- 면마 선염 스펙(남색) ……… 92cm×66cm
- 면 옥스(스트라이프 무늬) ……… 24cm×42cm
- 라벨(원하는 디자인) ……… 폭 1.3cm×4.3cm

〔완성 사이즈〕
25cm / 22cm / 10cm

〔재단 방법과 치수〕  *단위는 cm
- 몸판 겉감과 몸판 안감은 패턴대로 그린 후 지정된 시접을 넣어 시접선을 그린 다음 중앙 표시를 하고 시접선을 따라 재단한다. 그 외는 치수대로 재단한다.

면 캔버스(꽃 모티프 무늬)

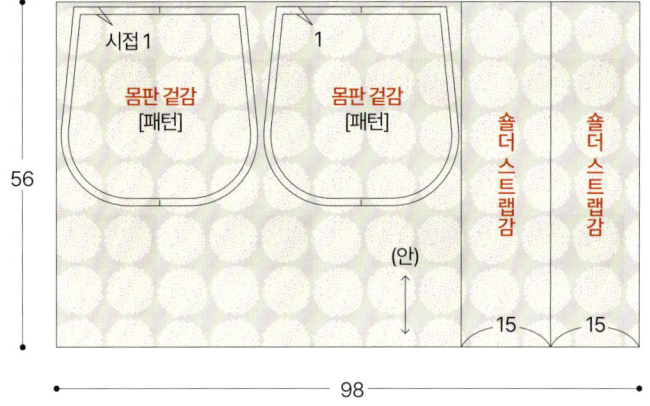

면마 선염 스펙(남색)

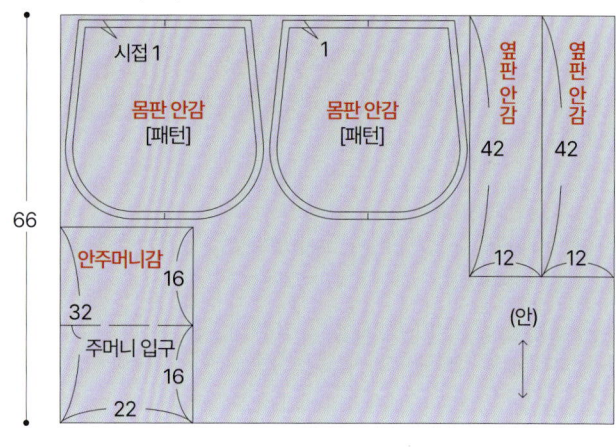

면 옥스(스트라이프 무늬)

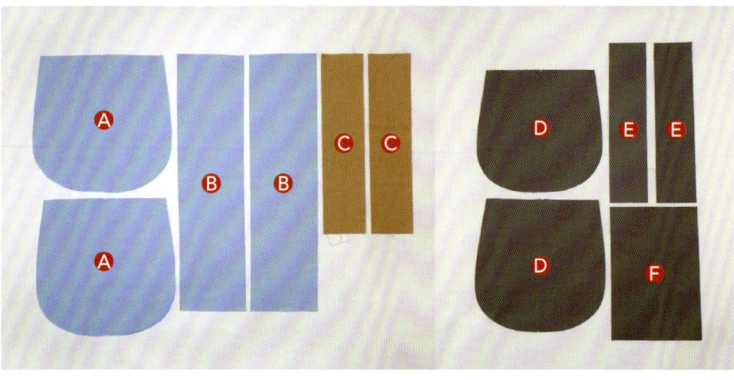

- Ⓐ 몸판 겉감 2장  Ⓑ 숄더 스트랩감 2장  Ⓒ 옆판 겉감 2장  Ⓓ 몸판 안감 2장
- Ⓔ 옆판 안감 2장  Ⓕ 안주머니감

## 1 숄더 스트랩 만들기

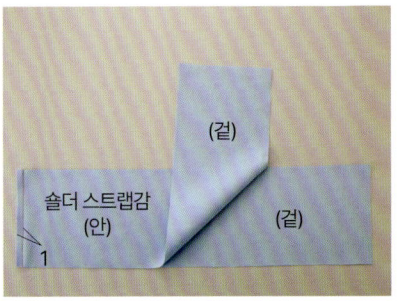

① 숄더 스트랩감 두 장을 겉맞대기로 포개고 한쪽 가장자리를 꿰맨다.

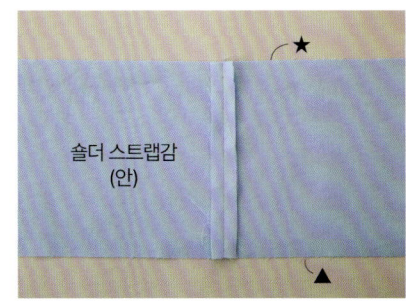

② 시접을 가른다.

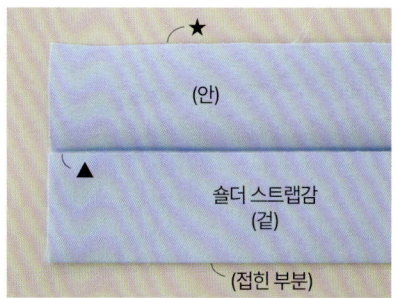

③ 아래쪽 1/3을 접어 올린다.

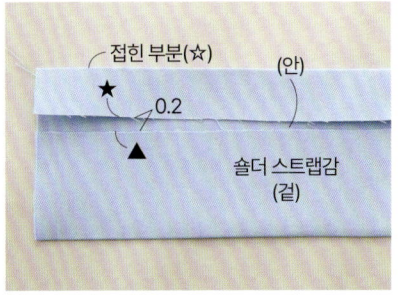

④ ❸에서 접어 올린 부분의 끝(▲)에서 0.2cm 떨어진 곳에 맞추어 위쪽 끝을 내려 접는다.

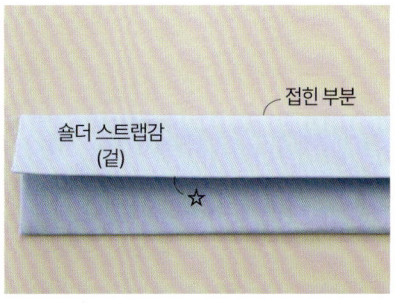

⑤ ❸에서 접어 올렸던 부분의 끝(▲)을 접음선 삼아 상단을 접어 내린다. 이쪽이 숄더 스트랩의 바깥쪽(겉에서 보이는 쪽)이 된다.

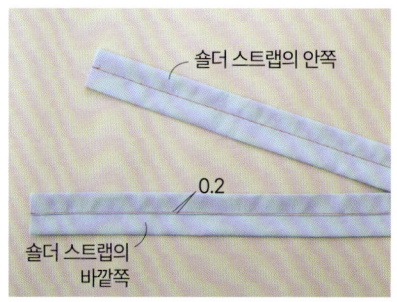

⑥ 접어 내린 부분의 가장자리를 상침한다.

## 2 겉 몸체 만들기

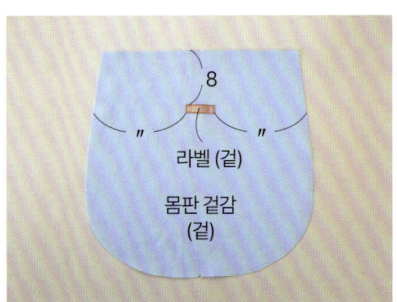

① 한 장의 몸판 겉감 겉쪽에 라벨을 꿰매어 단다. 이쪽이 가방의 앞쪽이 된다.

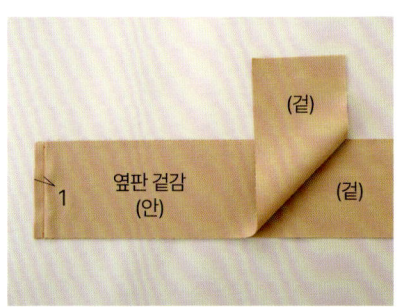

② 옆판 겉감 두 장을 겉맞대기로 포개고 한쪽 가장자리를 꿰맨다.

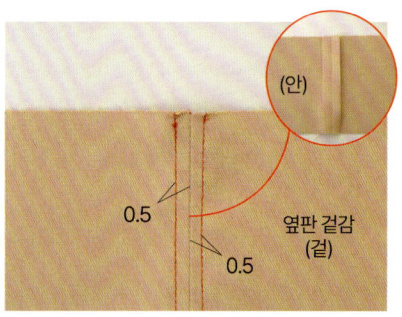

③ 시접을 가르고 겉쪽이 보이도록 놓은 다음 솔기 양쪽 0.5cm 위치를 상침한다.

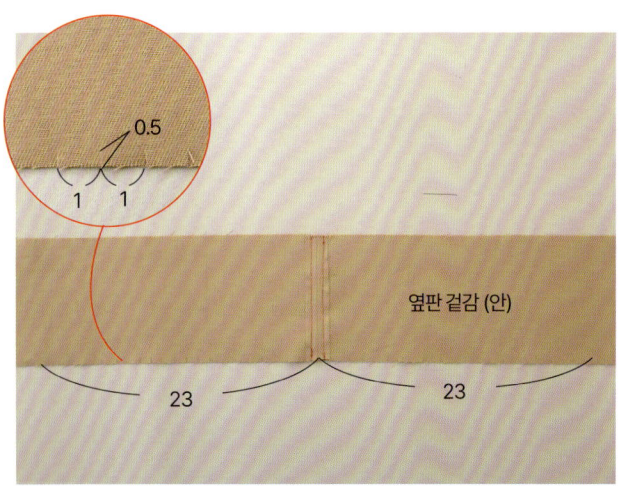

④ ❸의 솔기를 중심으로 양쪽에 1cm 간격으로 0.5cm 길이의 가위집을 넣는다.

**POINT** 몸체 커브 부분과 맞추는 위치에 미리 가위집을 넣어두면, 깔끔하게 맞대어 꿰맬 수 있다.

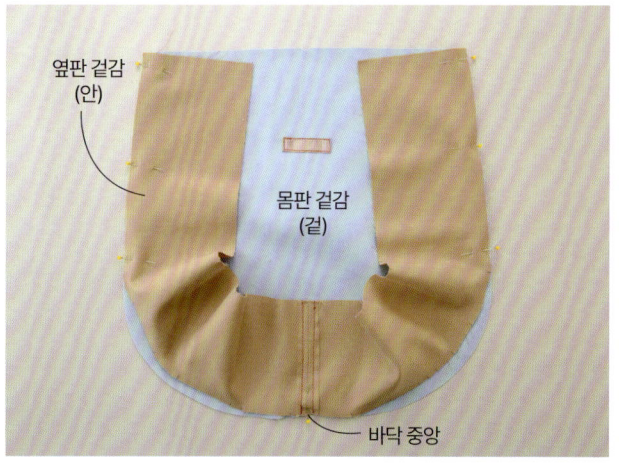

⑤ ❶과 ❹를 겉맞대기로 포개고, 바닥 중앙과 양옆 직선 부분(가위집을 넣지 않은 부분)을 맞추어 시침핀으로 고정한다.

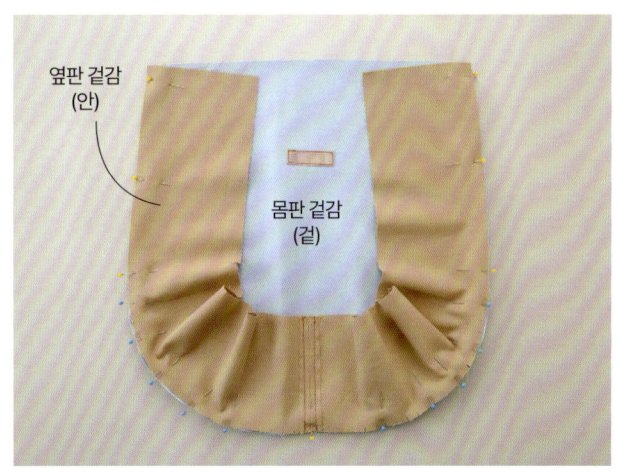

⑥ 커브 부분은 촘촘하게 시침핀으로 고정한다.

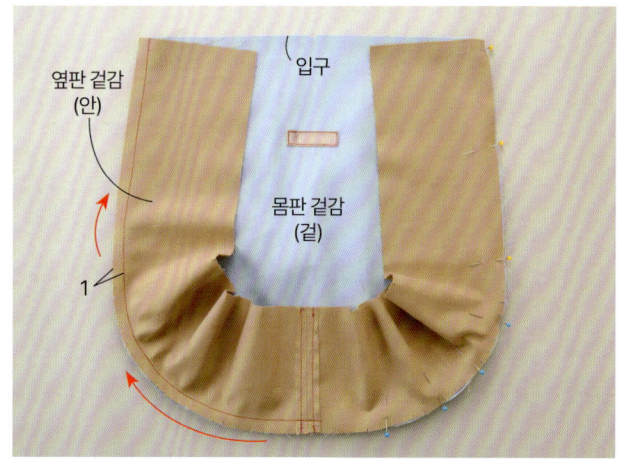

⑦ 바닥 중앙에서 시작해 입구까지 한쪽을 꿰맨다.

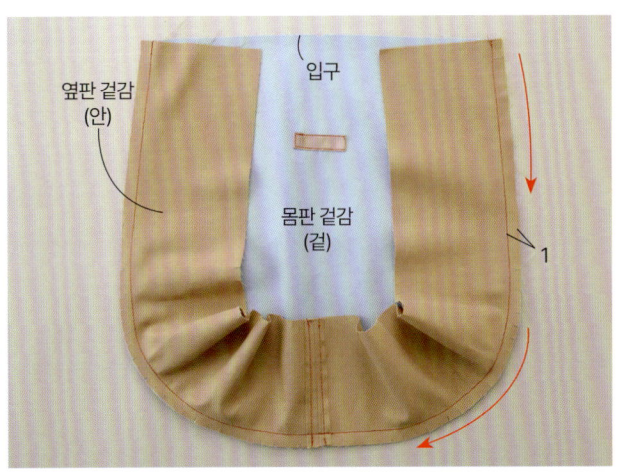

⑧ 반대쪽은 입구에서 바닥 중앙 방향으로 꿰맨다. 꿰매기 끝이 ❼의 꿰매기가 시작되는 곳과 조금 겹쳐지도록 꿰맨다.

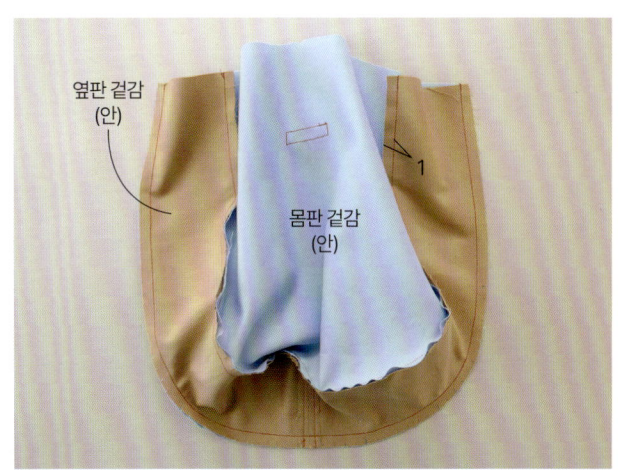

⑨ 나머지 한 장의 몸판 겉감을 옆판 겉감의 꿰매지 않은 쪽에 ❺~❽과 같은 방법으로 꿰매어 붙인다.

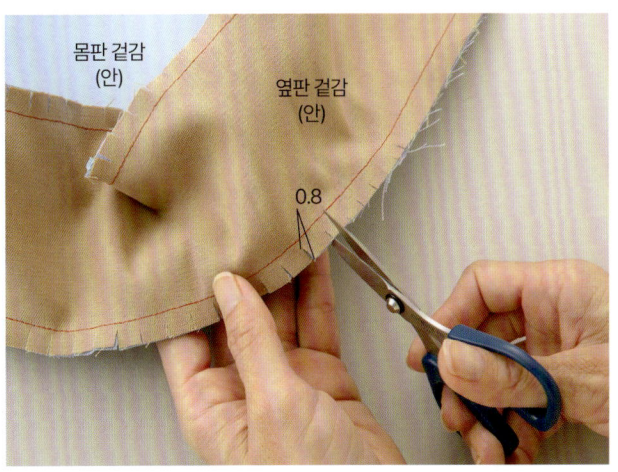

⑩ 옆판 겉감의 가위집 위치에 맞춰 두 장(옆판 겉감과 몸판 겉감)에 함께 0.8cm 길이의 가위집을 넣는다.

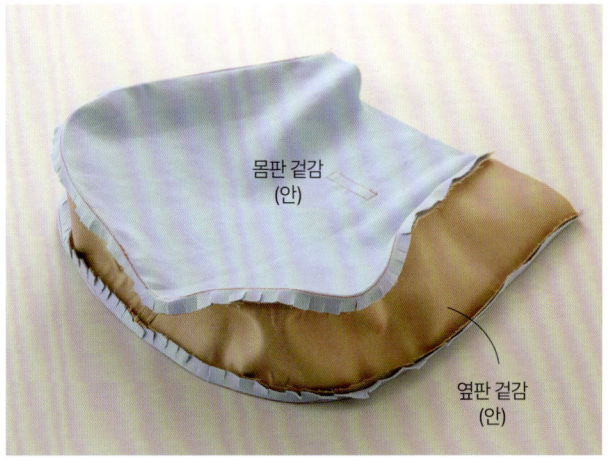

⑪ 시접을 옆판 쪽으로 넘기고 다리미로 눌러준다.

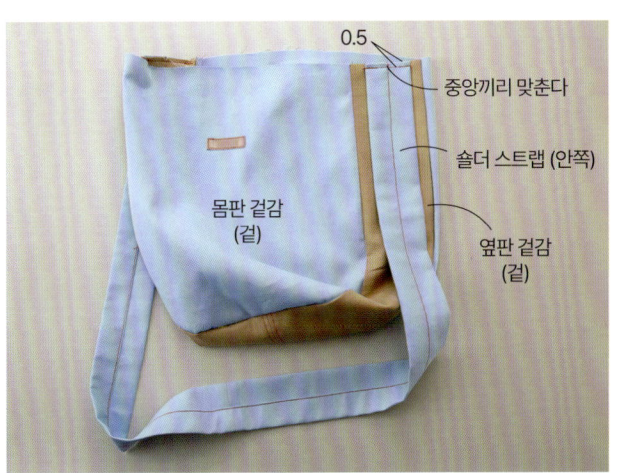

⑫ 겉으로 뒤집고, 숄더 스트랩을 옆판의 중앙과 숄더 스트랩의 중앙을 맞추며 겉맞대기로 포갠 후 임시 재봉한다.

## 3 안주머니 만들기

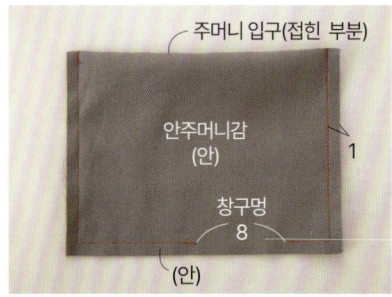
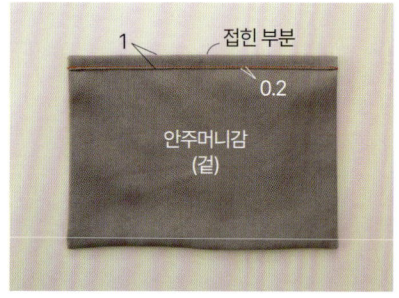
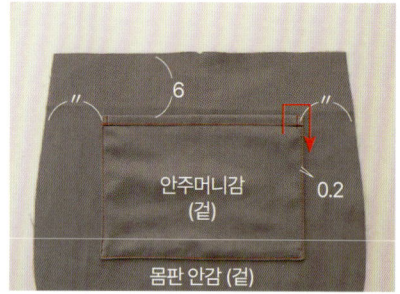

① 안주머니감을 겉맞대기로 반으로 접고, 접힌 부분을 제외한 세 변을 꿰매되, 아래쪽에 창구멍을 남긴다. (접힌 부분이 주머니 입구가 됨)

② 창구멍을 통해 겉으로 뒤집고, 주머니 입구를 앞쪽으로 접어 내린 다음 가장자리를 꿰맨다.

③ 몸판 안감의 겉쪽에 ②를 포개고 세 변을 꿰맨다. (p.16 「주머니 꿰매기」 참조) 이쪽이 가방의 뒤쪽이 된다.

## 4 안 몸체 만들고 겉 몸체와 꿰매기

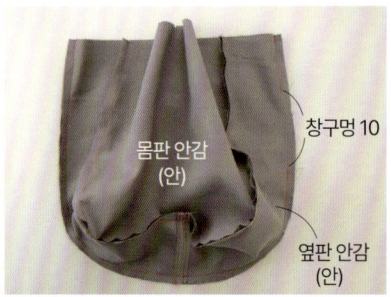
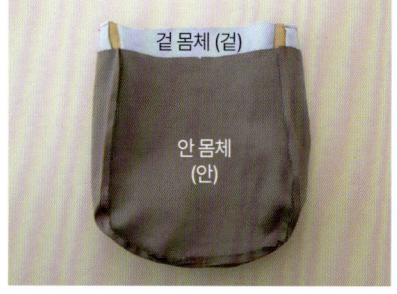
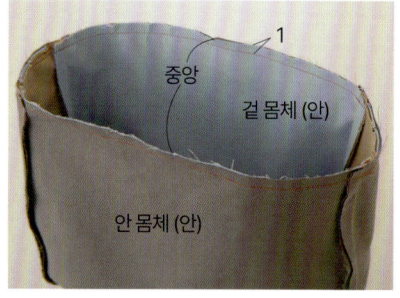

① ②-②~⑪과 같은 방법으로 몸판 안감과 옆판 안감을 꿰매어 안 몸체를 만든다. 단, 뒤판(안주머니가 달린 쪽)의 직선 부분에 창구멍을 남기고, 시접은 몸판 쪽으로 넘긴다.

② 안 몸체 속에 겉 몸체를 겉맞대기로 넣는다.

③ 겉 몸체와 안 몸체의 입구 중앙끼리 맞추고, 입구 둘레를 한 바퀴 꿰맨다.

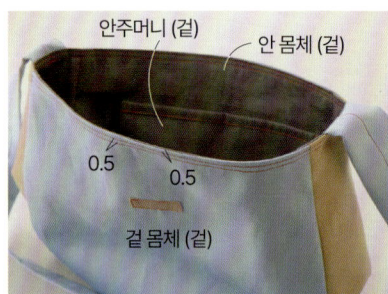
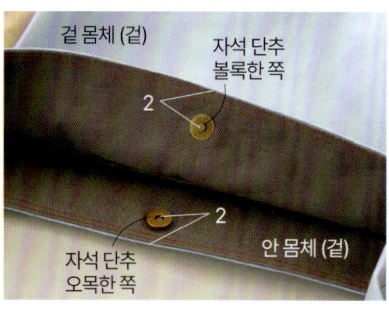

④ 창구멍을 통해 겉으로 뒤집고, 입구 둘레를 한 바퀴씩 2줄로 상침한다.

⑤ 창구멍을 통해 안 몸체에 자석 단추를 단다. (p.38 「자석 단추 다는 법」 참조)
POINT 창구멍으로 손을 넣어 작업한다.

⑥ 창구멍을 ㄷ자로 꿰매어 닫아 완성한다.

## arrange 15 원형 토트백  패턴 A면

난이도 ★★★

〔완성 사이즈〕
너비 32cm×높이 32cm×폭 10cm
(손잡이 제외)

〔재료〕
면마 캔버스(리본 무늬) ......... 106cm×75cm
면마 퀼팅(미색) ......... 97cm×40cm
자석 단추(지름 1.4cm) ......... 1쌍

〔재단 방법과 치수〕  *단위는 cm
- 안주머니감 b와 손잡이감은 치수대로 재단하고, 그 외는 패턴대로 그린 후 지정된 시접을 넣어 시접선을 그린 다음 중앙 표시를 하고 시접선을 따라 재단한다.
- 몸판 겉감과 몸판 안감에는 꿰매기가 끝나는 곳 표시를 넣고, 1cm의 가위집을 넣는다.

면마 캔버스(리본 무늬)

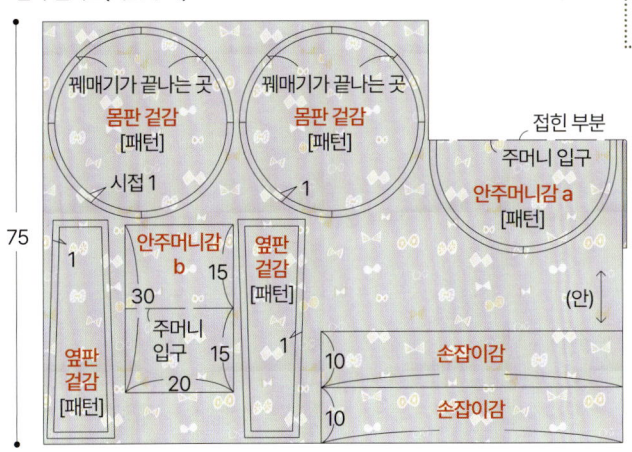

면마 퀼팅(미색)

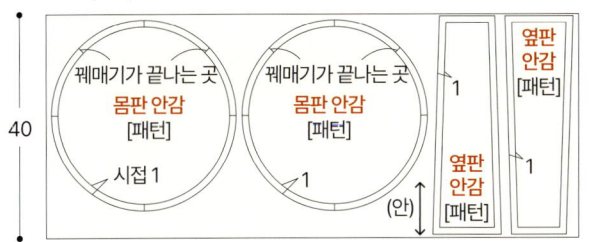

## 1 손잡이 만들기

손잡이감의 위/아래 끝에서 중앙을 향해 접은 다음 다시 반으로 접고, 위/아래 가장자리를 꿰맨다. 총 2개의 손잡이를 만든다. (p.21의 **1** 참조)

## 2 안주머니 만들기

**①** 안주머니감 a를 안맞대기로 반으로 접고, 접힌 부분(이곳이 입구가 됨)을 앞쪽으로 내려 접은 다음 가장자리를 꿰맨다.

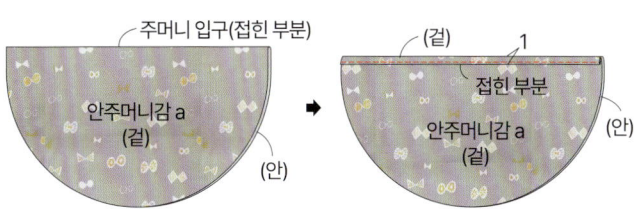

**②** 한 장의 몸판 안감 겉쪽에 **①** (안주머니 a)을 포개어 가장자리를 임시 재봉하고, 폭 0.5cm의 긴 직사각형 형태로 칸막이를 꿰맨다. 이쪽이 가방의 뒤쪽이 된다.

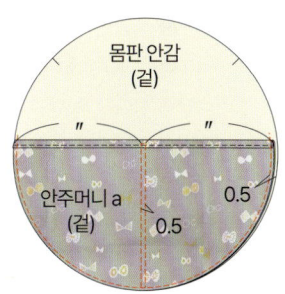

**③** 안주머니감 b를 겉맞대기로 반으로 접고 접힌 부분을 제외한 세 변을 창구멍을 남기며 꿰맨 후, 창구멍을 통해 겉으로 뒤집는다. 접힌 부분(주머니 입구)을 접어 내린 다음 가장자리를 꿰맨다. (p.74의 **3**-**①** ~**②** 참조)

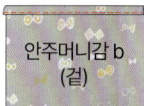

**④** 남은 한 장의 몸판 안감의 겉쪽에 **③**(안주머니 b)을 포개고 세 변을 꿰맨다.

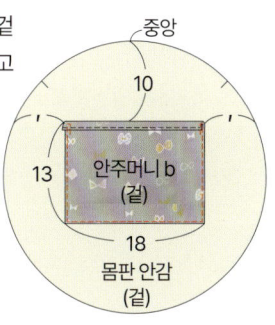

TYPE 4 — 옆판의 소재가 다른 가방

## 3 안 몸체 만들기

① 먼저 옆판 안감 2장을 겉맞대기로 포개고 한쪽 가장자리를 꿰맨 다음 시접을 가르고, 겉쪽에서 솔기 양쪽 0.5cm 위치를 상침한다. (p.71의 2-②~③ 참조)

② 네 모퉁이를 자른다.

③ 위쪽 가장자리와 아래쪽 가장자리에 1cm 간격으로 0.5cm 길이의 가위집을 넣는다.

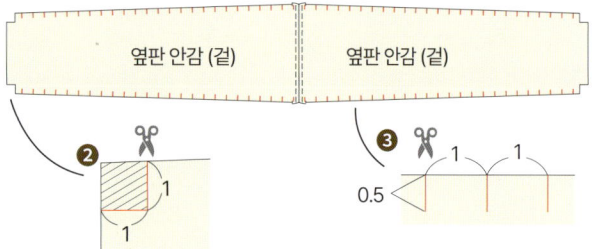

④ 2-②의 몸판 안감(안주머니 a를 단 것)에 ③의 옆판 안감을 포개되 몸판 안감의 꿰매기가 끝나는 곳과 옆판 안감의 끝을 맞춘다. 바닥 중앙부터 창구멍을 남기며 꿰맨다. (꿰매는 방향과 순서는 p.72~73의 ⑦~⑧ 참조)

⑤ 옆판 안감의 꿰매지 않은 쪽에 2-④의 몸판 안감(안주머니 b를 단 것)을 꿰맨다. 이때 창구멍은 남기지 않는다.

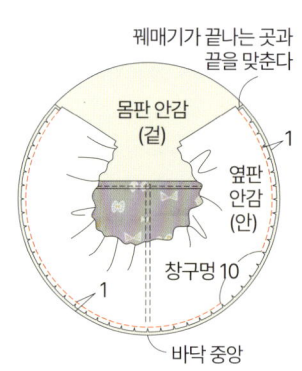

⑥ ④와 ⑤의 시접에 1cm 간격으로 0.8cm 길이의 가위집을 넣은 다음(p.89의 ①-⑥ 참조), 시접 끝을 0.5cm 잘라낸다.

## 4 겉 몸체 만들기

① 3과 같은 방법으로 겉 몸체를 만든다. 단, 옆판을 꿰맬 때 창구멍은 남기지 않는다.

② 겉으로 뒤집고 몸판 겉감 겉쪽에 손잡이를 임시 재봉한다.

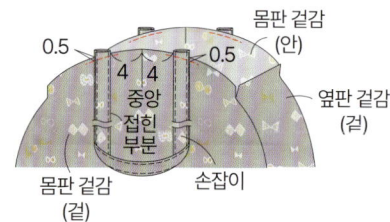

## 5 겉 몸체와 안 몸체 꿰매기

① 안 몸체 속에 겉맞대기로 겉 몸체를 넣고 옆판의 입구 쪽 가장자리를 꿰맨다.

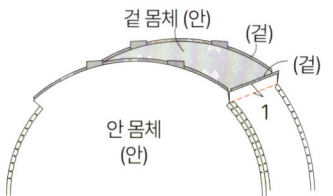

② 겉 몸체와 안 몸체의 꿰매기가 끝나는 곳 사이를 꿰맨 후 시접에 0.8cm 길이의 가위집을 넣는다.

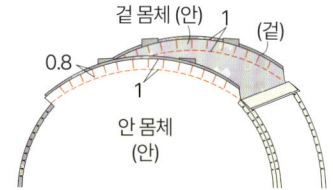

③ 창구멍을 통해 겉으로 뒤집고, 입구 둘레를 한바퀴 꿰맨다.

④ 창구멍을 통해 자석 단추를 단다. (p.38 「자석 단추 다는 법」 참조)

⑤ 창구멍을 ㄷ자로 꿰매어 닫아서 완성한다.

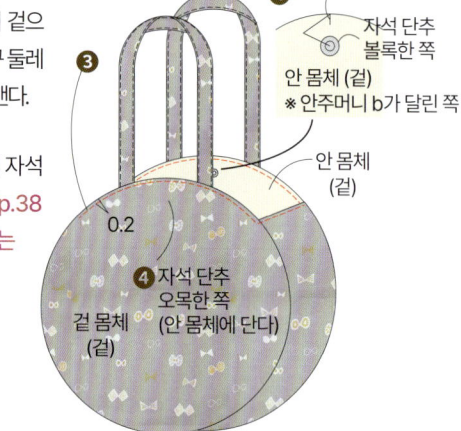

## arrange 16 스퀘어 백
난이도 ★★★

〔완성 사이즈〕
너비 22cm×높이 23cm×폭 16cm
(손잡이 제외)

〔재료〕
데님 느낌 면 옥스(하늘색) ·········· 94cm×36cm
면 트윌(꽃무늬) ·········· 73cm×32cm
면마 퀼팅(미색) ·········· 40cm×62cm
두꺼운 접착심 ·········· 84cm×40cm
얇은 접착심 ·········· 36cm×36cm
웨빙끈(베이지) ·········· 폭 3.8cm×42cm [2개]
D링(10mm) ·········· 1개
개고리(10mm) ·········· 1개
자석 단추(지름 1.4cm) ·········· 1쌍

〔재단 방법과 치수〕  *단위는 cm

- 안감의 바닥 중앙 양 끝을 네모 형태로 잘라낸다.
- 몸판 겉감, 옆판감, 바닥감 안쪽에는 두꺼운 접착심을, 겉주머니감 안쪽에는 얇은 접착심을 치수보다 가로·세로 1cm 작게 잘라 끝에서 0.5cm 안으로 들어가도록 맞추어 붙인다.

## 1 바닥감과 옆판감 꿰매기

❶ 먼저 겉주머니감을 안맞대기로 반으로 접고, 접힌 부분(이곳이 입구가 됨)을 앞쪽으로 내려 접어 가장자리를 꿰맨다. 두 장의 겉주머니감 모두 같은 방식으로 꿰맨다.

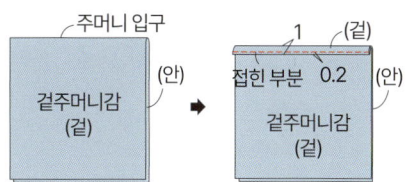

❷ ❶을 옆판감 겉쪽에 포개고, 양옆을 임시 재봉한다. 나머지 옆판감과 겉주머니감도 같은 방식으로 꿰맨다.

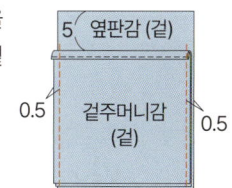

❸ ❷를 옆으로 돌려서 그림과 같이 바닥감과 겉맞대기로 포개고 한쪽 가장자리를 꿰맨다.

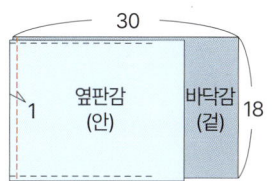

❹ ❸을 펼쳐서 시접을 바닥 쪽으로 넘기고 시접의 가장자리를 상침한다.

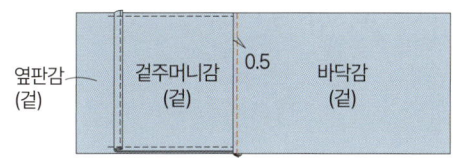

❺ 바닥감의 꿰매지 않은 쪽에도 같은 방법으로 나머지 「겉주머니감+옆판감」을 꿰매고, 바닥감의 네 부분에 1cm의 가위집을 넣는다.

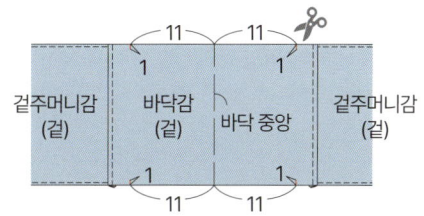

TYPE 4 옆판의 소재가 다른 가방

## 2 겉 몸체 만들기

① 한 장의 몸판 겉감 모서리 두 곳을 잘라 낸다.

② ①-⑤의 가위집 사이가 모서리를 잘라낸 ①의 아랫변과 일치하도록 겉맞대기로 포개고 가장자리를 꿰맨다.

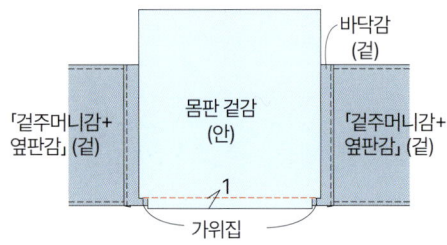

③ 몸판 겉감의 양옆에 「겉주머니감+옆판감」을 겉맞대기로 맞추어 꿰맨다. 시접은 몸판 쪽으로 넘긴다.

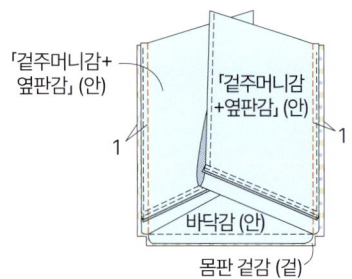

④ 남아 있는 한 장의 몸판 겉감도 ①~③과 같은 방법으로 꿰매어 겉 몸체를 만든다.

⑤ 웨빙끈을 반으로 접은 다음 양 끝에 4cm, 위쪽에 1cm를 남기고 가장자리를 꿰맨다. 2개 모두 같은 방법으로 작업한다.

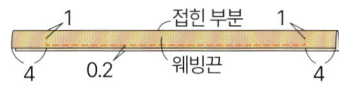

⑥ ⑤를 몸판 겉감의 겉에 임시 재봉한다.

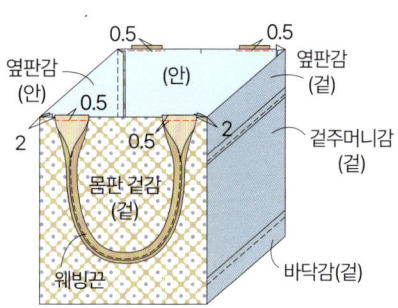

## 3 안 몸체 만들기

① 안주머니감을 겉맞대기로 반으로 접고, 창구멍을 남기며 세 변을 꿰맨다. 겉으로 뒤집은 후 접힌 부분(이곳이 입구가 됨)을 앞쪽으로 내려 접어 가장자리를 꿰맨다. (p.74의 ③-①~② 참조)

② 안감의 겉에 ①을 포개고, 세 변과 칸막이를 꿰맨다. 이쪽이 가방의 뒤쪽이 된다.

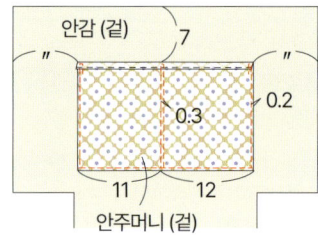

③ 바닥 중앙을 기준으로 안감을 겉맞대기로 반으로 접은 다음 양옆을 창구멍을 남기고 꿰맨다. 옆선과 바닥 중앙을 맞대고 가장자리를 꿰맨다. (p.51의 ③-④~⑤ 참조)

## 4 안단 만들기

안단 두 장을 포개어 꿰맨 후, 시접을 갈라 가장자리를 상침하고, 하단을 접어 꿰맨다. (p.40의 ⑤ 참조)

## 5 겉 몸체와 안 몸체, 안단 꿰매기

① 겉 몸체의 옆판 중앙과 안 몸체의 옆선을 맞추며 겉 몸체 속에 안 몸체를 안맞대기로 넣고 입구 둘레를 한 바퀴 임시 재봉한다.

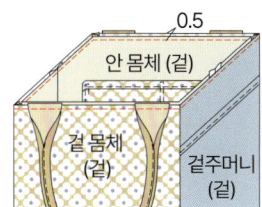

② 안단을 겉 몸체에 겉맞대기로 끼우고, 안단의 중앙과 몸체의 중앙, 안 몸체와 안단의 솔기를 맞춘 다음 입구 둘레를 한 바퀴 꿰맨다.

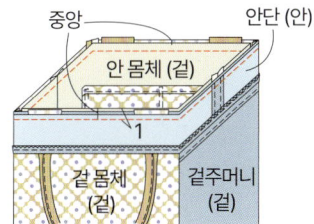

③ 잠금 스트랩감은 각각 위/아래 끝에서 중앙을 향해 접은 다음 다시 반으로 접고, 위/아래 가장자리를 꿰맨다. 총 2개를 만든다. (p.21의 ① 참조)

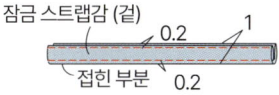

④ 잠근 스트랩 1개의 끝에는 D링을, 다른 1개의 끝에는 개고리를 통과시키고 각각의 끝을 안쪽으로 2번 접어 꿰맨다.

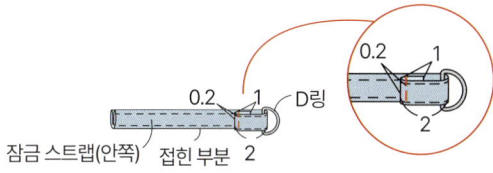

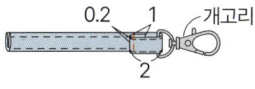

⑤ 안단의 안 왼쪽 옆에 D링을 단 잠금끈을, 오른쪽 옆에 개고리를 단 잠금끈을 꿰맨다.

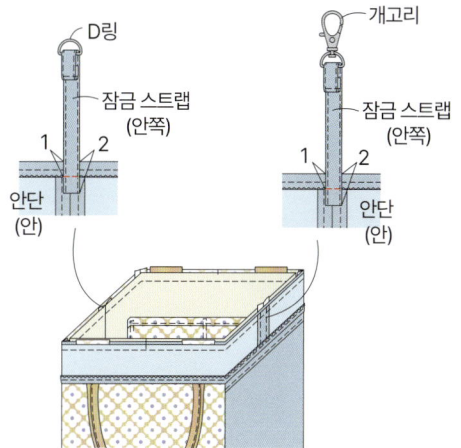

⑥ 안단을 겉이 보이도록 세워 올린 후 가방 안쪽으로 다시 접어 넣은 다음 입구 둘레를 한 바퀴씩 2줄로 상침한다.

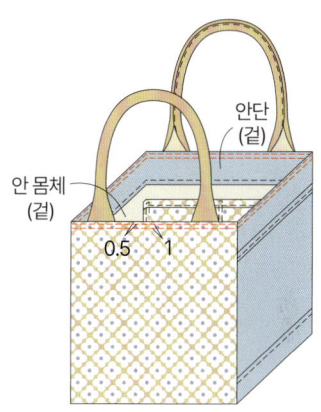

⑦ 안단에 스트랩을 꿰맨 선 위쪽을 꿰맨다.

⑧ 안단에 자석 단추를 단다. (p.38 「자석 단추 다는 법」 참조)

## arrange 17 플랩 토트백  패턴 A면
난이도 ★★★

〔완성 사이즈〕
너비 30cm×높이 18cm×폭 12cm
(손잡이 제외)

〔재료〕
면마 캔버스(꽃무늬) ········ 100cm×23cm
면마 캔버스(스모크 블루) ········ 44cm×38cm
면마 옥스(연갈색) ········ 95cm×40cm
접착 퀼트심 ········ 약 80cm×35cm
얇은 접착심 ········ 15cm×17cm
가죽(진갈색) ········ 폭 1.5cm×37cm [2개]
양면 징(중·발 길이 6mm) ········ 8쌍
자석 단추(지름 1.4cm) ········ 1쌍

〔도구〕 송곳, 고무판, 받침대(몰드), 징 치개(누름쇠), 쇠망치, 나무망치, 지름 2.5mm 구멍을 뚫을 수 있는 가죽용 타공 펀치 또는 회전식 펀치 플라이어

〔재단 방법과 치수〕  *단위는 cm
- 옆판 겉감과 옆판 안감은 치수대로 재단하고, 그 외는 패턴대로 그린 후 지정된 시접을 넣어 시접선을 그린 다음 중앙 표시를 하고 시접선을 따라 재단한다.
- 몸판 겉감, 플랩감 한 장의 안쪽에는 퀼트심을, 나머지 한 장의 플랩감 안쪽에는 얇은 접착심을 패턴보다 0.5cm 크게 잘라 붙인다.
- 옆판 겉감의 안쪽에는 퀼트심을 치수보다 가로·세로 1cm 작게 잘라서 끝에서 0.5cm 안으로 들어가도록 맞추어 붙인다.

면마 캔버스(꽃무늬)

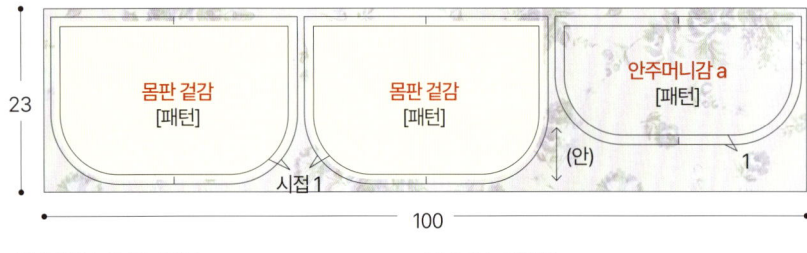

면마 캔버스(스모크 블루)

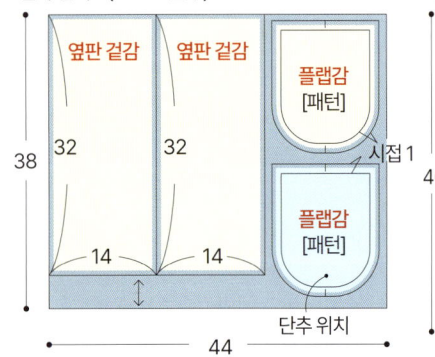

면마 옥스(연갈색)

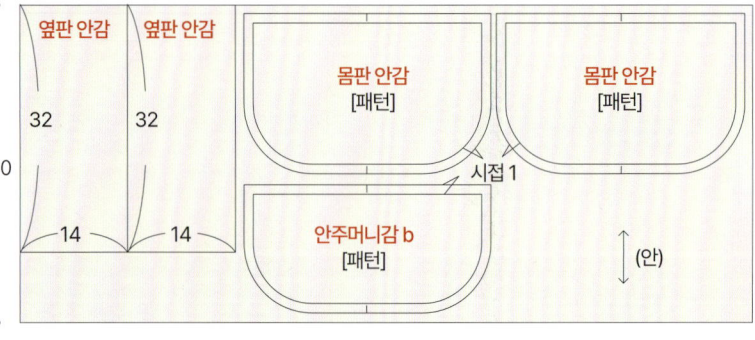

## 1 플랩 만들기

① 플랩감 두 장을 겉맞대기로 포개고 가장자리를 꿰맨다. 커브 부분의 시접에 가위집을 넣은 다음 시접 끝을 0.5cm 잘라낸다.

② 겉으로 뒤집어서 가장자리를 상침한다.

③ 접착심을 붙인 플랩감의 겉쪽에 자석 단추 볼록한 쪽(수놈)을 단다. (p.38 「자석 단추 다는 법」참조)

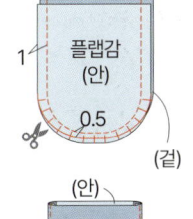

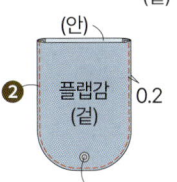

## 2 겉 몸체 만들기

① 옆판 겉감 두 장을 겉맞대기로 포개고 한쪽 가장자리를 꿰맨 후 몸판 겉감과 겉맞대기로 포개고 시침핀으로 고정한 후 가장자리를 꿰맨다. (p.71~73의 2 - 2 ~ ⓫ 참조)

② 몸판 겉감의 겉쪽 중앙에 플랩의 중앙을 맞추어 임시 재봉한다. 이쪽이 가방의 뒤쪽이 된다.

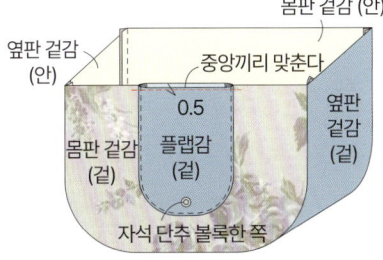

## 3 안 몸체 만들기

① 안주머니감 a와 b를 겉맞대기로 포개고 위쪽 가장자리를 꿰맨다.

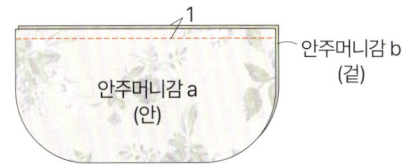

② 겉으로 뒤집어서 가장자리를 2줄로 상침한다.

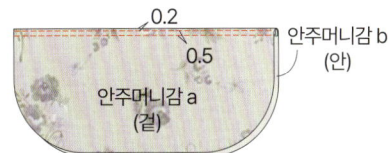

③ 몸판 안감 겉쪽에 ②를 포개고 가장자리를 임시 재봉한다.

④ 안주머니의 칸막이를 꿰맨다. 이쪽이 가방의 뒤쪽이 된다.

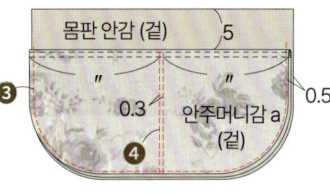

⑤ 2-①과 같은 방법으로 몸판 안감과 옆판 안감을 꿰매어 붙인다. 단, 한쪽 바닥 부분에 창구멍을 남겨둔다.

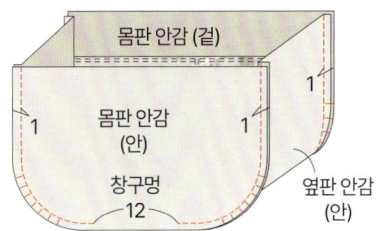

## 4 겉 몸체와 안 몸체 꿰매고 손잡이 달기

① 안 몸체 속에 겉 몸체를 겉맞대기로 넣고 입구 둘레를 한 바퀴 꿰맨다. (p.74의 4 - 2 ~ ③ 참조)

② 창구멍을 통해 겉으로 뒤집고, 입구 둘레를 한 바퀴 상침한다.

③ 창구멍을 통해 겉 몸체의 앞판에 자석 단추 오목한 쪽(암놈)을 단다. 창구멍을 ㄷ자 모양으로 꿰매어 닫는다.

④ 가죽의 양 끝에 각각 2개의 구멍을 뚫는다. (p.90 「가죽에 구멍 뚫는 법」참조) 그리고 양면 징을 박아서 몸체에 고정한다. (p.61 「양면 징 박는 법」참조)

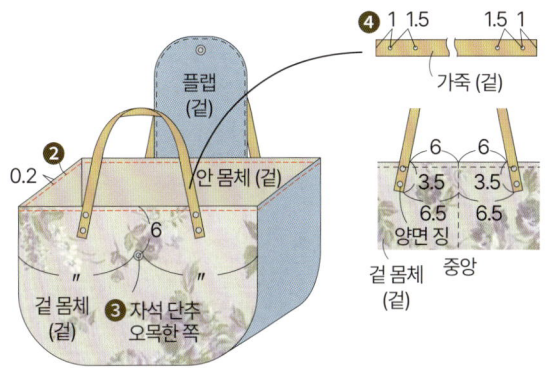

## arrange 18 플랩 숄더백  패턴 A면
난이도 ★★☆

〔완성 사이즈〕
너비 24cm×높이 18cm×폭 8cm
(숄더 스트랩 제외)

〔재료〕
울 혼방 트위드(갈색 계열) ········ 95cm×42cm
면마 퀼팅(미색) ········ 102cm×28cm
인조 가죽(갈색) ········ 25cm×27cm
페이크 퍼(회색) ········ 20cm×29cm
얇은 접착심 ········ 약 90cm×20cm
D링(25mm) ········ 2개
삽입형 고정쇠 ········ 1쌍

## 1 숄더 스트랩 만들기

① 숄더 스트랩감 a를 위/아래 끝에서 중앙을 향해 접은 다음 다시 반으로 접고, 위/아래 가장자리를 꿰맨다. (p.21의 1-❶~❷ 참조)

② 숄더 스트랩감 b는 위/아래 끝에서 중앙을 향해 접고, 왼쪽 끝을 앞쪽으로 접은 다음, 다시 반으로 접어 세 변의 가장자리를 꿰맨다.

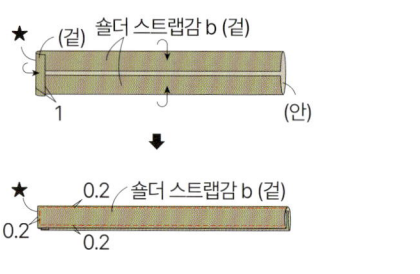

〔도구〕
구입한 삽입형 고정쇠의 설명서를 확인하고, 필요한 도구를 준비한다.

〔재단 방법과 치수〕  *단위는 cm

- 옆판 겉감과 옆판 안감은 치수대로 재단하고, 그 외는 패턴대로 그린 후 지정된 시접을 넣어 시접선을 그린 다음 중앙 표시를 하고 시접선을 따라 재단한다.
- 몸판 겉감 안쪽에는 얇은 접착심을 패턴보다 0.5cm 크게 잘라 붙인다.

울 혼방 트위드(갈색 계열)

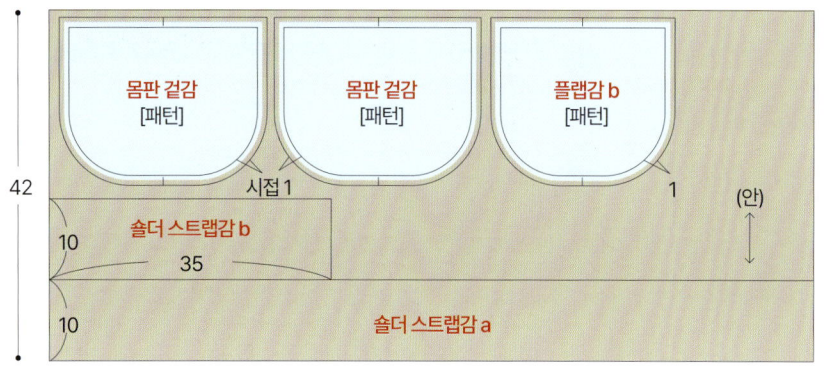

인조 가죽(갈색)

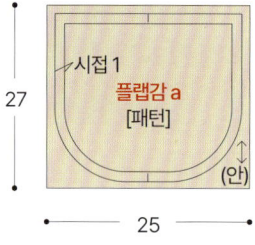

면마 퀼팅(미색)

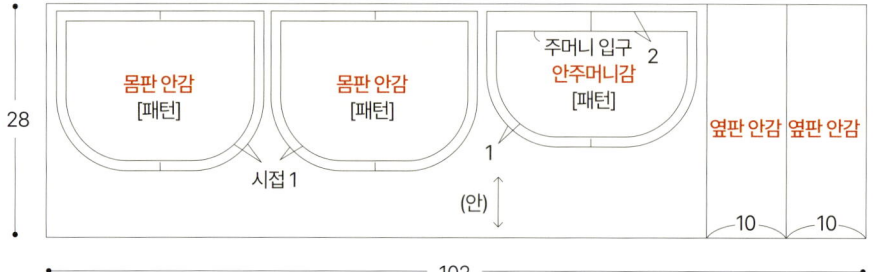

페이크 퍼(회색)

## 2 플랩 만들기

① 플랩감 a와 b를 겉맞대기로 포개고 가장자리를 꿰맨다. 시접의 커브 부분에 가위집을 넣은 다음, 시접 끝을 0.5cm 자른다.

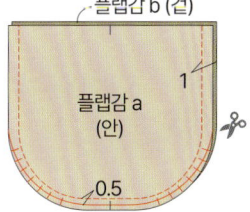

② 겉으로 뒤집어서 가장자리를 상침한다.

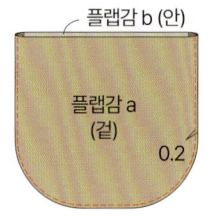

## 3 겉 몸체 만들기

① 옆판 겉감 두 장을 겉맞대기로 포개고 한쪽 가장자리를 꿰맨 후 몸판 겉감과 겉맞대기로 포개고 시침핀으로 고정한 후 가장자리를 꿰맨다. (p.71~73의 ② -②~⑪ 참조)

② 몸판 겉감의 겉쪽 중앙에 플랩의 중앙을 맞추어 임시 재봉한다. 이 쪽이 가방의 뒤쪽이 된다.

③ 옆판 겉감 중앙에 숄더 스트랩 a, b를 각각 임시 재봉한다.

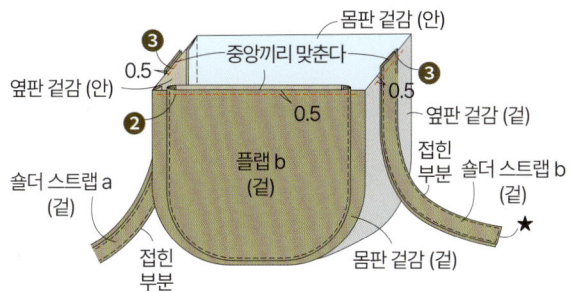

## 4 안 몸체 만들기

① 안주머니감의 주머니 입구를 안쪽으로 두 번 접고 가장자리를 꿰맨 다음, 한 장의 몸판 안감에 겉맞대기로 포개어 가장자리를 임시 재봉하고 칸막이를 꿰맨다.

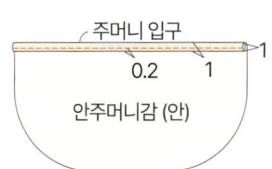 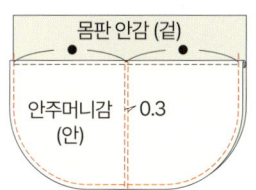

② 몸판 안감과 옆판 안감을 맞대어 꿰매서 안 몸체를 만든다. (p.74의 ④ -① 참조)

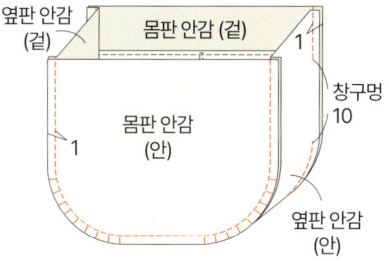

## 5 겉 몸체와 안 몸체 꿰매고 손잡이 달기

① 안 몸체 속에 겉 몸체를 겉맞대기로 넣고 입구 둘레를 한 바퀴 꿰맨다. (p.74의 ④ -②~③ 참조)

② 창구멍을 통해 겉으로 뒤집고, 입구 둘레를 한 바퀴 상침한다.

③ 숄더 스트랩 a에 D링 두 개를 통과시키고, 끝부분을 접어 2줄로 꿰맨다.

④ 플랩에 삽입형 고정쇠의 위쪽을 끼우고, 창구멍을 통해 몸체에 고정쇠의 아래쪽을 끼운다(고정쇠 끼우는 방법은 각 제품별 설명을 참조). 창구멍을 ㄷ자 모양으로 꿰매어 닫는다.

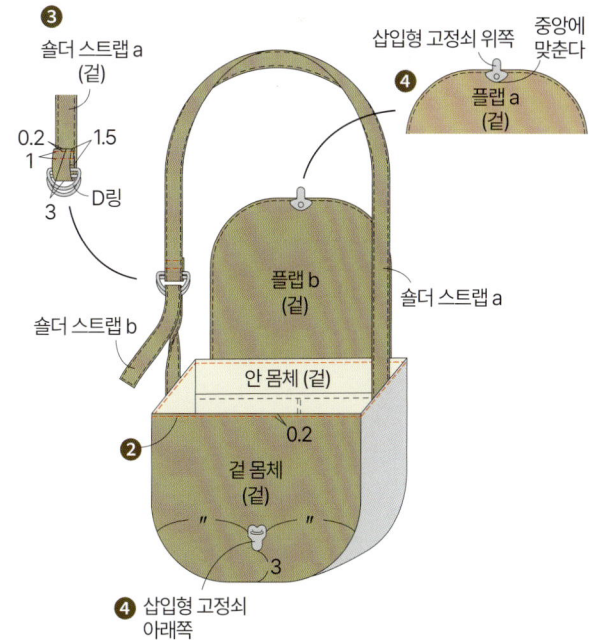

TYPE 4 — 옆판의 소재가 다른 가방

# TYPE 5 | 바닥이 둥근 가방

바닥이 원이나 타원 모양인 가방은 사다리꼴이나 한쪽이 긴 직사각형으로 만들면 느낌이 또 다른 새로운 디자인의 가방이 됩니다.

## basic 19
### 마르쉐 백

바닥이 타원형인 큼지막한 가방으로 사용이 편리합니다. 바닥과 손잡이를 검은색으로 배색하여 가방의 인상을 특별하게 만들어 줍니다.

기다란 손잡이를 이용해 어깨에 메고 다니기도 좋아요!

arrange
## 20
## 가로로 긴 직사각형 가방

마르쉐 백의 높이를 낮추고, 잠금 장치로 가죽 여밈 단추를 단 가방입니다. 컷 워크 레이스로 화려함을 더했습니다.

arrange
**21**

### 절개식 토트백

민무늬와 꽃무늬를 조합하고, 둥근 바닥을 붙여 만든 토트백입니다. 퀼트심을 사이에 끼워 도톰하고 부드러운 느낌으로 완성하였습니다.

arrange
## 22

**아일렛을 단 버킷백**

큼지막한 아일렛을 포인트로 넣고 기다란 끈을 통과시켜 숄더백으로 만들었습니다. 끈 조절용 조리개도 같은 천을 사용하였습니다.

# how to make

## basic 19 마르쉐 백 패턴 A면
난이도 ★★☆

〔재료〕
- 면 옥스(선 무늬) ········· 95cm×34cm
- 면 옥스(검은색) ········· 33cm×20cm
- 면마 퀼팅(미색) ········· 95cm×52cm
- 중간 두께의 접착심 ········· 적당량
- 가죽 테이프(검은색) ········· 폭 1.5cm×60cm [2개]
- 양면 징(대·발 길이 6mm) ········· 8쌍
- 자석 단추(지름 1.8cm) ········· 1쌍

〔도구〕
송곳, 고무판, 받침대(몰드), 징 치개(누름쇠), 쇠망치,
나무망치, 지름 3mm의 구멍을 뚫을 수 있는 가죽용 타공 펀치 또는 회전식 펀치 플라이어

〔완성 사이즈〕

32cm / 35cm / 16cm

〔재단 방법과 치수〕 *단위는 cm
- 각각을 패턴대로 그린 후 지정된 시접을 넣어 시접선을 그린 다음 중앙 표시와 너치를 넣고 시접선을 따라 재단한다.
- 몸판 겉감과 바닥 겉감의 안쪽에는 중간 두께의 접착심을 패턴보다 0.5cm 크게 잘라 붙인다.

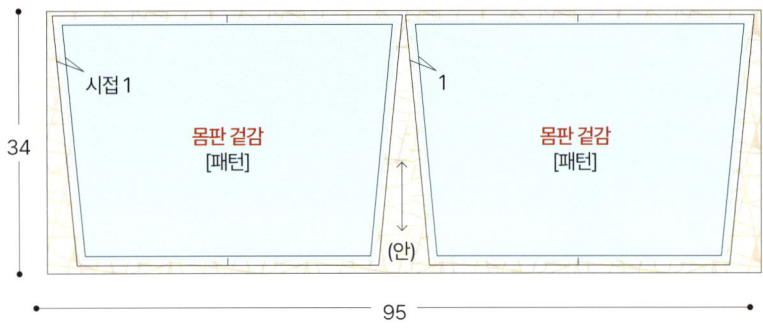

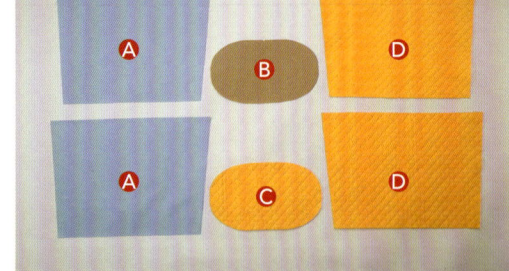

Ⓐ 몸판 겉감 2장  Ⓑ 바닥 겉감  Ⓒ 바닥 안감  Ⓓ 몸판 안감 2장

## 1 겉 몸체 만들기

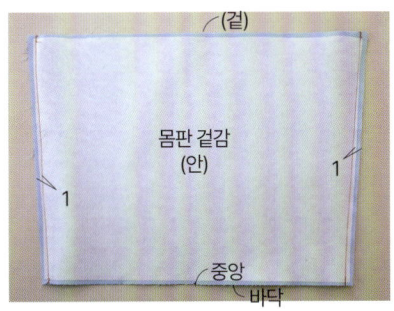

① 몸판 겉감 두 장을 겉맞대기로 포개고 양 옆을 꿰맨 다음, 시접을 가르고 다리미로 눌러준다.

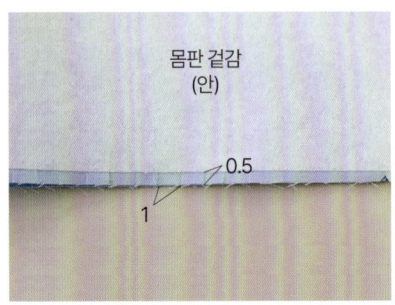

② ①의 바닥 쪽에 1cm 간격으로 0.5cm 길이의 가위집을 넣는다.

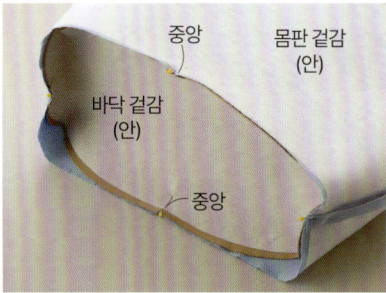

③ ②의 가위집을 넣은 부분과 바닥 겉감의 가장자리를 겉맞대기로 맞대며, 양옆을 꿰맨 몸판 겉감의 옆선과 바닥 겉감의 양쪽 너치, 몸판의 바닥 중앙과 바닥 겉감의 중앙 표시를 맞추어 네 곳에 시침핀을 꽂는다.

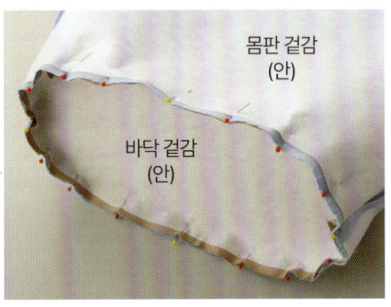

④ ③의 시침핀 사이를 촘촘하게 다른 시침핀으로 꽂아준다.

**POINT** 커브 부분에 촘촘하게 시침핀을 꽂는다. 이 작업에 익숙해질 때까지 시침질을 이용해도 좋다.

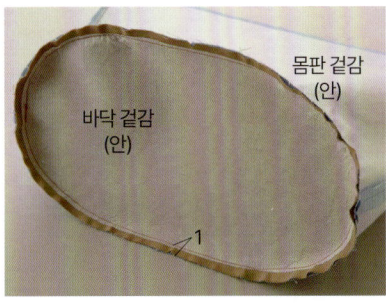

⑤ 몸판 겉감 쪽에서 바닥 테두리를 한 바퀴 꿰맨다.

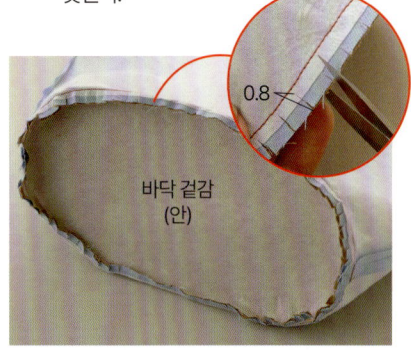

⑥ ②에서 넣은 가위집과 같은 위치에 몸판 겉감과 바닥 겉감에 동시에 0.8cm 길이의 가위집을 넣는다.

## 2 안 몸체 만들기

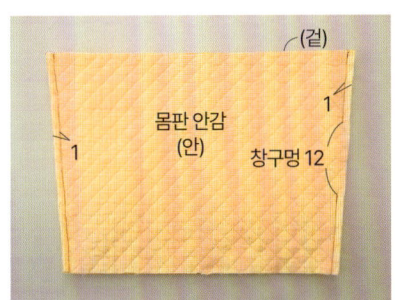

① 몸판 안감 두 장을 겉맞대기로 포개고, 창구멍을 남긴 채 양옆을 꿰맨다.

② ①의 ②~⑤와 같은 방법으로 ①과 바닥 안감을 맞추어 꿰맨다.

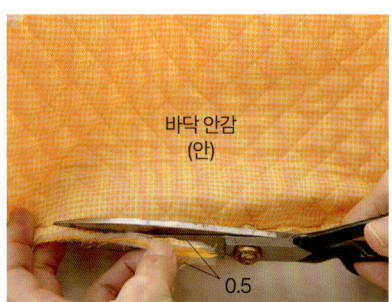

③ 시접 끝을 0.5cm 잘라낸다.

**POINT** 퀼팅이나 접착 퀼트심을 붙인 천의 시접은 맞추어 꿰맨 다음에 자르면 깔끔하다.

## 3 겉 몸체와 안 몸체 꿰매기

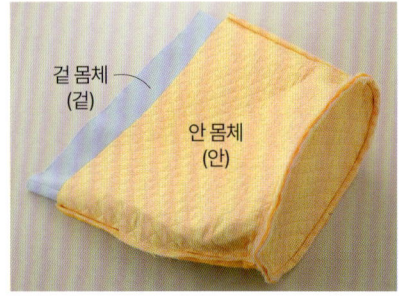

① 겉 몸체를 겉으로 뒤집고, 안 몸체 속에 겉 몸체를 겉맞대기로 넣는다.

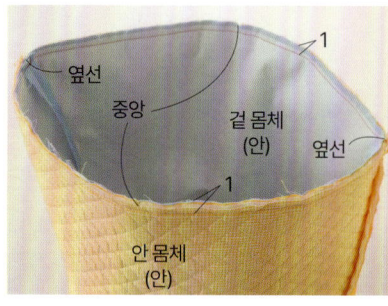

② 겉 몸체와 안 몸체의 옆선끼리 맞추고, 중앙끼리 맞춘 다음, 입구 둘레를 한 바퀴 꿰맨다.

### 안 몸체에 퀼팅을 사용하는 경우 유의점

퀼팅은 두께가 있어서 겉 몸체와 똑같은 높이로 안 몸체를 만들어 가방 입구를 맞추면, 겉 몸체의 바닥 부분이 늘어져 울게 된다. 따라서 안 몸체의 높이를 겉 몸체보다 조금 낮게 만든 후 두 몸체를 맞추어 꿰매면 깔끔하게 완성된다.

③ 안 몸체에 남겨둔 창구멍을 통해 겉 몸체를 당겨 꺼내고, 입구 둘레를 한 바퀴씩 2줄로 상침한다.

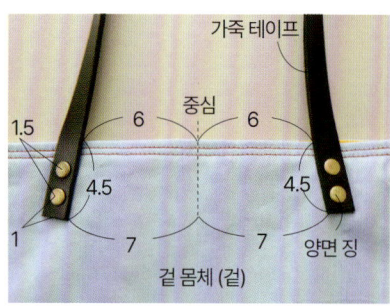

④ 가죽 테이프의 양쪽 끝에 각각 두 곳씩 구멍을 뚫은 다음 양면 징을 박아 가방에 고정한다. (하단 「가죽에 구멍 뚫는 법」, p.61 「양면 징 박는 법」 참조)

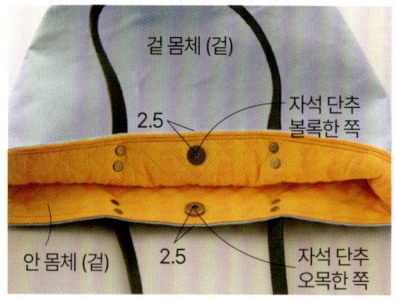

⑤ 창구멍을 통해 자석 단추를 단다. (p.38 「자석 단추 다는 법」 참조)

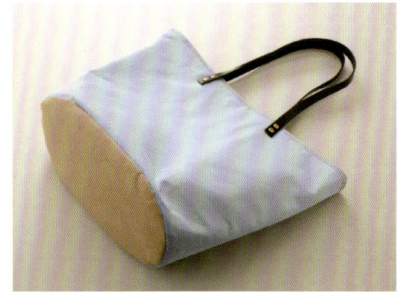

⑥ 창구멍을 ㄷ자로 꿰매어 닫아 완성한다.

### 가죽에 구멍 뚫는 법

[준비물]
Ⓐ 가죽 Ⓑ 고무판 Ⓒ 가죽용 타공 펀치
Ⓓ 나무망치 Ⓔ 회전식 펀치 플라이어
※ 회전식 펀치 플라이어를 사용할 경우 고무판과 타공 펀치, 나무망치는 필요하지 않다.

고무판 위에 가죽을 얹고 구멍을 뚫고 싶은 위치에 타공 펀치를 수직으로 갖다 댄 다음 위에서 나무망치로 때려 구멍을 뚫는다. 회전식 펀치 플라이어를 사용하면 소음도 나지 않고 다양한 크기의 구멍을 뚫을 수 있어서 매우 편리하다.

## arrange 20 가로로 긴 직사각형 가방

난이도 ★★★   패턴 A면

〔완성 사이즈〕
너비 38cm×높이 18cm×
바닥 폭 16cm (손잡이 제외)

〔재료〕
리넨(노란색) ·········· 107cm×40cm
면 브로드클로스(꽃무늬) ·········· 92cm×32cm
컷 워크 레이스(흰색) ·········· 34cm×20cm
두꺼운 접착심 ·········· 약 70cm×40cm
가죽 여밈 단추 ·········· 1쌍

〔재단 방법과 치수〕  *단위는 cm

- 바닥 겉감과 바닥 안감은 패턴대로 그린 후 지정된 시접을 넣어 시접선을 그린 다음 중앙 표시와 너치를 넣고 시접선을 따라 재단한다.
- 겉감 a, b, c, d의 안쪽에는 두꺼운 접착심을 치수보다 가로·세로 1cm 작게 잘라서 끝에서 0.5cm 안으로 들어가도록 맞추어 붙이고, 바닥 겉감 안쪽에는 두꺼운 접착심을 패턴보다 0.5cm 크게 잘라 붙인다.

### 1 손잡이 만들기

손잡이감의 위/아래 끝에서 중앙을 향해 접은 다음 다시 반으로 접고, 위/아래 가장자리를 꿰맨다. 총 2개의 손잡이를 만든다. (p.21의 1 참조)

### 2 겉 몸체 만들기

① 겉주머니감과 레이스 겉주머니감을 겉맞대기로 포개고 위쪽 가장자리를 꿰맨다.

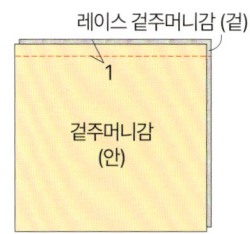

② 겉이 밖으로 나오도록 뒤집은 다음 시접 쪽을 상침한다. (이쪽이 주머니 입구가 됨)

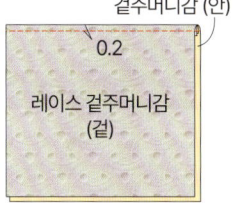

③ 겉감 b의 겉쪽에 레이스감 b를 포개고, 그 위에 ❷를 레이스 겉주머니감의 겉이 보이도록 포갠 다음, 양옆을 임시 재봉한다.

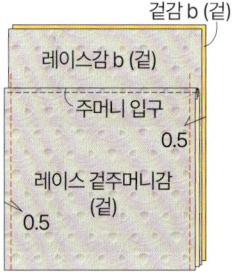

TYPE 5 바닥이 둥근 가방

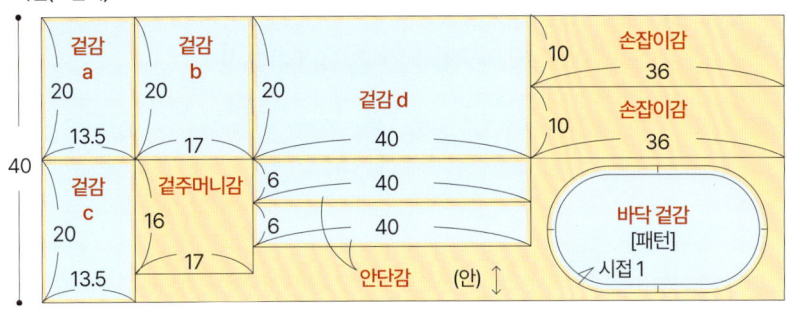

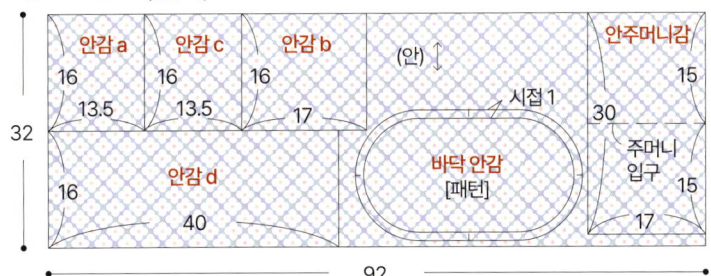

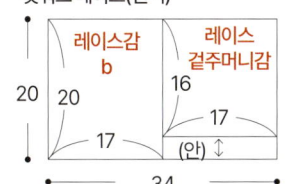

④ ❸에 겉감 a를 겉맞대기로 포갠 다음 한쪽 가장자리를 꿰맨다.

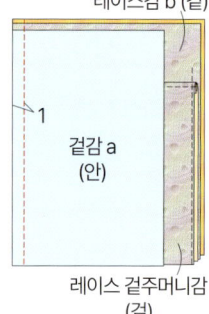

⑤ ❹의 꿰매지 않은 쪽에 겉감 c를 겉맞대기로 포개고 한쪽 가장자리를 꿰맨다.

⑥ ❺를 펼치고 시접을 겉감 a와 겉감 c 쪽으로 넘긴 다음 솔기 가장자리를 상침한다. 이쪽이 겉 몸체의 앞쪽이 된다.

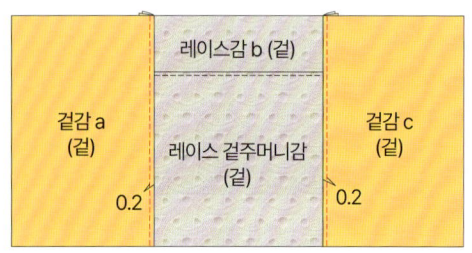

⑦ ❻과 겉감 d를 겉맞대기로 포개고 양옆을 꿰맨 다음, 바닥 쪽 시접에 가위집을 넣고 바닥 겉감을 맞대어 꿰맨다. (p.89의 1 참조) 겉 몸체가 완성된다.

⑧ 겉 몸체의 겉쪽에 손잡이를 임시 재봉한다.

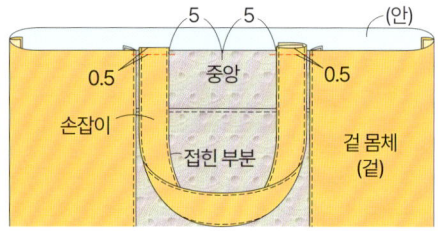

## 3 안 몸체 만들기

① 안주머니감을 안맞대기로 반으로 접고, 접힌 부분(주머니 입구가 됨)을 앞쪽으로 접어 내린 후 가장자리를 꿰맨다.

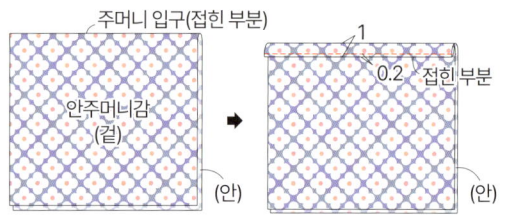

② ❷의 ❹~❻과 같은 방법으로, 안감 b 위에 안주머니감, 그 위에 안감 a와 안감 c를 포개어 꿰맨다.

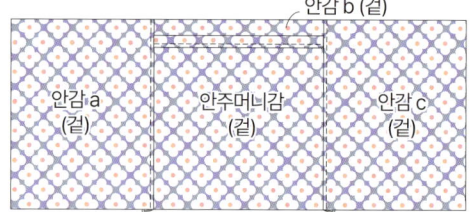

③ 안단감 한 장을 ❷에 겉맞대기로 포개고 가장자리를 꿰맨다.

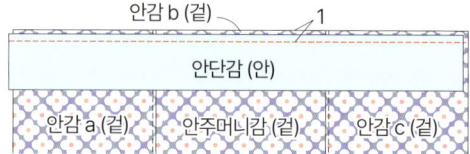

④ ❸을 펼쳐서 시접을 안단 쪽으로 넘기고, 가장자리를 상침한다. 이쪽이 안 몸체의 뒤쪽이 된다.

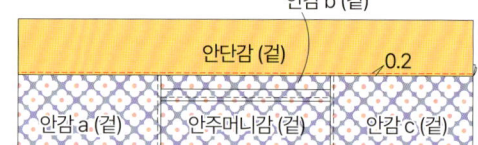

⑤ ❸~❹와 같은 방법으로 안감 d에 안단감을 꿰맨다.

⑥ ❹와 ❺를 겉맞대기로 포개고 창구멍을 남긴 채 양옆을 꿰맨 다음, 바닥 안감과 맞대어 꿰맨다. (p.89의 2 참조)

## 4 겉 몸체와 안 몸체 꿰매기

① 안 몸체 속에 겉 몸체를 겉맞대기로 넣고 입구를 꿰맨 다음 창구멍을 통해 몸체를 빼내 겉으로 뒤집고 입구를 2줄로 상침한다. 창구멍을 ㄷ자로 꿰매어 닫는다. (p.90의 3-❶~❸ 참조)

② 입구 중앙에 가죽 여밈 단추를 꿰매어 달아 완성한다.

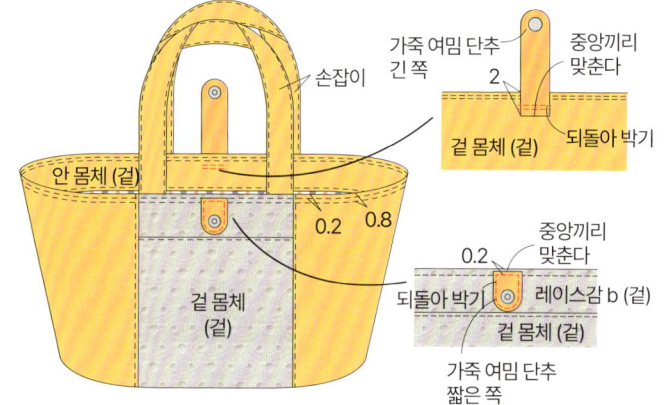

## arrange 21 절개식 토트백  패턴 A면
난이도 ★★☆

〔완성 사이즈〕
너비 22cm×높이 26cm×바닥 폭 22cm
(손잡이 제외)

〔재료〕
- 리넨(보라색) ·········· 105cm×25cm
- 면마 웨더 클로스(스트라이프 무늬) ·········· 95cm×44cm
- 면 브로드클로스(꽃무늬) ·········· 76cm×16cm
- 접착 퀼트심 ·········· 약 105cm×25cm
- 레더 온 테이프(미색) ·········· 폭 2cm×47cm [2개] — 가죽이 붙어 있는 가는 끈
- 양면 징(중·발 길이 6mm) ·········· 4쌍
- 태그(원하는 디자인) ·········· 폭 1cm×5cm

〔도구〕 송곳, 고무판, 받침대(몰드), 징 치개(누름쇠), 쇠망치

〔재단 방법과 치수〕 *단위는 cm
- 바닥 겉감과 바닥 안감은 패턴대로 그린 후 지정된 시접을 넣어 시접선을 그린 다음 중앙 표시와 너치를 넣고 시접선을 따라 재단한다.
- 몸판 겉감의 안쪽에는 접착 퀼트심을 치수보다 가로·세로 1cm 작게 잘라서 끝에서 0.5cm 안으로 들어가도록 맞추어 붙이고, 바닥 겉감 안쪽에는 접착 퀼트심을 패턴보다 0.5cm 크게 잘라 붙인다.

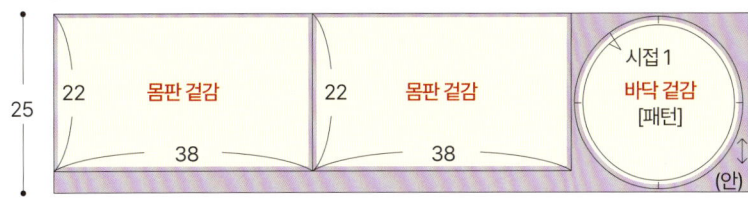

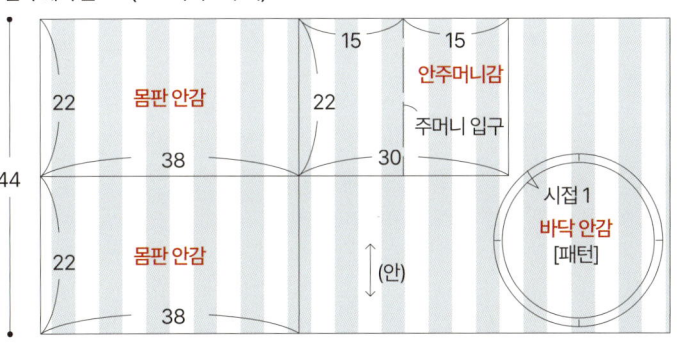

## 1 겉 몸체 만들기

❶ 한 장의 입구감 겉쪽에 레더 온 테이프 한 개를 임시 재봉한다.

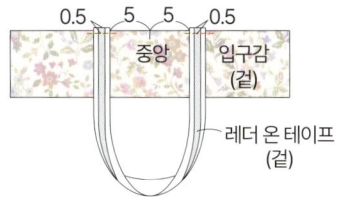

❷ ❶을 몸판 겉감에 겉맞대기로 포개고 위쪽 가장자리를 꿰맨다.

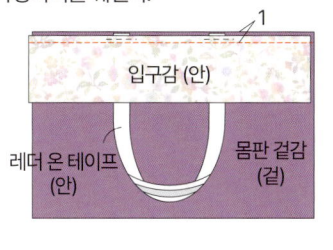

TYPE 5
바닥이 둥근 가방

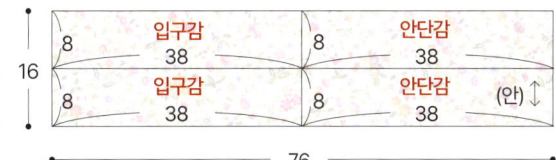

③ ❷를 펼쳐서 시접을 몸판 겉감 쪽으로 넘기고 가장자리를 상침한다.

④ 태그를 안맞대기로 반으로 접어 입구감 끝쪽에 임시 재봉한다. 이쪽이 가방의 앞쪽이 된다.

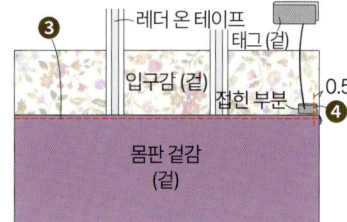

⑤ ❶~❸과 같은 방법으로 나머지 한 장의 입구감에 레더 온 테이프를 임시 재봉하고 몸판 겉감에 포개어 꿰맨다. 태그를 꿰매지 않은 이쪽이 가방의 뒤쪽이 된다.

⑥ ❹와 ❺를 겉맞대기로 포개고 양옆을 꿰맨 다음, 바닥 겉감을 맞대어 꿰맨다. (p.89의 ❶ 참조)

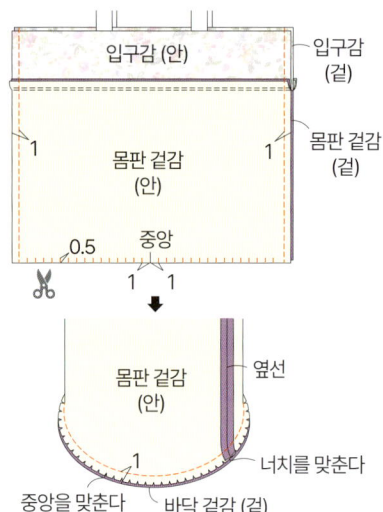

## 2 안 몸체 만들기

① 안주머니감을 겉맞대기로 반으로 접은 다음(접힌 부분이 주머니 입구가 됨), 창구멍을 남기며 세 변을 꿰맨다. 창구멍을 통해 겉으로 뒤집은 다음 입구 쪽을 앞쪽으로 접어 꿰맨다. (p.74의 ❸-❶~❷ 참조)

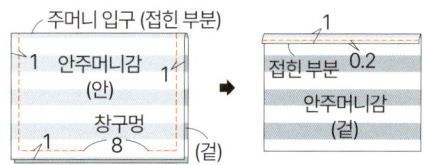

② 한 장의 몸판 안감 겉쪽에 ❶에서 만든 안주머니를 포개고 세 변을 꿰맨다. (p.74의 ❸-❸ 참조) 이쪽이 가방의 뒤쪽이 된다.

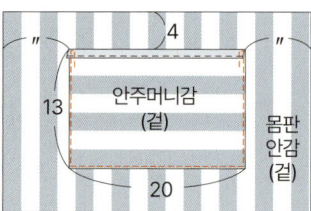

③ ❶-❷와 같은 방법으로 ❷와 안단감을 겉맞대기로 꿰맨다.

④ ❸을 펼친 후 시접을 안단 쪽으로 넘기고 가장자리를 꿰맨다.

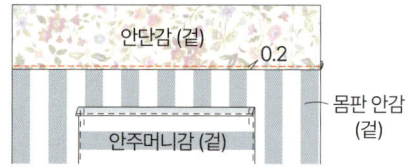

⑤ ❸~❹와 같은 방법으로 다른 한 장의 안단감과 몸판 안감을 꿰맨다.

⑥ ❹와 ❺를 겉맞대기로 포개고 창구멍을 남기며 양옆을 꿰맨 다음, 바닥 안감을 맞대어 꿰맨다. (p.89의 ❷ 참조)

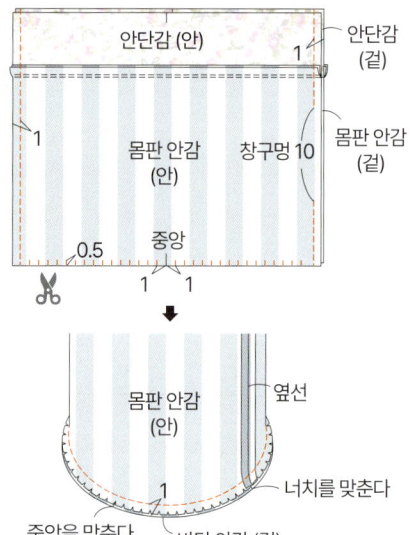

## 3 겉 몸체와 안 몸체 꿰매기

**①** 안 몸체 속에 겉 몸체를 겉맞대기로 넣고 입구 둘레를 한 바퀴 꿰맨다. (p.90의 3 -①~② 참조)

**②** 안 몸체에 남겨둔 창구멍을 통해 겉 몸체를 당겨 빼내고, 레더 온 테이프를 세워 올린 후 가방 입구 둘레를 한 바퀴 상침한다.

**③** 레더 온 테이프 위에 한 개씩 양면 징을 박아 완성한다. (p.61 「양면 징 박는 법」 참조)

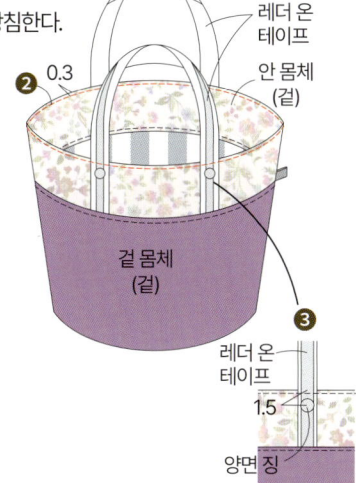

## arrange 22 아일렛을 단 버킷백 패턴 A면
난이도 ★★★

〔완성 사이즈〕
너비 19cm×높이 22cm×바닥 폭 19cm
(숄더 스트랩 제외)

〔재료〕
- 면 옥스(바구니 무늬) ········· 55cm×23cm
- 면 옥스(십자가 모티프 무늬) ········· 74cm×18cm
- 퀼팅(별무늬) ········· 88cm×24cm
- 중간 두께의 접착심 ········· 약 65cm×40cm
- (인조)가죽끈(갈색) ········· 폭 0.6cm×150cm
- 아일렛(바깥지름 1.5cm) ········· 8쌍

〔도구〕 아일렛 펀치, 타공 펀치, 고무판, 나무망치

〔재단 방법과 치수〕 *단위는 cm

- 바닥 겉감과 바닥 안감은 패턴대로 그린 후 지정된 시접을 넣어 시접선을 그린 다음 중앙 표시와 너치를 넣고 시접선을 따라 재단한다.
- 몸판 겉감 a, b의 안쪽에는 접착심을 치수보다 가로·세로 1cm 작게 잘라서 끝에서 0.5cm 안으로 들어가도록 맞추어 붙이고, 바닥 겉감 안쪽에는 접착심을 패턴보다 0.5cm 크게 잘라 붙인다.

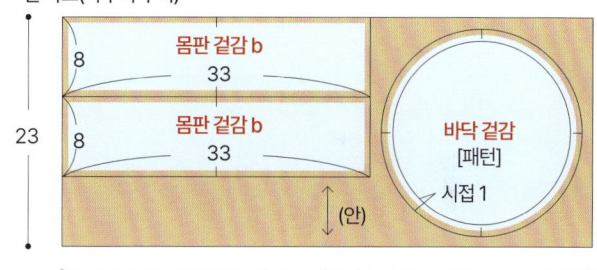

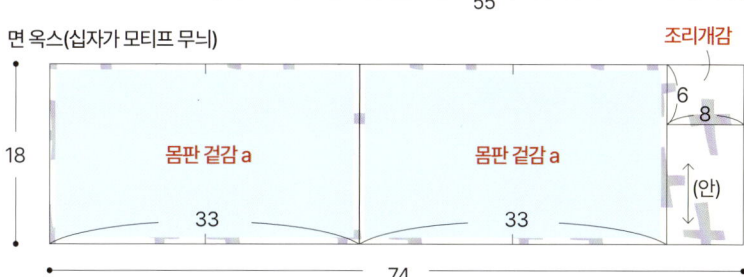

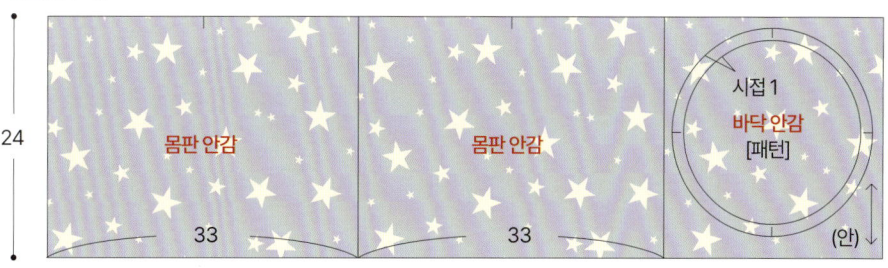

## 1 겉 몸체 만들기

❶ 몸판 겉감 a와 b를 겉맞대기로 포개고 아래쪽 가장자리를 꿰맨다.

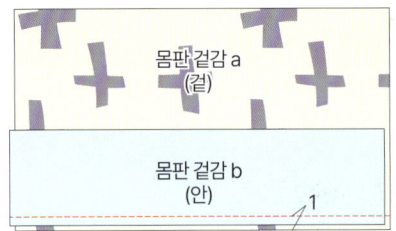

❷ ❶을 펼쳐서 시접을 몸판 겉감 b 쪽으로 넘기고 가장자리를 꿰맨다. 나머지 몸판 겉감 a와 b도 같은 방법으로 꿰맨다.

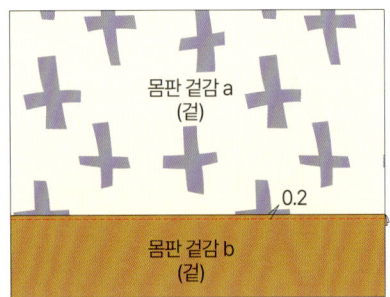

❸ 두 장의 「몸판 겉감 a+몸판 겉감 b」를 겉맞대기로 포개고 양옆을 꿰맨 다음, 바닥 겉감을 맞대어 꿰맨다. (p.89의 ❶ 참조)

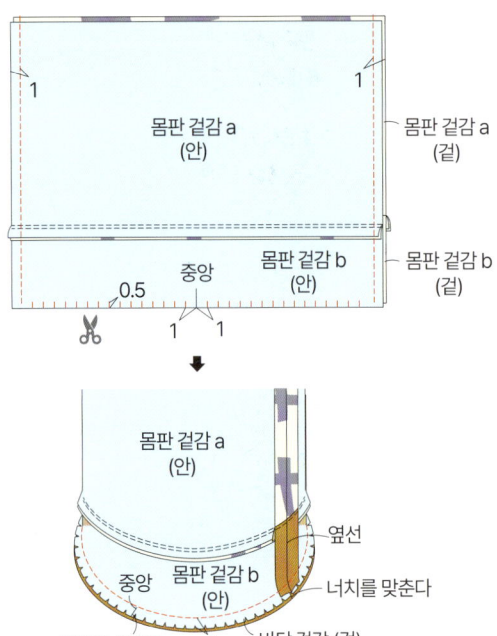

## 2 안 몸체 만들기

몸판 안감 두 장을 겉맞대기로 포개고 창구멍을 남기며 양옆을 꿰맨 다음, 바닥 안감과 맞대어 꿰맨다. (p.89의 ❷ 참조)

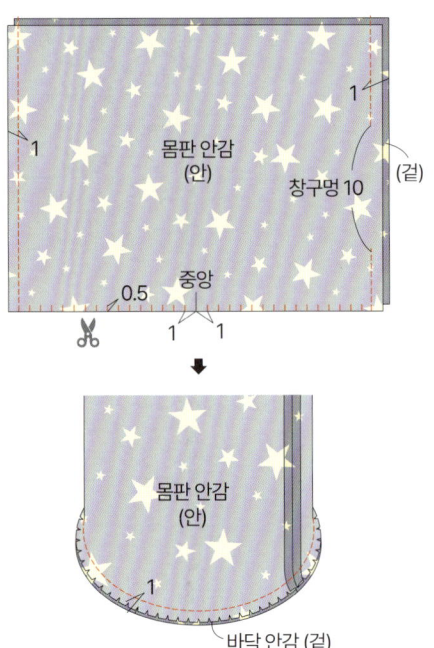

## 3 겉 몸체와 안 몸체 꿰매기

❶ 겉 몸체 속에 안 몸체를 겉맞대기로 넣고 입구 둘레를 한 바퀴 꿰맨 다음 창구멍을 통해 몸체를 빼내 겉으로 뒤집고 입구 둘레를 한 바퀴씩 2줄로 상침한다. (p.90의 ❸-❶~❸ 참조)

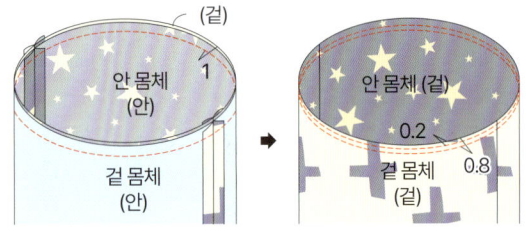

❷ 겉 몸체의 앞판에 아일렛 구멍을 뚫을 위치를 표시한 후 구멍을 뚫어 아일렛을 단다. (p.97 「아일렛 다는 법」 참조) 뒤판에도 같은 방법으로 아일렛을 단다.

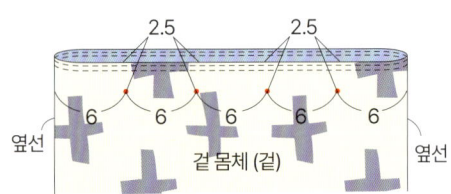

③ 조리개감을 겉맞대기로 가로로 반을 접고 가장자리를 꿰맨 후 겉으로 뒤집는다. 조리개의 안쪽(솔기가 보이는 쪽이 조리개의 안쪽이다)이 보이는 상태에서 세로로 다시 반을 접고 한쪽 가장자리를 꿰맨다. 시접을 가르고 조리개의 바깥쪽이 보이도록 뒤집은 다음 솔기 양쪽을 상침하여 끈 조리개를 완성한다.

④ 아일렛에 가죽끈을 통과시키고, 가죽끈의 양쪽 끝을 끈 조리개 구멍 안으로 넣은 다음, 끈의 끝을 한 번씩 매듭짓는다.

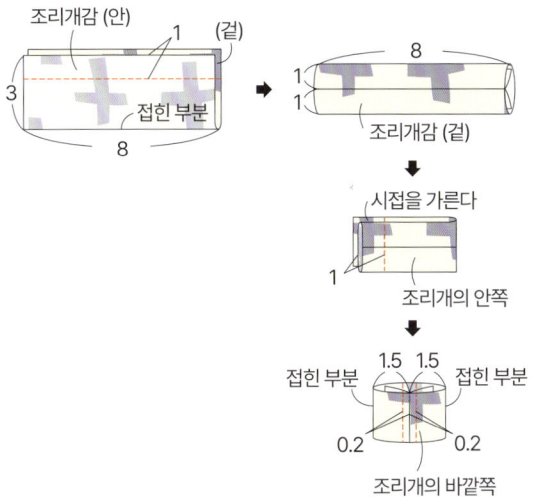

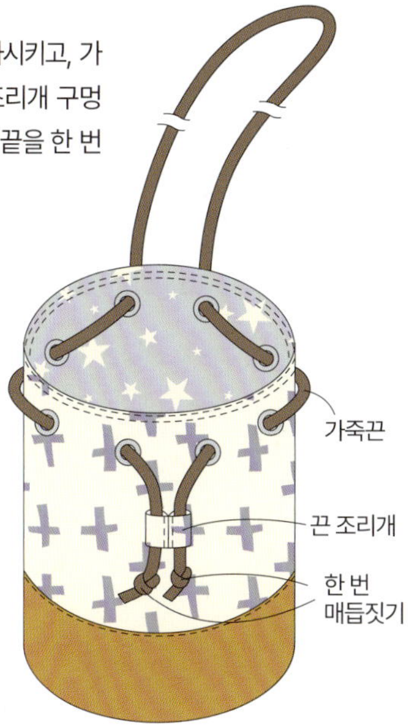

## 아일렛 다는 법

[준비물] Ⓐ 아일렛 펀치  Ⓑ 아일렛(◯-암놈, ◎-수놈)  Ⓒ 타공 펀치  Ⓓ 고무판  Ⓔ 나무망치

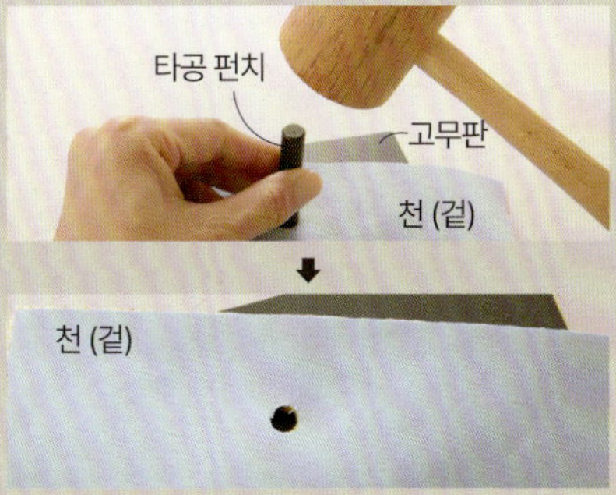

❶ 고무판 위에 천을 얹고, 아일렛을 달고 싶은 부분에 타공 펀치를 댄 채 나무망치로 때려 구멍을 뚫는다.

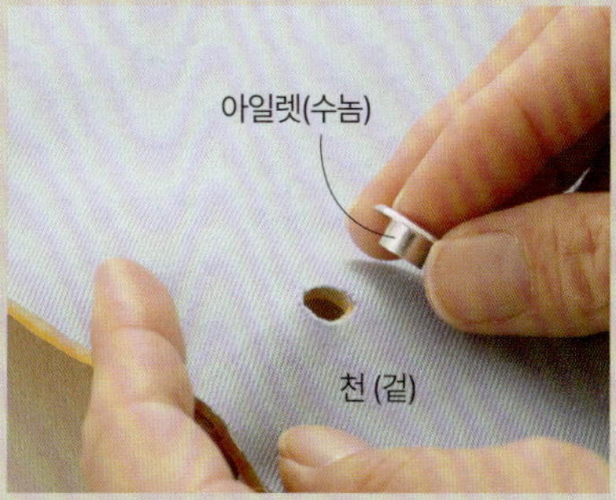

❷ 아일렛의 수놈(발이 길게 나온 것)을 구멍에 끼워 넣는다.

❸ 천을 뒤로 뒤집어 아일렛의 암놈을 끼운다.

❹ 아일렛 펀치에 끼워 꽉 누른다.

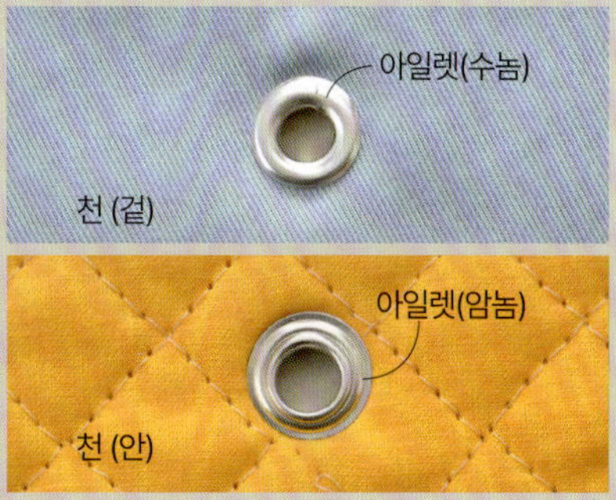

❺ 아일렛이 끼워진 상태

# TYPE 6 다트를 넣은 가방

천의 일부분을 모아 꿰매어 평면에 입체적인 부풀림을 더하면 부드러운 라인이 살아나는 가방이 됩니다.

## basic 23
### 두루주머니형 가방

두 장의 천을 붙여 납작하게 만든 심플한 배낭. 아담하게 부푼 모습이 귀엽습니다.

*두루주머니: 양쪽의 끈을 잡아당기면 주름이 잡히며 입구가 오므라지는 주머니

arrange
**24**

**트위드 백**

체크, 꽃무늬, 민무늬의 서로 다른 소재의 천을 꿰매어 붙였습니다. 가을과 겨울에 잘 어울리는 차분한 색조입니다.

**arrange 25**

# 양면 그래니 백

가방 입구에 개더 주름을 가득 넣어 볼록한 느낌으로 완성하였습니다. 두 종류의 꽃무늬를 즐길 수 있는 양면 가방입니다.

그 날의 기분과 의상에 맞춰 원하는 쪽을 가방 겉면으로 선택할 수 있어요!

## basic 23 두루주머니형 가방 패턴 A면
난이도 ★☆☆

〔재료〕

면마 캔버스(기하학 무늬) ········· 90cm×39cm
리넨(인디고블루) ········· 80cm×44cm
라벨(원하는 디자인) ········· 폭 3.2cm×4cm
둥근 끈(검은색) ········· 150cm [2개]

〔도구〕

끈끼우개

〔완성 사이즈〕

〔재단 방법과 치수〕  *단위는 cm

- 겉감과 안감은 패턴대로 그린 후 지정된 시접을 넣어 시접선을 그린 다음, 다트와 중앙 표시를 넣고 시접선을 따라 재단한다.

면마 캔버스(기하학 무늬)

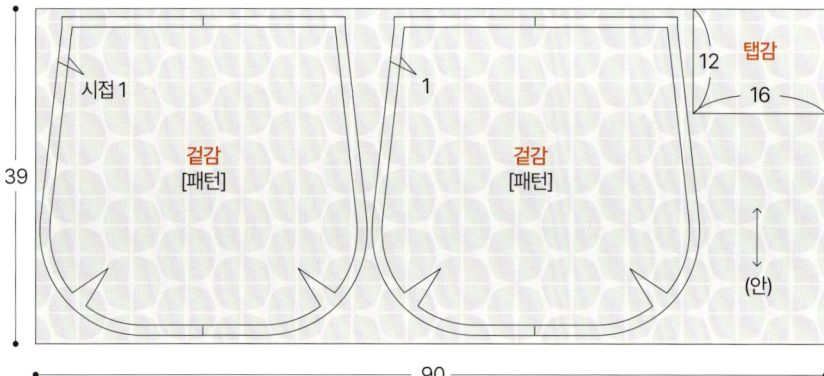

리넨(인디고블루)

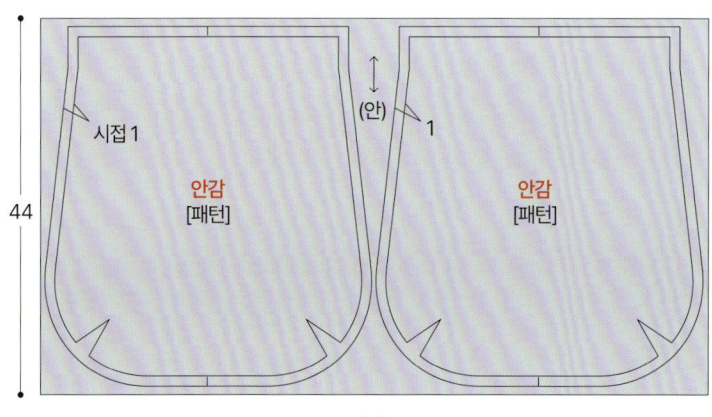

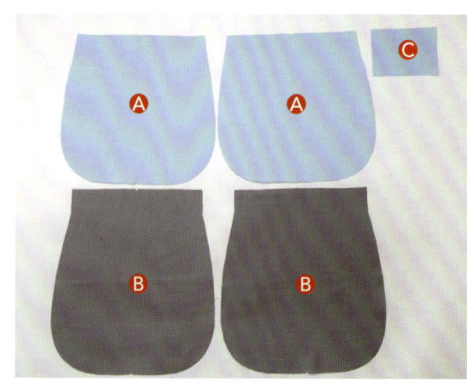

Ⓐ 겉감 2장　Ⓑ 안감 2장　Ⓒ 탭감

## 1 겉감과 안감의 다트 꿰매기

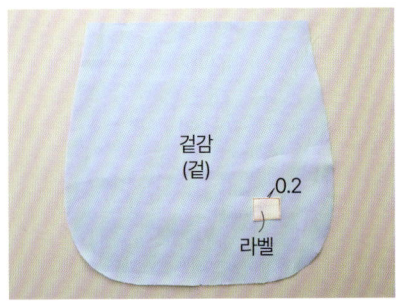
① 겉감 한 장의 겉쪽에 라벨을 꿰매어 단다.

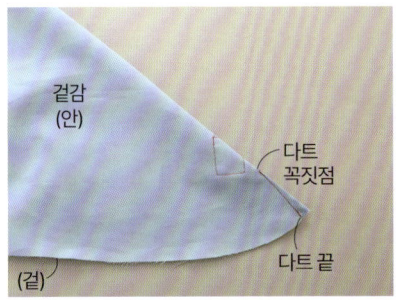
② 시접에 표시해둔 다트 끝끼리 겉맞대기로 맞대어 접고 그려둔 다트 선을 따라 꿰맨다. (다트 꿰매는 법은 하단 참조)

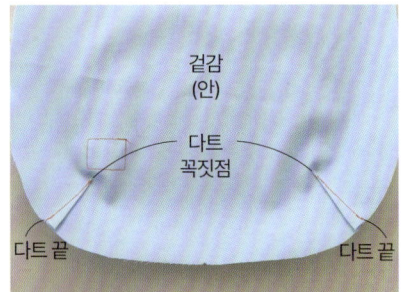
③ 반대쪽의 다트도 같은 방법으로 꿰매고, 시접을 아래쪽으로 넘긴다.

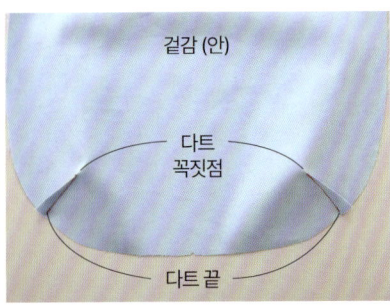
④ 나머지 한 장의 겉감도 같은 방법으로 다트를 꿰매고, 시접을 위쪽으로 넘긴다.

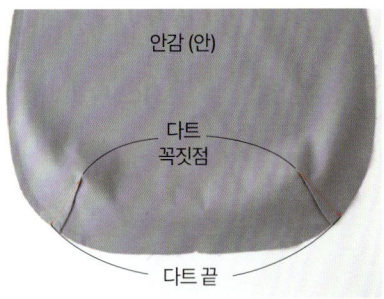
⑤ 안감 2장도 ③~④와 같은 방식으로 다트를 꿰맨다.

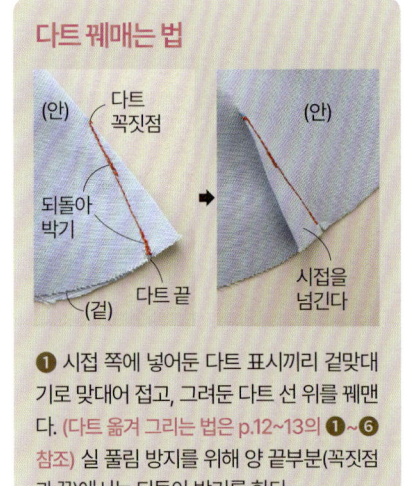

**다트 꿰매는 법**

❶ 시접 쪽에 넣어둔 다트 표시끼리 겉맞대기로 맞대어 접고, 그려둔 다트 선 위를 꿰맨다. (다트 옮겨 그리는 법은 p.12~13의 ❶~❻ 참조) 실 풀림 방지를 위해 양 끝부분(꼭짓점과 끝)에서는 되돌아 박기를 한다.

❷ 시접을 넘기고, 다리미로 꽉 누른다.

## 2 탭 만들기

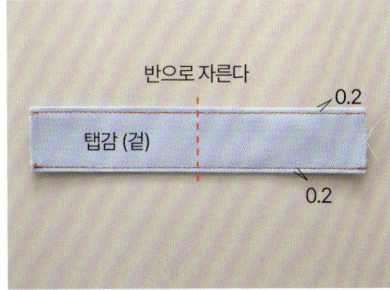
① 탭감의 위/아래 끝에서 중앙을 향해 접은 다음 다시 반으로 접고, 위/아래 가장자리를 꿰맨다. (p.21의 1-❶~❷ 참조) 그리고 세로 반으로 자른다.

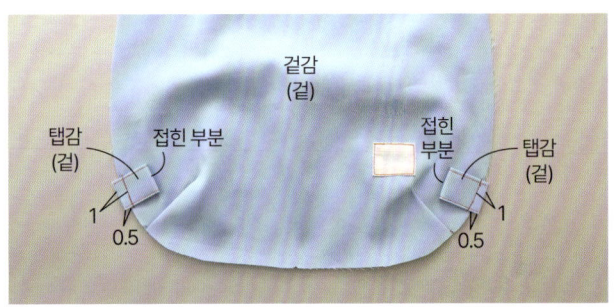
② ①에서 자른 두 개의 탭감을 각각 반으로 접은 후, 라벨을 단 겉감의 겉에 임시 재봉한다.

## 3 겉 몸체와 안 몸체 만들고 끈 끼우기

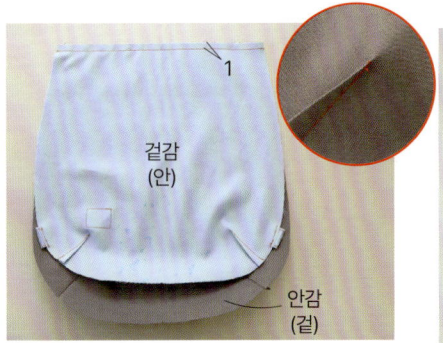

① 다트를 넘긴 방향이 다른 겉감 한 장과 안감 한 장을 겉맞대기로 포개고 상단을 가지런히 모아 가장자리를 꿰맨다.

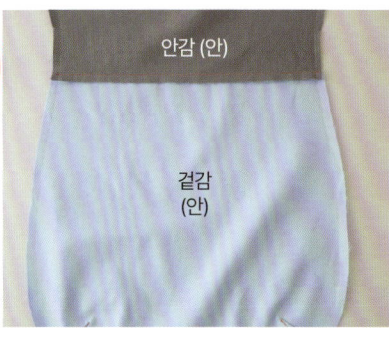

② ①을 펼쳐서 시접을 겉감 쪽으로 넘긴다. 남은 한 장의 겉감과 안감도 같은 방법으로 꿰맨다.

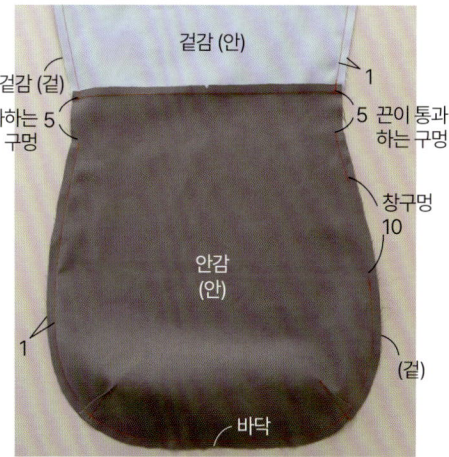

③ 두 장의 「겉감+안감」을 겉맞대기로 포개고, 가장자리를 꿰매되 반쪽은 바닥에서 입구, 나머지 반쪽은 입구에서 바닥 방향으로 꿰맨다. (p.72~73의 ❼~❽ 참조) 이때 안감에는 끈이 통과하는 구멍과 창구멍을 남긴다.

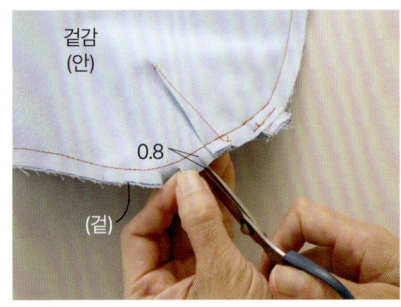

④ 커브 부분의 시접에 가위집을 넣고, 시접을 가른다.

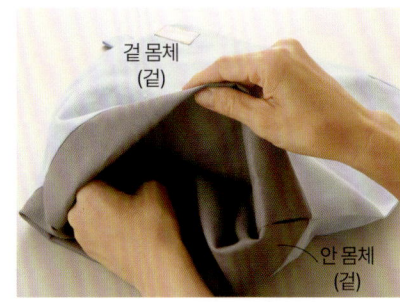

⑤ 창구멍을 통해 겉으로 뒤집고, 안 몸체를 겉 몸체 속으로 넣는다.

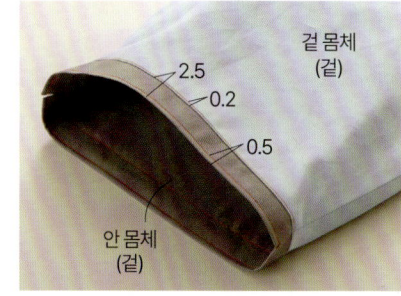

⑥ 겉감의 상단과 안감의 가장자리를 각각 한 바퀴씩 꿰맨다. 창구멍을 ㄷ자 모양으로 꿰매어 닫는다.

**POINT** 끈이 통과하는 부분의 위/아래를 꿰매기 때문에 끈이 통과하는 구멍의 시접이 고정되어 뒤집히지 않고, 끈도 잘 통과할 수 있다.

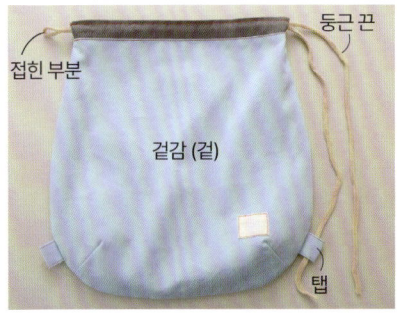

⑦ 끈이 통과하는 구멍 한쪽에 둥근 끈 한 줄을 넣어 한 바퀴 통과시킨다. 그러면 반대쪽 구멍으로 끈의 접힌 부분이 나오게 된다. 끈의 끝부분 하나를 탭 안으로 통과시킨다.

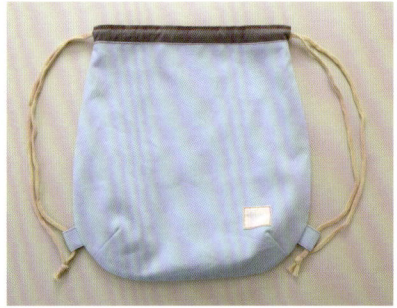

⑧ 둥근 끈의 끝부분끼리 묶어준 다음, 반대쪽의 끈이 통과하는 구멍으로 남아 있는 둥근 끈을 넣어 한 바퀴 통과시킨다. 앞서와 같은 방법으로 끈의 끝부분 하나를 탭 안으로 넣어 통과시키고, 끈의 끝부분끼리 묶어서 완성한다.

### 무늬의 크기가 큰 천을 사용할 때

큰 무늬의 천을 사용할 때는 무늬를 기준으로 평행하게 패턴을 올리면 몸판의 위치를 맞추기 쉽다. 또, 방향을 정확하게 알 수 있는 천은 같은 방향으로 재단하도록 한다. 스트라이프 무늬는 가로와 세로 방향으로 바꾸어 사용하면 두 종류의 무늬로 활용할 수 있다.

## arrange 24 트위드 백  패턴 A면
난이도 ★★☆

〔완성 사이즈〕
너비 32cm×높이 34cm (손잡이 제외)

〔재료〕
면 트위드(체크무늬) ········ 53cm×40cm
울 혼방 넵 트위드(갈색 계열) ········ 20cm×20cm
면마 캔버스(꽃무늬) ········ 40cm×35cm
리넨(테라코타) ········ 55cm×38cm
접착 퀼트심 ········ 약 70cm×40cm
가죽(탭용, 갈색) ········ 5cm×2.5cm
가죽(라벨용, 원하는 색상) ········ 폭 1.5cm×5.2cm
가죽 테이프(진한 갈색) ········ 폭 1cm×48cm [2개]
양면 징(소·발 길이 6mm) ········ 2쌍
양면 징(대·발 길이 6mm) ········ 8쌍

〔도구〕
송곳, 고무판, 받침대(몰드), 징 치개(누름쇠), 쇠망치, 나무망치, 지름 2.5mm와 3mm의 구멍을 뚫을 수 있는 타공 펀치

〔재단 방법과 치수〕  *단위는 cm
- 안주머니감 외에 모두 패턴대로 그린 후 지정된 시접을 넣어 시접선을 그리고, 겉감과 안감에는 중앙 표시를 넣는다. 시접선을 따라 재단한다.
- 겉감과 a, b, c, d의 안쪽에는 퀼트심을 패턴보다 0.5cm 크게 잘라 붙인다.

## 1 겉 몸체 만들기

❶ d의 상단과 b의 하단이 만나도록 두 장을 겉맞대기로 포개고 위쪽 가장자리를 꿰맨다.

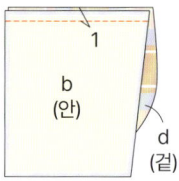

❷ ❶을 펼치고 시접을 d 쪽으로 넘긴 다음 가장자리를 상침한다.

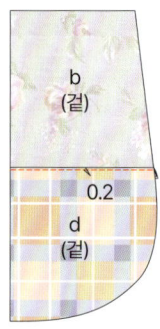

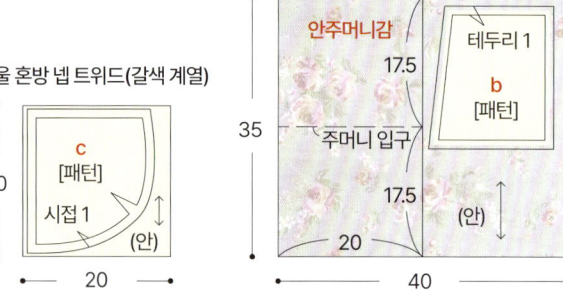

면 트위드(체크무늬)

리넨(테라코타)

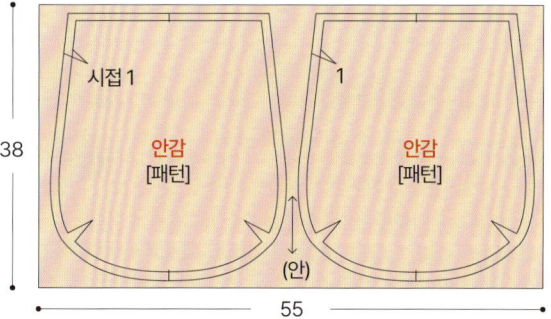

③ ❶~❷와 같은 방법으로 c와 a를 꿰맨다.

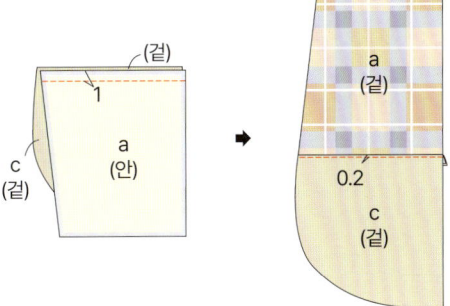

## 2 안 몸체 만들기

① 먼저, 안주머니감을 겉맞대기로 반으로 접고 창구멍을 남기며 세 변을 꿰맨 다음, 겉으로 뒤집고 주머니 입구를 접어 상침한다.
(p.74의 3-❶~❷ 참조)

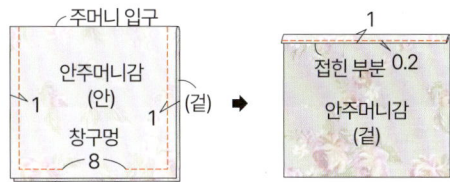

④ ❷와 ❸을 겉맞대기로 포개고 한쪽 가장자리를 꿰맨다.

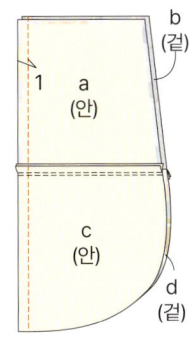

② 한 장의 안감 겉쪽에 안주머니를 포개고 세 변을 꿰맨다. 이쪽이 가방의 뒤쪽이 된다.

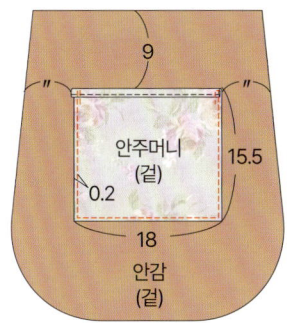

⑤ ❹를 펼치고 시접을 가른 다음, 솔기 양옆을 상침한 다. 그리고 탭용 가죽을 안 맞대기로 반 접어서 오른쪽 가장자리에 임시 재봉한다.

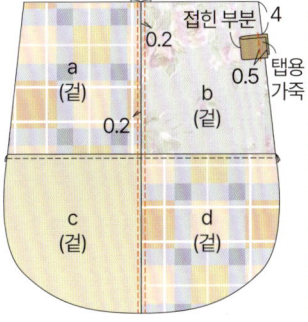

③ 안주머니를 단 안감과 나머지 한 장의 안감의 다트를 각각 꿰맨다.

④ 안감 두 장을 다트의 시접이 겹치지 않도록 겉맞대기로 포개고 창구멍을 남기며 가장자리를 꿰맨다.

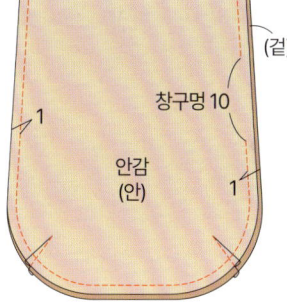

⑥ ❺와 겉감의 다트를 꿰맨다. (p.102 「다트 꿰매는 법」참조)

⑦ ❻의 두 장을 다트의 시접이 겹치지 않도록 겉맞대기로 포갠 다음, 가장자리를 꿰맨다.
(가장자리 꿰매는 법은 p.72~73의 ❼~❽ 참조)

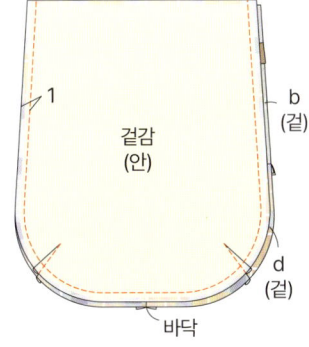

## 3 겉 몸체와 안 몸체 꿰매고 손잡이 달기

① 안 몸체 속에 겉 몸체를 겉맞대기로 넣고, 입구 둘레를 한 바퀴 꿰맨다. (p.90의 3-❶~❷ 참조)

② 창구멍을 통해 겉으로 뒤집고, 창구멍을 ㄷ자 모양으로 꿰매어 닫는다. 입구 둘레를 한 바퀴씩 2줄로 상침한다.

③ 가죽 테이프에 구멍을 뚫고, 양면 징(대)을 박는다. (p.90 「가죽에 구멍 뚫는 법」, p.61 「양면 징 박는 법」 참조)

④ 라벨용 가죽에 구멍을 뚫고, 양면 징(소)을 박아 완성한다.

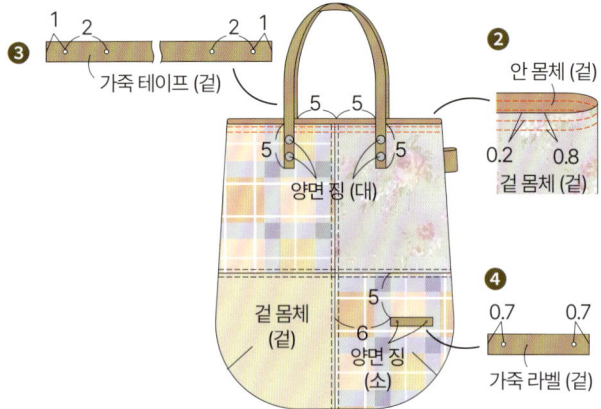

## arrange 25 양면 그래니 백
난이도 ★ ★ ★

〔완성 사이즈〕
너비 53cm×높이 31cm (손잡이 제외)

〔재료〕
면마 시팅(꽃무늬) ……… 58cm×72cm
면마 시팅(큰 꽃무늬) ……… 58cm×72cm
아크릴 웨빙끈(베이지) ……… 폭 3cm×22cm [2개],
　　　　　　　　　　　　　폭 3cm×142cm, 폭 3cm×9cm

〔재단 방법과 치수〕　* 단위는 cm

- 겉감과 안감은 패턴대로 그린 후 지정된 시접을 넣어 시접선을 그리고, 중앙 표시와 개더 주름이 끝나는 곳, 다트 표시를 넣고 시접선을 따라 재단한다.

겉감: 면마 시팅(꽃무늬), 안감: 면마 시팅(큰 꽃무늬)

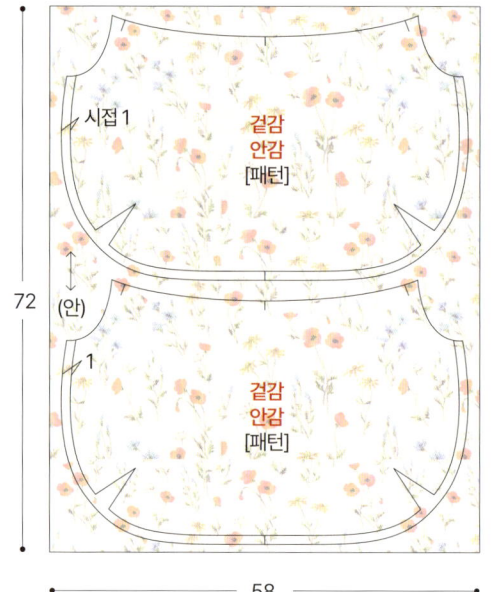

## 1 겉 몸체 만들기

① 겉감(2장 모두)의 다트를 꿰맨다. (p.102 「다트 꿰매는 법」 참조)

② 두 장의 겉감을 다트의 시접이 겹치지 않도록 겉맞대기로 포갠 다음, 가장자리를 꿰맨다. (가장자리 꿰매는 법은 p.72 ~73의 ❼~❽ 참조)

## 2 안 몸체 만들기

1️⃣ 과 같은 방법으로 안감 2장의 다트를 각각 꿰매고, 안감 2장을 겉맞대기로 포갠 다음 가장자리를 꿰맨다.

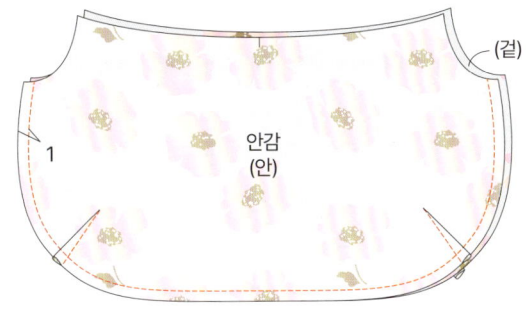

## 3 겉 몸체와 안 몸체를 꿰매고 손잡이 달기

1️⃣ 겉 몸체의 겉이 밖으로 나오도록 뒤집은 다음, 겉 몸체 속에 안 몸체를 안맞대기로 넣고 입구 둘레를 한 바퀴 꿰맨다.

2️⃣ 개더 주름이 끝나는 곳 사이를 큰 땀으로 2줄 꿰맨다.

3️⃣ 밑실이나 윗실을 당겨서, 폭이 22cm가 될 때까지 개더 주름을 만든다. 실 끝은 각각 네 줄을 한꺼번에 묶는다.

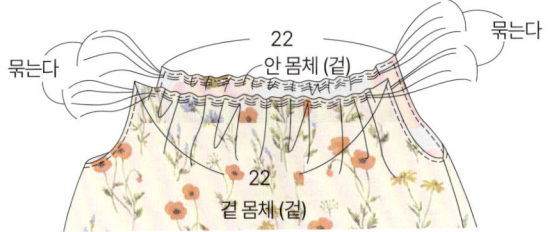

4️⃣ 22cm의 아크릴 웨빙끈을 반으로 접어 3️⃣의 입구(직선 부분)에 끼우고 가장자리를 꿰맨다. (p.43의 4️⃣-2️⃣ 참조)

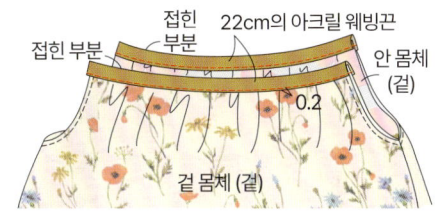

5️⃣ 142cm의 아크릴 웨빙끈을 반으로 접어 입구 곡선 부분을 감싸며 손잡이를 만든다. (p.43의 4️⃣-3️⃣~4️⃣ 참조)

6️⃣ 아크릴 웨빙끈의 양 끝이 만나는 이음새 부분에 9cm의 아크릴 웨빙끈을 꿰맨다.

TYPE 6 다트를 넣은 가방

107

# TYPE 7 지퍼가 달린 가방

지퍼 달기는 까다롭게 느껴질 수 있지만, 요령을 알고 나면 쉽게 할 수 있습니다. 지퍼 달기에 능숙해지면 더 다양한 가방을 만들 수 있답니다.

## basic 26 클러치 백

큼지막하면서 사용감이 좋고, 들고 다니기 좋게 스트랩을 달았습니다. 차분한 느낌의 무지 천과 같은 색의 꽃무늬 천을 조합하여 만듭니다.

**arrange 27**

## 샤코슈 백

더블 지퍼가 달린 샤코슈 백은 소품을 분리 수납 할 수 있어 활용도가 높습니다. 천의 절개가 이 디 자인의 포인트랍니다.

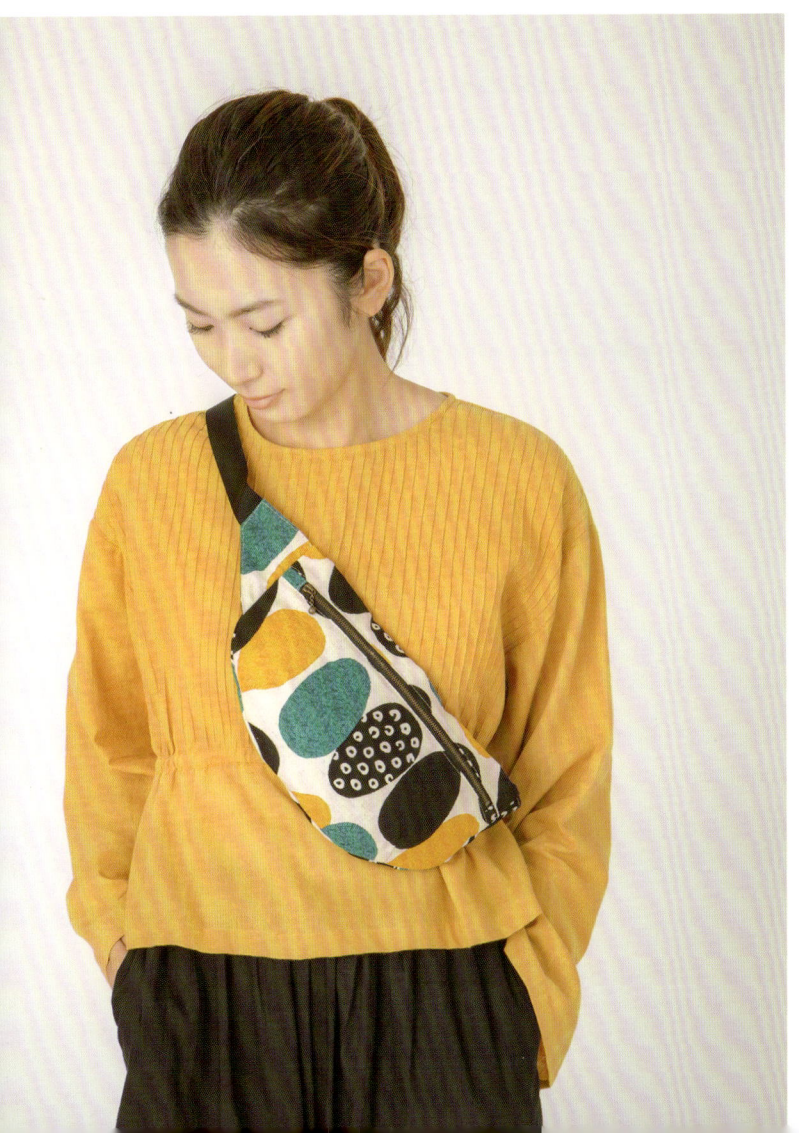

**arrange 28**

## 웨이스트 파우치

작은 사이즈지만 앞뒤로 다트가 있어서 수납력이 뛰어납니다. 비스듬하게 메면 보디 백도 됩니다.

# how to make

## basic 26 클러치 백
난이도 ★★☆

〔재료〕

면마 캔버스(와인색) ……… 80cm×54cm
면 브로드클로스(꽃무늬) ……… 40cm×59cm
접착 퀼트심 ……… 39cm×53cm
지퍼(베이지) ……… 폭 2.5cm×35cm
단추(지름1.3cm) ……… 1개
가죽(라벨용, 원하는 색상) ……… 폭 1.5cm×5.4cm
D링(15mm) ……… 1개
개고리(15mm) ……… 1개

〔완성 사이즈〕

26cm × 38cm

〔도구〕

지퍼용 노루발

〔재단 방법과 치수〕 *단위는 cm

- 겉감의 안쪽에는 접착 퀼트심을 치수보다 가로·세로 1cm 작게 잘라서 끝에서 0.5cm 안으로 들어가도록 맞추어 붙인다.

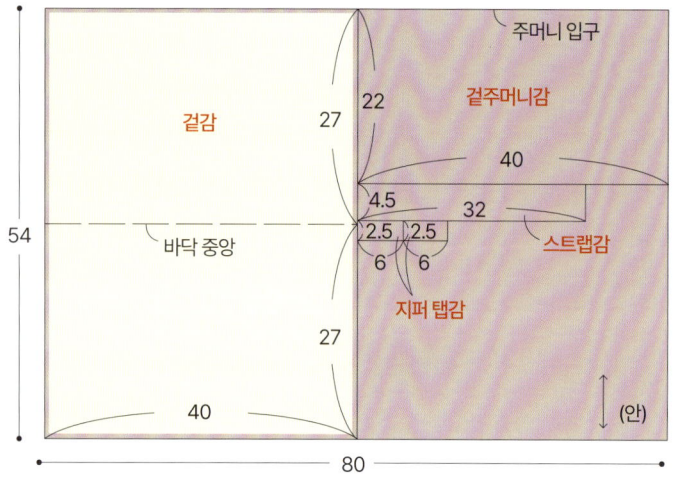

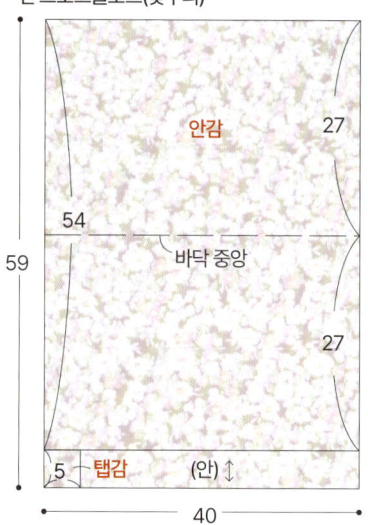

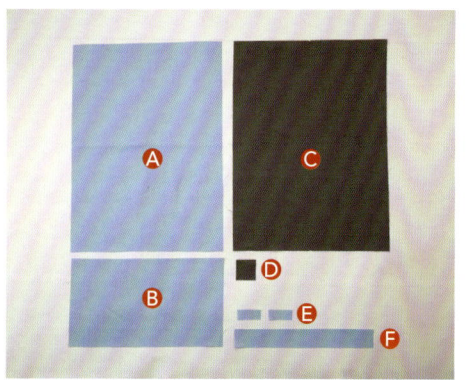

A 겉감  B 겉주머니감  C 안감  D 탭감
E 지퍼 탭감 2장  F 스트랩감

# 1 스트랩, 탭, 지퍼 탭 만들기

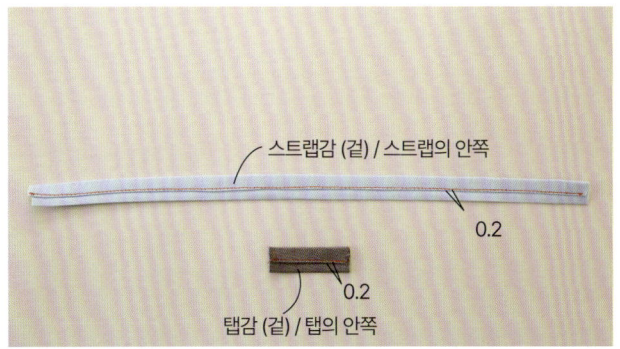

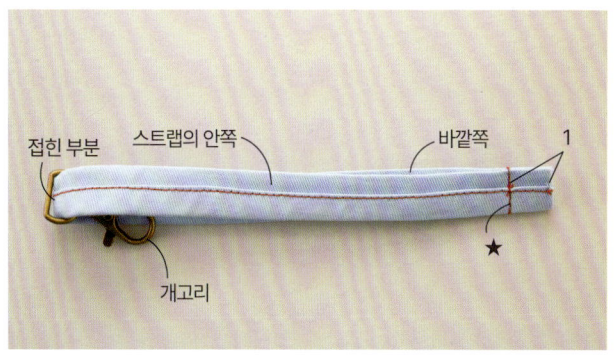

① 스트랩감을 아래쪽 1/3을 접어 올린 다음 위쪽 끝을 내려 접고, 다시 위쪽 끝을 접어 내린 후 가장자리를 꿰맨다. (p.71의 **1**-**❸**~**❻** 참조) 탭감도 같은 방법으로 접어 꿰맨다. 솔기가 보이는 쪽이 스트랩/탭의 안쪽이 된다.

② 스트랩의 한쪽 끝에 개고리를 통과시키고, 스트랩 바깥쪽끼리 맞닿도록 반을 접은 다음 끝부분을 꿰맨다.

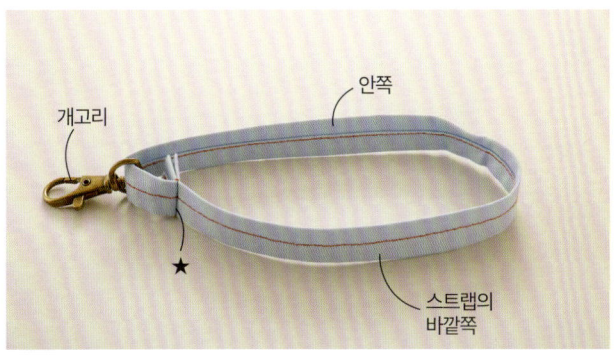

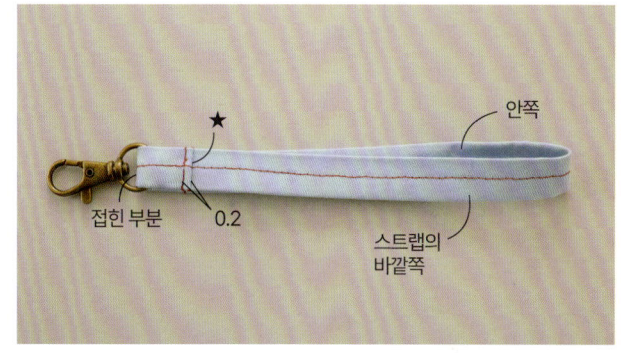

③ 스트랩의 바깥쪽이 보이도록 뒤집고, ②에서 꿰맨 솔기(★) 쪽으로 개고리를 이동시킨다.

④ 시접을 개고리 쪽으로 넘기고 시접 끝을 접은 다음 솔기(★)의 가장자리를 꿰맨다.

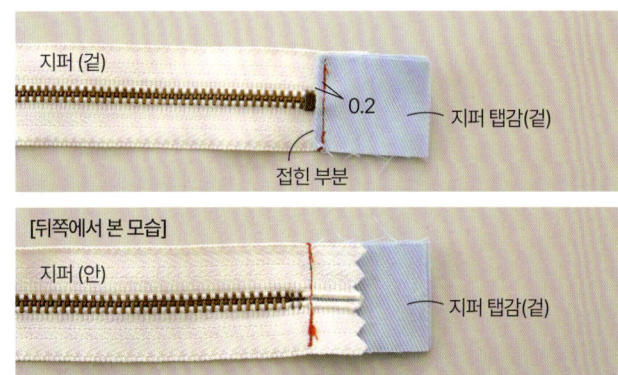

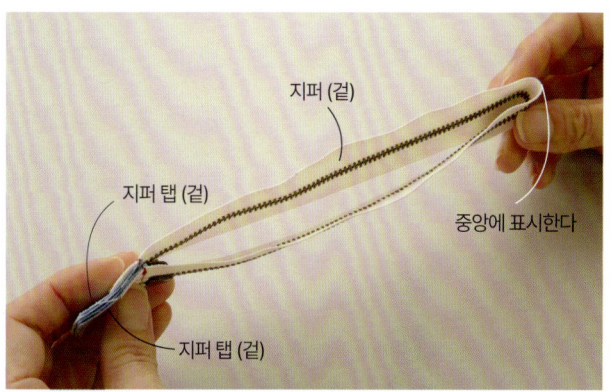

⑤ 지퍼 탭감을 안맞대기로 반으로 접은 다음 지퍼 테이프의 겉쪽(지퍼 스톱 가까이)에 포개고, 가장자리를 꿰맨다. 두 장의 지퍼 탭감을 각각 상단과 하단 지퍼 스톱 가장자리에 꿰맨다.
  *지퍼 스톱: 지퍼 테이프 양 끝에 있는 막음쇠

⑥ 지퍼 탭끼리 맞대어 접히는 부분에 중앙 표시를 해둔다.

TYPE 7 지퍼가 달린 가방

## 2 겉주머니 만들기

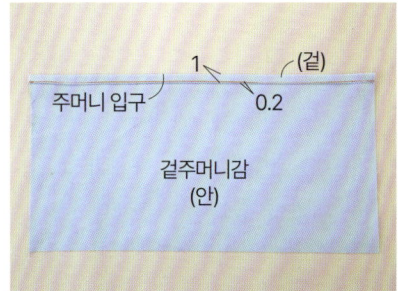 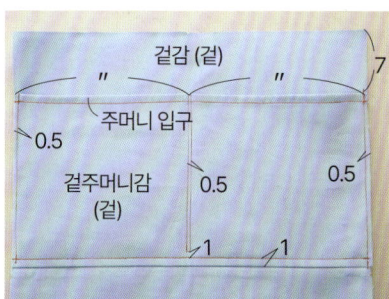 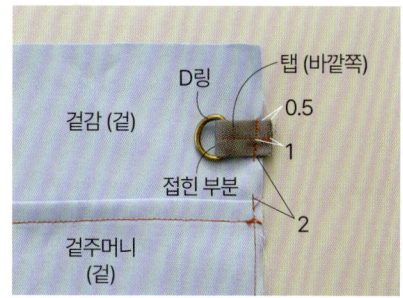

① 겉주머니감의 주머니 입구를 안쪽으로 두 번 접고 가장자리를 꿰맨다.

② 겉감의 겉쪽에 겉주머니를 달고, 가운데에 칸막이를 꿰맨다. (p.57의 ❸~❻ 참조)

③ ❶-❶에서 접어 꿰매 놓은 탭에 D링을 통과시키고 반으로 접어 겉감에 임시 재봉한다.

## 3 지퍼 달기

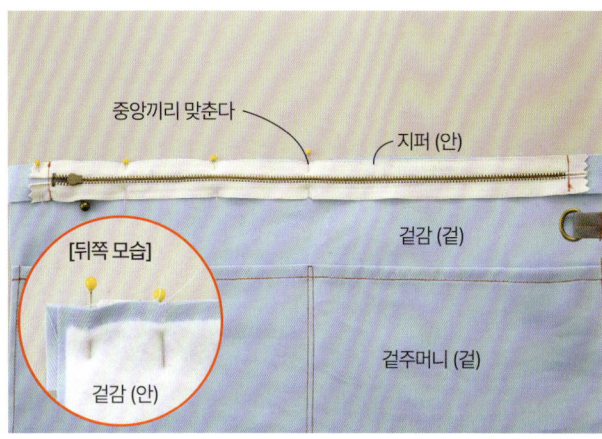 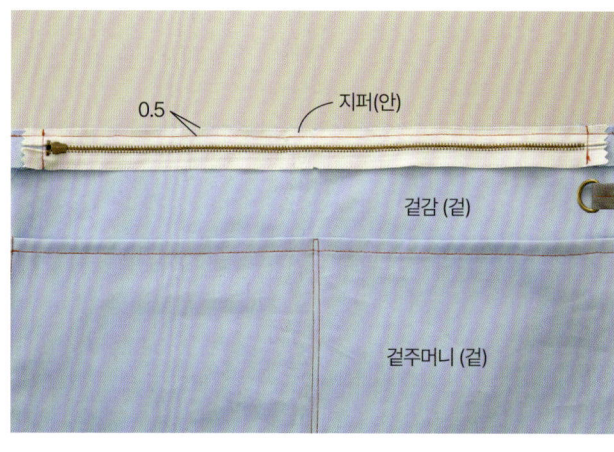

① 겉감의 겉쪽 상단에 지퍼를 겉맞대기로 포개어 중앙끼리 맞추고 시침핀으로 고정한다.

② 재봉틀의 노루발을 지퍼 노루발로 바꾸고 가장자리를 임시 재봉한다.
**POINT** 지퍼 노루발은 지퍼 이빨에 닿지 않는 쪽에 둔다. 바늘은 왼쪽에 오게 된다.

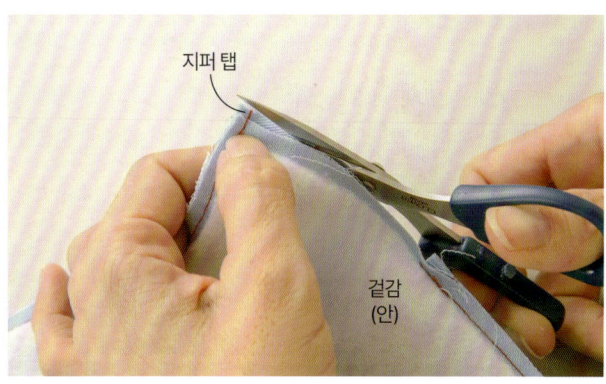 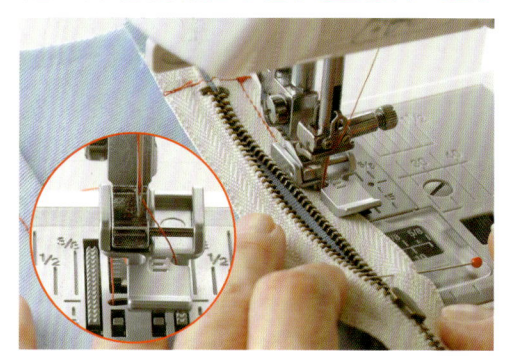

③ 겉감 밖으로 튀어나온 지퍼 탭은 잘라준다.

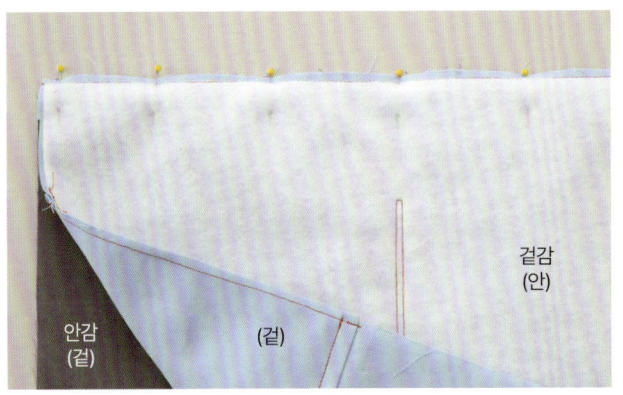

④ 안감의 겉쪽에 ❷(지퍼를 임시 재봉한 겉감)를 겉맞대기로 포개고 겉감의 안쪽에서 시침핀으로 고정한다.

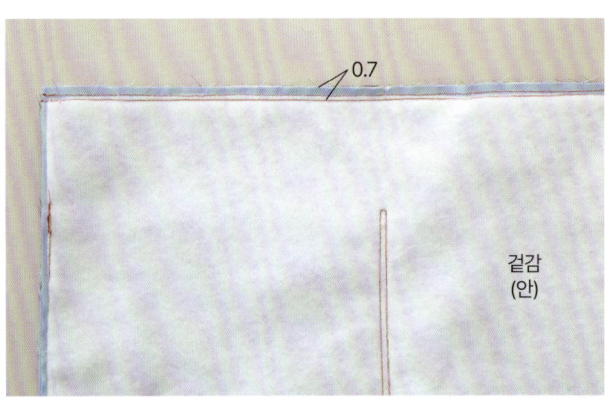

⑤ 가장자리를 꿰맨다.

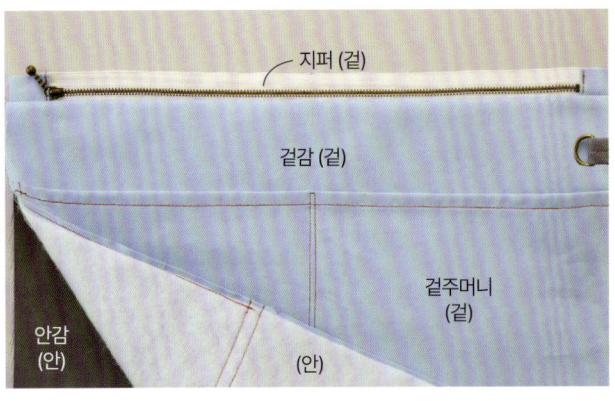

⑥ 겉감의 겉이 보이도록 뒤집은 다음 지퍼 바로 아래 겉감 쪽을 다리미로 눌러준다.

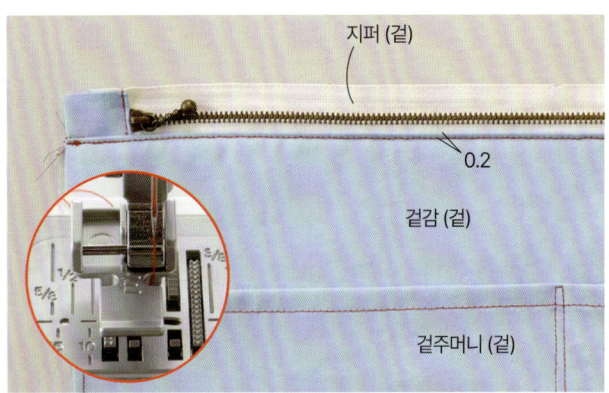

⑦ 지퍼 노루발로 다시 바꾸고, 지퍼 이빨에 닿지 않도록 지퍼 가장자리를 상침한다. (겉감과 지퍼, 안감을 같이 꿰매게 됨)

**POINT** • 노루발을 끼웠을 때 바늘은 오른쪽에 오게 된다. • 지퍼의 손잡이가 걸리지 않도록 중간까지 꿰매다가 손잡이를 꿰매기가 끝난 쪽으로 이동시키고 나서 나머지를 꿰맨다.

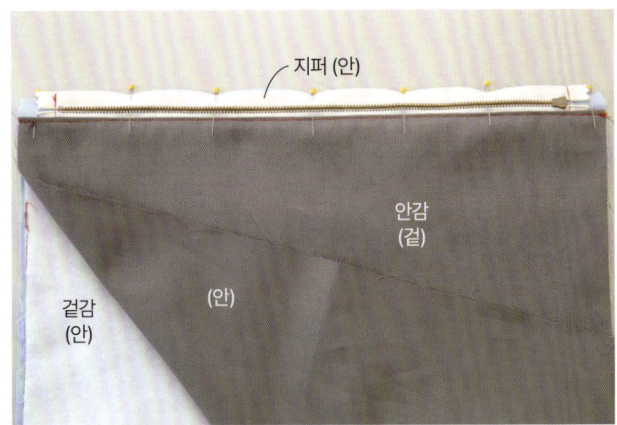

⑧ 겉감을 겉맞대기로 접어 올려 지퍼 위로 포개고, 안감 쪽에서 시침핀으로 고정한다.

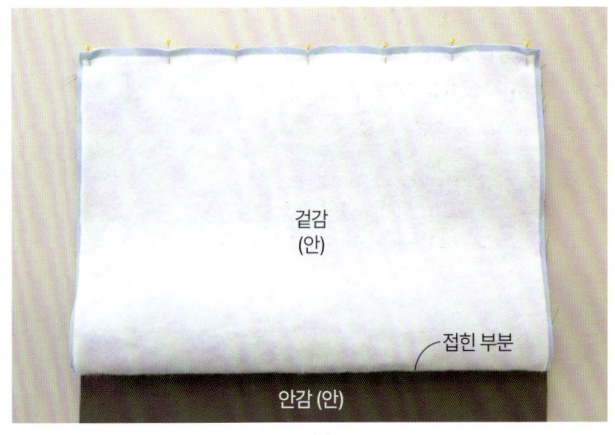

⑨ 겉감 쪽으로 뒤집어 보면 겉감의 바닥 부분이 접힌 상태이다.

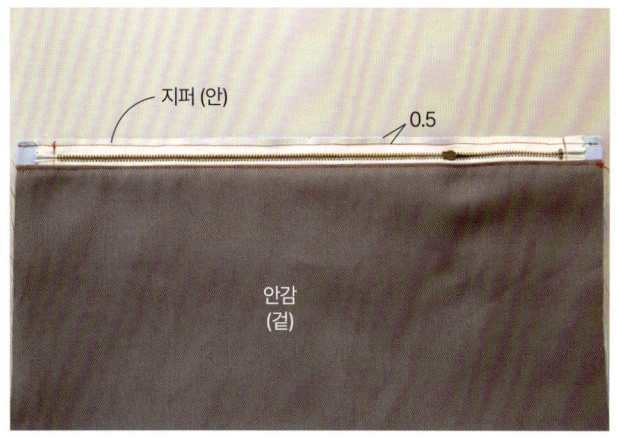

⑩ 안감 쪽에서 지퍼를 임시 재봉한다.

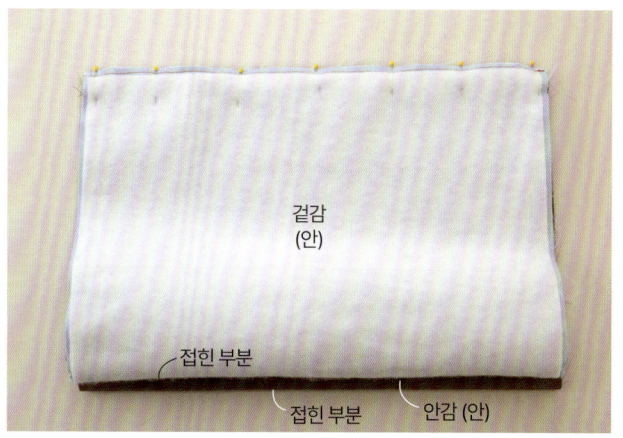

⑪ 이번에는 안감을 겉맞대기로 접어 올려 지퍼 위로 포개고(안감의 바닥 부분이 접힌 상태) 겉감 쪽에서 시침핀으로 고정한 후 가장자리를 꿰맨다.

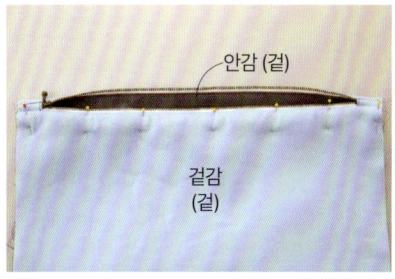

⑫ 겉감의 겉이 밖으로 나오도록 뒤집는다. 천을 잘 펴서 다리미로 누른 후 시침핀으로 고정한다.

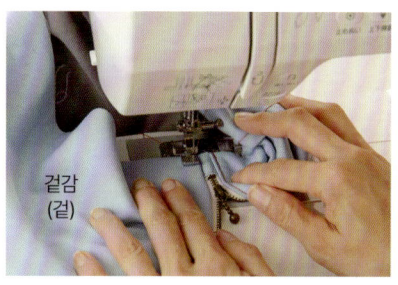

⑬ 지퍼를 열고, 겉감 쪽에서 지퍼 테이프 가장자리를 상침한다.

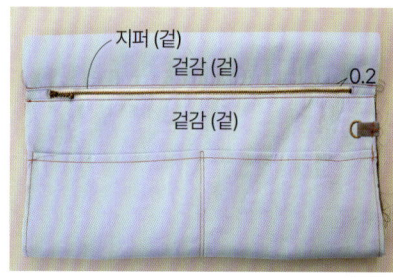

⑭ 지퍼가 달린 상태

## 4 겉감과 안감 꿰매기

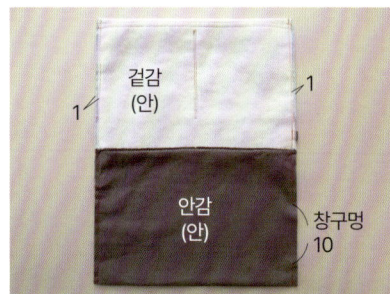

① 겉감과 안감이 각각 겉맞대기 상태로 서로 마주보는 형태가 되도록 뒤집은 다음 (겉감과 안감이 각각 접힌 형태가 됨), 안감 쪽에 창구멍을 남기며 양옆을 꿰맨다.

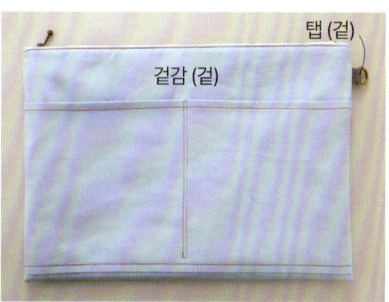

② 창구멍에 손을 넣고 열린 지퍼를 통해 겉감을 당겨 빼고 안감의 창구멍을 ㄷ자 모양으로 꿰매어 닫는다. 안감을 겉감 안으로 넣는다.

③ 가죽 라벨과 단추를 달고, D링에 스트랩을 끼워 완성한다.

## arrange 27 샤코슈 백

난이도 ★★★

〔완성 사이즈〕
너비 28cm×높이 24cm×바닥 폭 5cm
(손잡이 제외)

〔재료〕
리넨(테라코타) ········· 60cm×24cm
면마 선염 스펙(스트라이프) ········· 60cm×54cm
면마 캔버스(꽃무늬) ········· 80cm×30cm
중간 두께의 접착심 ········· 102cm×30cm
지퍼(갈색) ········· 폭 2.5cm×25cm [2개]
D링(15mm) ········· 2개
숄더 스트랩(폭 1cm·원하는 색상·개고리 달린 것) ········· 1개

〔도구〕
지퍼용 노루발

〔재단 방법과 치수〕 *단위는 cm

- 겉감 a~e의 안쪽에는 접착심을 치수보다 가로·세로 1cm 작게 잘라서 끝에서 0.5cm 안으로 들어가도록 맞추어 붙인다.

리넨(테라코타)

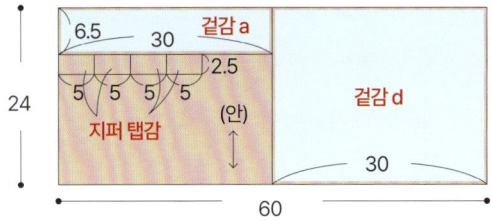

면마 선염 스펙(스트라이프)

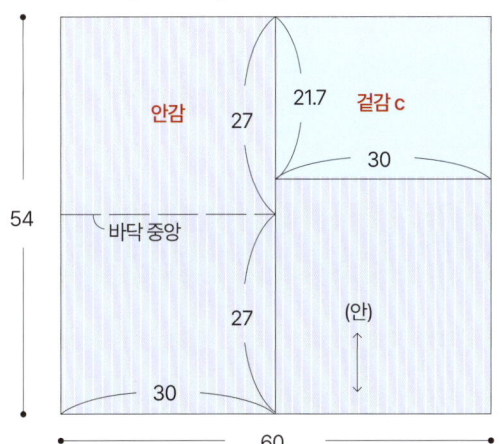

## 1 탭과 지퍼 탭 만들기

① 두 장의 탭감을 각각 위/아래 끝에서 중앙을 향해 접은 다음 다시 반으로 접고(p.21의 ①-❶ 참조), 아래 가장자리를 꿰맨다.

② 네 장의 지퍼 탭감은 안맞대기로 반으로 접고 지퍼 테이프의 겉쪽/지퍼 스톱 가까이에 포갠 다음 가장자리를 꿰맨다. 총 2개의 지퍼에 각각 지퍼 탭 두 개씩을 꿰맨다. 그리고 지퍼 중앙 부분에 표시를 해둔다. (p.111의 ❺~❻ 참조)

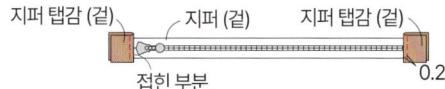

## 2 겉감에 첫 번째 지퍼 달기

① 겉감 b의 겉쪽에 지퍼 하나를 겉맞대기로 포개고 가장자리를 임시 재봉한다. (p.112의 ❶~❸ 참조)

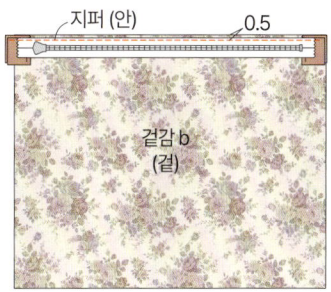

면마 캔버스(꽃무늬)

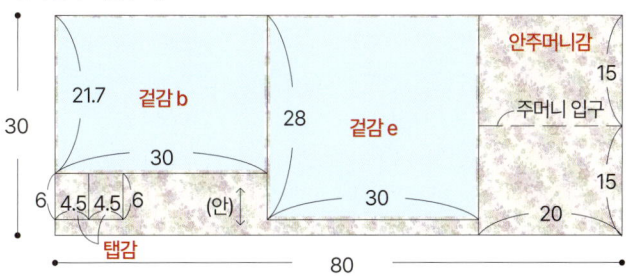

❷ 겉감 c를 ❶에 겉맞대기로 포개고 지퍼 쪽 가장자리를 꿰맨 다음, 겉으로 뒤집어 가장자리를 상침한다. (p.113의 ❺~❼ 참조)

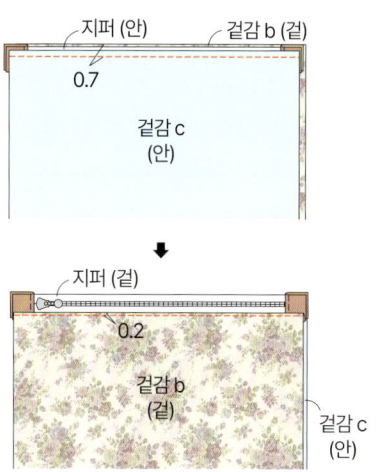

❸ 겉감 a를 ❷의 상단(지퍼 쪽) 끝에 맞추어 겉맞대기로 포개고 가장자리를 꿰맨 다음, 겉감 d 위에 「겉감 a+❷」를 겉맞대기로 포개고 가장자리를 꿰맨다.

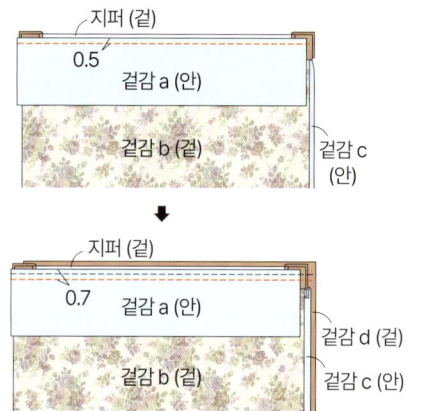

❹ 겉감 a의 겉이 보이도록 펼치고 ❸에서 꿰맨 솔기의 시접을 겉감 a 쪽으로 넘긴 다음, 가장자리를 상침한다.

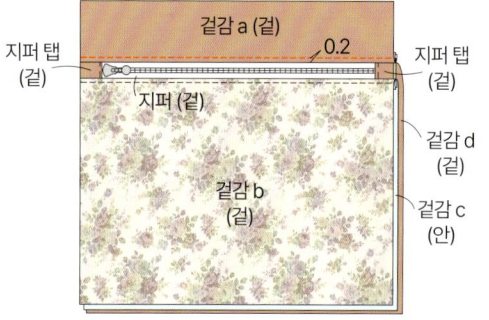

❺ 세 변(양옆과 바닥)을 임시 재봉한다.

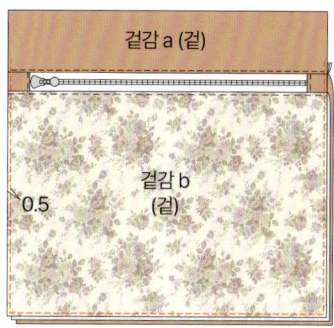

❻ ❸-❶에서 만들어둔 2장의 탭에 D링을 통과시키고 반으로 접은 다음 겉감 a의 좌우에 임시 재봉한다.

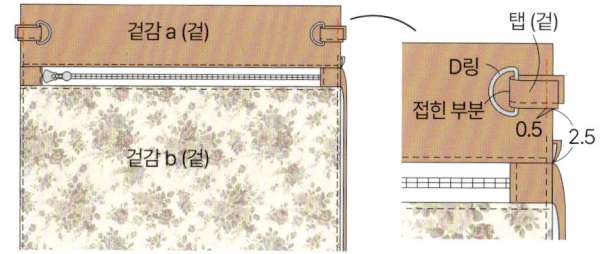

❼ 겉감 e를 ❻ 위에 겉맞대기로 포개고 바닥을 꿰맨다.

## ❸ 안감에 안주머니 달기

❶ 안주머니감을 겉맞대기로 반으로 접은 다음(접힌 부분이 주머니 입구가 됨) 창구멍을 남기며 세 변을 꿰맨다. 겉으로 뒤집어 주머니 입구를 앞쪽으로 접고 가장자리를 꿰맨다. (p.74의 ❸-❶~❷ 참조)

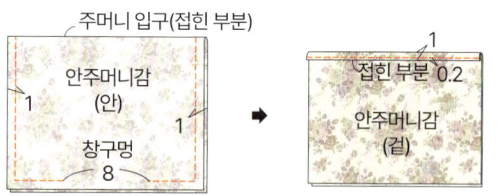

❷ 안감의 겉쪽에 ❶을 포개고 세 변을 꿰맨다. 이쪽이 가방의 뒤쪽이 된다.

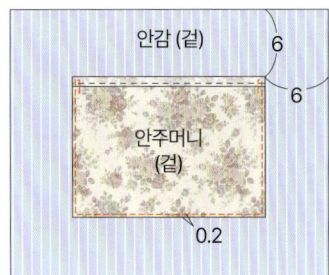

## 4 겉감에 두 번째 지퍼 달고 안감과 꿰매기

❶ 겉감 e는 젖혀놓고 겉감 a에 또 하나의 지퍼를 겉맞대기로 포갠 다음 가장자리를 임시 재봉한다.

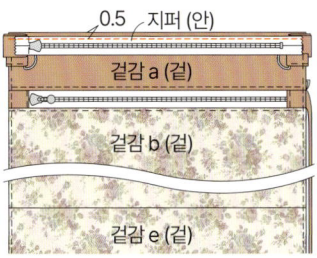

❷ ❶ 위에 안감을 겉맞대기로 포갠 다음 가장자리를 꿰맨다.

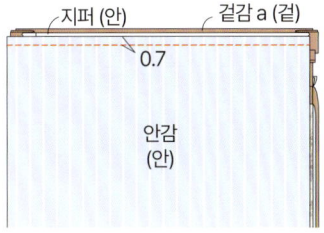

❸ 겉감 b의 겉이 보이도록 뒤집고 가장자리를 상침한다.

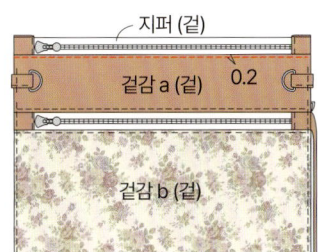

❹ 지퍼의 꿰매지 않은 쪽 위에 겉감 e를 겉맞대기로 포개고 안감 쪽(지퍼의 안쪽)에서 지퍼 쪽 가장자리를 임시 재봉한다.

❺ 안감을 겉맞대기로 접어 올리며 지퍼(안쪽)의 위로 포갠 다음 겉감 쪽에서 가장자리를 꿰맨다.

❻ 겉감 e와 겉감 b의 겉이 나오도록 뒤집고 겉감 e 쪽 지퍼 테이프 가장자리를 상침한다.

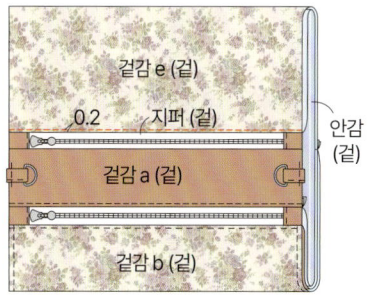

❼ 겉감 a~e와 안감이 마주보는 형태가 되도록 놓은 다음(겉감 a/e와 안감이 각각 겉맞대기 상태), 그림과 같이 바닥 쪽을 접어준다. 그리고 안감 쪽에 창구멍을 남기며 양옆을 꿰맨다.

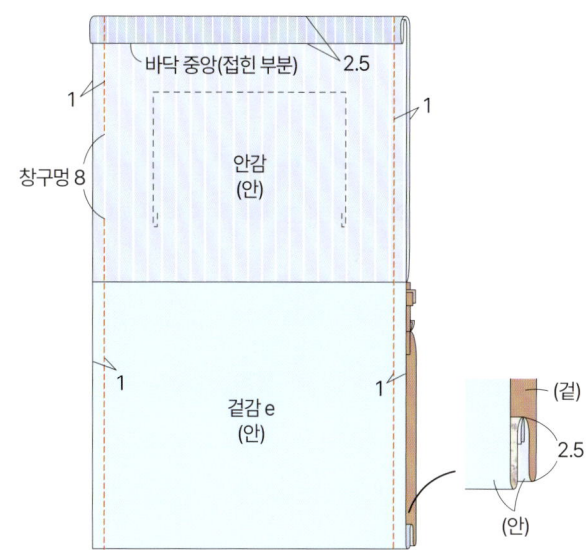

❽ 창구멍에 손을 넣고 열린 지퍼를 통해 겉감을 당겨 빼고 안감의 창구멍을 ㄷ자 모양으로 꿰매어 닫는다. 안감을 겉감 속에 넣고, D링에 숄더 스트랩의 개고리를 끼워서 완성한다.

## arrange 28 웨이스트 파우치  패턴 B면

난이도 ★★★

〔완성 사이즈〕
너비 30cm×높이 18cm
(벨트 제외)

〔재료〕

면마 캔버스(두리안 무늬) ········· 85cm×25cm
면 옥스(스트라이프 무늬) ········· 67cm×25cm
지퍼(검은색) ········· 폭 2.5cm×25cm
나일론 테이프(허리 벨트용, 검은색) ········· 폭 3cm×30cm, 폭 3cm×70cm
버클(검은색·30mm) ········· 플러그와 소켓 1세트
왈자조리개(검은색·30mm) ········· 1개

〔도구〕
지퍼용 노루발

〔재단 방법과 치수〕 *단위는 cm

- 각각을 패턴대로 그린 후 지정된 시접을 넣어 시접선을 그리고, 겉감 a/b, 안감 a/b는 다트, 중앙, 꿰매기가 끝나는 곳 표시를 넣은 다음 시접선을 따라 재단한다.

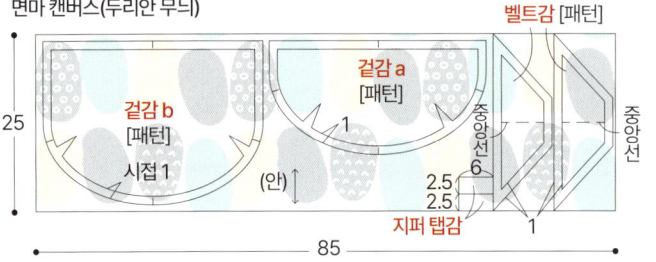

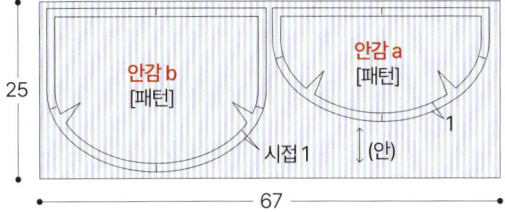

## 1 벨트용 나일론 테이프와 벨트감 꿰매기

① 벨트감 한 장을 중앙선을 중심으로 겉맞대기로 접고 30cm의 나일론 테이프를 끼워 꿰맨다. 비스듬한 변의 시접 끝을 잘라낸다.

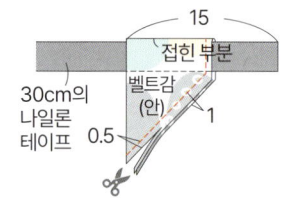

② 겉으로 뒤집어 둘레를 한 바퀴 꿰맨다.

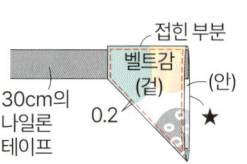

③ 또 한 장의 벨트감과 70cm의 나일론 테이프를 같은 방법으로 꿰매어 붙인다.

## 2 몸판에 지퍼 달기

① 지퍼 탭감을 접은 다음 지퍼 양 끝에 포개어 꿰맨다. (p.111의 ❺~❻ 참조)

② 겉감 a의 겉쪽에 지퍼를 겉맞대기로 포개어 임시 재봉한다. 그리고 안감 a 위에 겉감 a를 겉맞대기로 포개고 겉감 안쪽에서 지퍼 가장자리를 꿰맨다. (p.112~113의 ③-❶~❺ 참조)

③ ②를 겉으로 뒤집고 가장자리를 상침한다. (p.113의 ❻~❼ 참조)

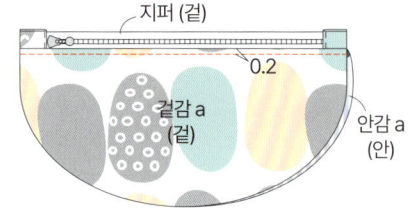

④ 같은 방법으로 꿰매지 않은 지퍼 테이프 쪽에 겉감 b와 안감 b를 꿰맨다. 즉, 겉감 b의 겉쪽에 꿰매지 않은 지퍼 테이프 쪽을 겉맞대기로 포개고 지퍼 가장자리를 임시 재봉한다. 이것을 지퍼의 안쪽과 안감 b이 겉이 만나도록 안감 b 위에 포개고 겉감 안쪽에서 가장자리를 꿰맨다.

⑤ 겉으로 뒤집어 지퍼 가장자리를 상침한다.

④ 창구멍을 통해 겉으로 뒤집고, 창구멍을 ㄷ자 모양으로 닫은 다음 안감을 겉감 속에 넣는다.

⑤ 30cm의 나일론 테이프를 버클의 소켓에 통과시키고 테이프 끝을 안쪽으로 접어 2줄로 꿰맨다. 70cm의 나일론 테이프를 왈자조리개에 통과시킨 다음 버클의 플러그에 통과시키고, 왈자조리개 뒤에 있는 바(막대)에 다시 통과시킨 다음 테이프의 끝을 안쪽으로 접어 꿰맨다.

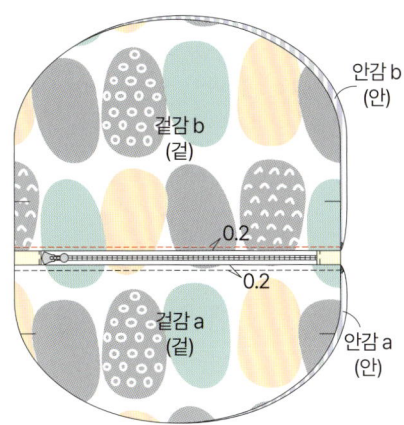

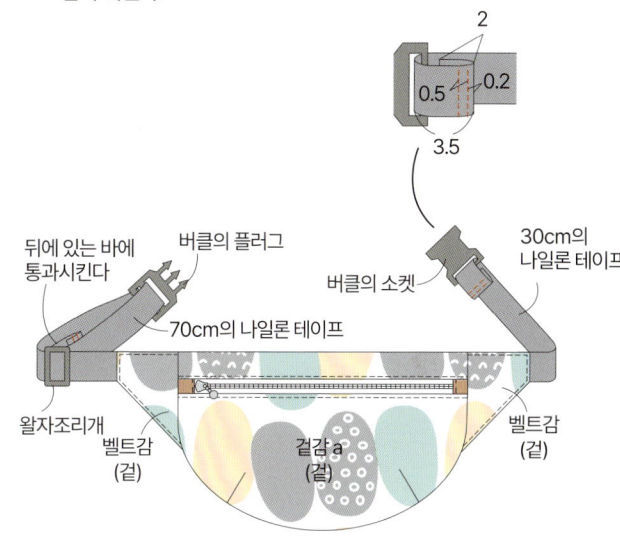

## 3 벨트 꿰매어 완성하기

① 겉감 a/b, 안감 a/b의 다트를 각각 꿰맨다. (p.102 「다트 꿰매는 법」 참조)

② 겉감 a와 b가 겉맞대기가 되도록 맞대고, 꿰매기가 끝나는 곳 사이를 꿰맨다. 마찬가지로 안감 a와 b가 겉맞대기가 되도록 맞대고, 창구멍을 남기며 꿰매기가 끝나는 부분 사이를 꿰맨다.

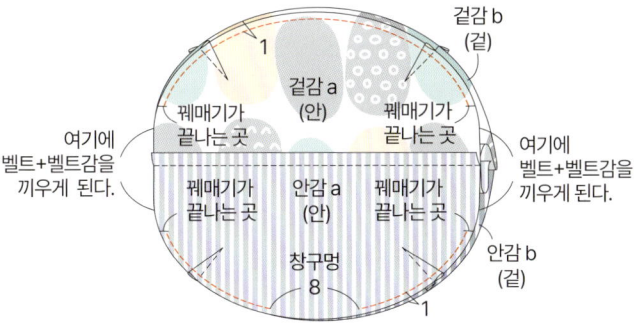

③ 겉감을 그림과 같이 안감 위로 접어 내리고 겉감 a와 겉감 b 사이에 ①의 벨트+벨트감을 각각 끼운 다음 가장자리를 꿰맨다.

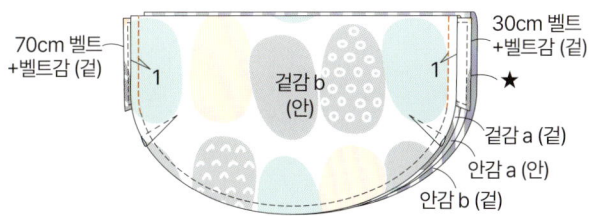

# TYPE 8 보스턴백

바닥이 네모지고 가운데가 불룩한 보스턴백은 실용성 면에서도 활용도가 높고 디자인도 고급스러운 가방입니다.

### basic 29
### 빅사이즈 보스턴백

크기가 넉넉하여 소지품을 많이 담을 수 있어요. 가방 옆에 달린 D링에는 시판 숄더 스트랩을 달아 사용하세요.

### basic 30
### 사다리꼴 파우치

빅사이즈 보스턴백과 짝을 이루는 파우치입니다.

*arrange*
## 31

### 반달 모양 보스턴백

커브 부분에 지퍼가 달린 이 가방은 개성 있는 반달 모양입니다. 동일한 색조의 꽃무늬와 스트라이프 무늬를 조합했습니다.

**arrange 32**

## 원통형 보스턴백

손잡이가 길어 사용하기 편리한 원통 모양의 캐주얼한 가방입니다. 데님에 곁들어진 분홍 스트라이프가 포인트 컬러예요.

# how to make

**basic 29** 빅사이즈 보스턴백　패턴 B면
난이도 ★★★

**basic 30** 사다리꼴 파우치　패턴 B면
난이도 ★★☆

〔완성 사이즈〕
30cm / 45cm / 18cm
12cm / 28cm / 10cm

〔재료〕

**빅사이즈 보스턴백**
- 면마 캔버스(꽃무늬) ····· 97cm×63cm
- 면마 캔버스(녹색) ····· 88cm×38cm
- 면마 퀼팅(미색) ····· 88cm×92cm
- 중간 두께의 접착심 ····· 100cm×62cm
- 지퍼(베이지·양쪽으로 열리는 형태) ·····
　폭 3cm×60cm
- D링(15mm) ····· 2개
- 아크릴 웨빙끈 ····· 폭 3cm×70cm [2개]

**사다리꼴 파우치**
- 면마 캔버스(꽃무늬) ····· 63cm×16cm
- 면마 캔버스(녹색) ····· 35cm×21cm
- 면마 퀼팅(미색) ····· 35cm×44cm
- 얇은 접착심 ····· 100cm×200cm
- 지퍼(베이지) ····· 폭 2.5cm×25cm
- 라벨(원하는 디자인) ····· 폭 1.2cm×4.3cm

〔도구〕 지퍼 노루발

〔재단 방법과 치수〕 ＊단위는 cm

- 몸판 겉감, 안감, 바닥감은 패턴대로 그린 후 지정된 시접을 넣어 시접선을 그리고, 중앙 표시를 넣은 다음 시접선을 따라 재단한다.
- 몸판 겉감, 바닥감 안쪽에는 접착심을 패턴보다 0.5cm 더 크게 잘라 붙인다.

Ⓐ 몸판 겉감 2장　Ⓑ 바닥감　Ⓒ 탭감 2장　Ⓓ 안감

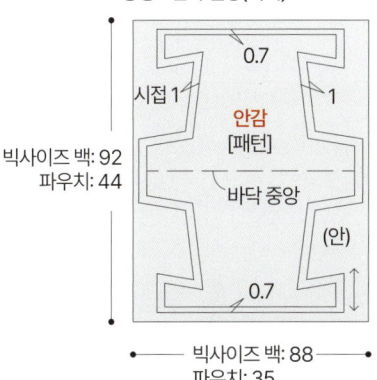

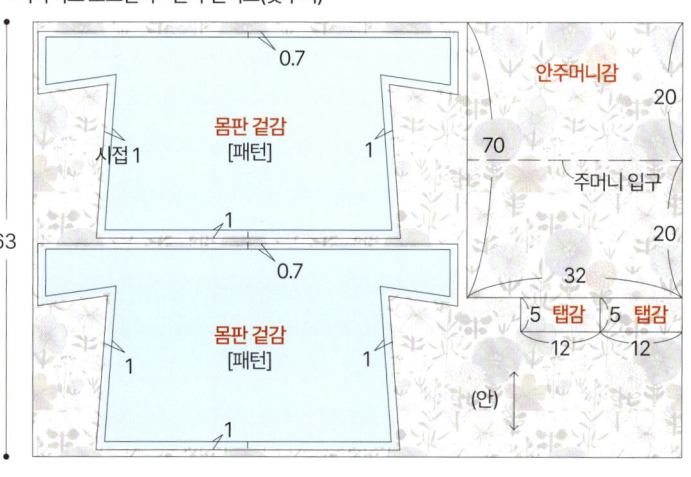

TYPE 8 보스턴백

※ 만드는 방법은 빅사이즈 백과 파우치 공통이며, 사진은 파우치를 기준으로 하였다. 빅사이즈 백 또는 파우치에만 적용되는 과정은 별도로 표기하였다.

## 1 탭 만들기

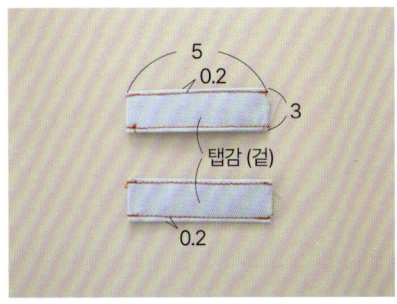

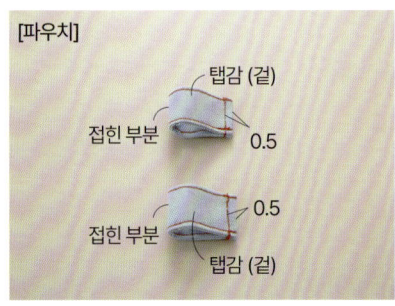

❶ 탭감의 위/아래 끝에서 중앙을 향해 접은 다음 다시 반으로 접고, 위/아래 가장자리를 꿰맨다. 총 2개를 만든다. (p.21의 1 참조)

❷ [파우치] 탭감을 반으로 접고 한쪽 가장자리를 꿰맨다.
[빅사이즈 백] 탭감에 D링을 통과시킨 다음 반으로 접고 한쪽 가장자리를 꿰맨다.

## 2 몸판 겉감과 바닥감 꿰매기

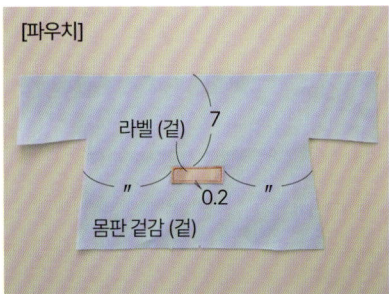

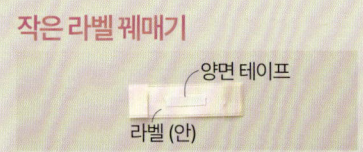

**작은 라벨 꿰매기**

크기가 작은 라벨은 시침핀으로 고정하여 꿰매기가 어려우므로 양면 테이프로 임시 고정한 후 꿰매는 것이 좋다. 꿰매는 곳에 테이프가 닿지 않도록 가운데에 작게 붙이도록 한다. 시침핀을 끼울 수 없는 가죽 라벨을 꿰맬 때도 양면 테이프로 임시 고정한다. 얇은 천에 양면 테이프를 붙일 경우 다리미로 인해 테이프가 변색하여 비칠 수 있으므로 주의한다.

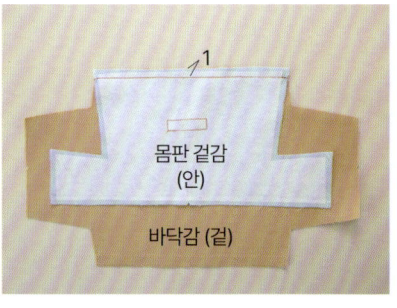

❶ [파우치] 한 장의 몸판 겉감 겉쪽에 라벨을 꿰매어 붙인다. 이쪽이 가방의 앞쪽이 된다.

❷ ❶을 바닥감 위에 겉맞대기로 포개고 위쪽 가장자리를 꿰맨다.

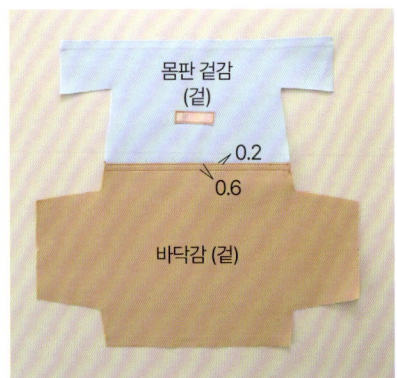

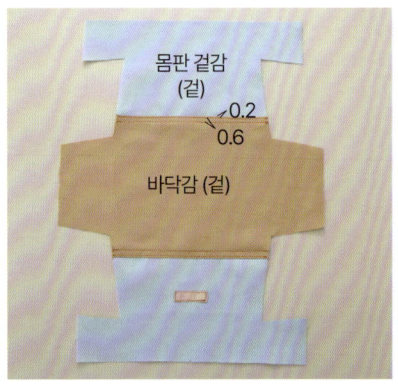

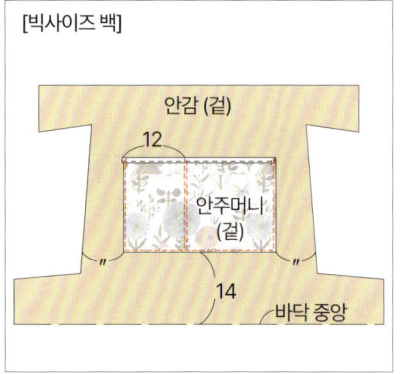

❸ ❷를 펼치고 시접을 바닥 쪽으로 넘긴 다음 2줄로 상침한다.

❹ ❷~❸과 같은 방법으로 바닥감의 꿰매지 않은 쪽에도 나머지 몸판 겉감을 겉맞대기로 포개어 꿰맨다.

❺ [빅사이즈 백] 안주머니를 만들고(p.74의 3-❶~❷ 참조), 안감 겉쪽에 꿰매어 붙인 다음 칸막이를 꿰맨다.

## 3 지퍼 달면서 안감 꿰매기

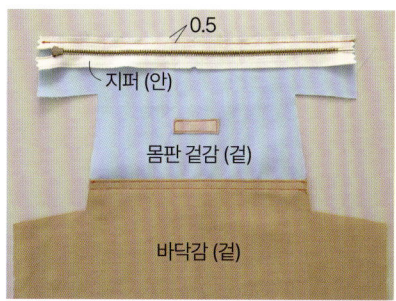

① 몸판 겉감의 겉쪽에 중앙을 맞추며 지퍼를 겉맞대기로 포개고 후 임시 재봉(지퍼 노루발 이용)한다.

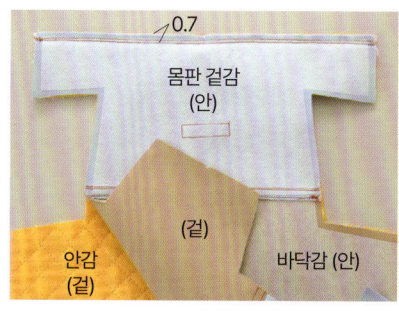

② 안감 위에 ①을 겉맞대기로 포개고 위쪽 가장자리를 꿰맨다.

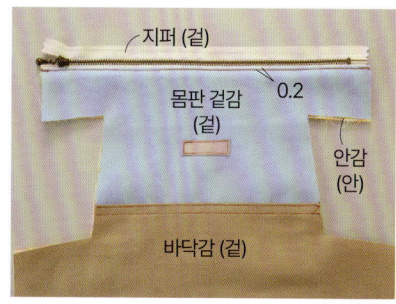

③ 몸판 겉감의 겉이 보이도록 뒤집은 후 지퍼 가장자리를 상침한다. 도중에 지퍼의 손잡이가 걸리지 않도록 이동하면서 꿰맨다.

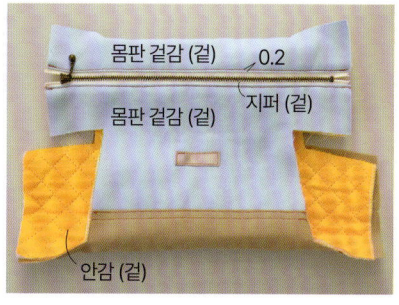

④ 꿰매지 않은 쪽의 지퍼 테이프에도 같은 방법으로 몸판 겉감을 꿰맨다.
(p.113~114의 ⑧~⑬ 참조)

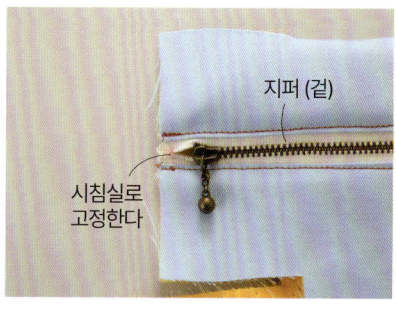

⑤ 지퍼의 열린 입구는 시침실로 임시 재봉해 둔다.

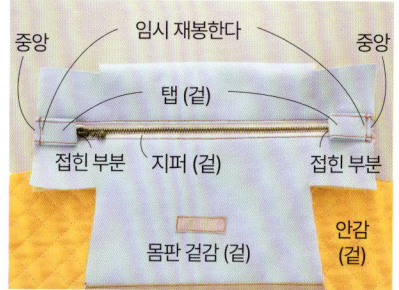

⑥ 지퍼 양옆에 ①에서 만든 탭을 중앙에 맞추어 시침실로 임시 재봉한다. 재봉틀로 꿰매도 좋다.

## 4 옆선 꿰매어 완성하기

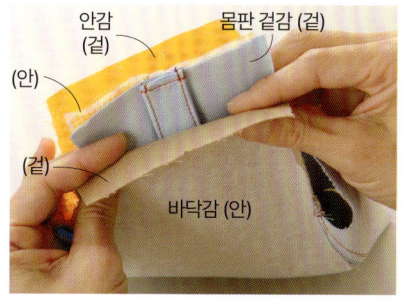

① 바닥감의 안이 보이도록 뒤집은 다음, 바닥감의 겉이 겉감(지퍼를 단 쪽)의 겉과 만나고, 안감의 지퍼를 단 쪽이 안감의 바닥 옆선과 만나도록 포갠다.

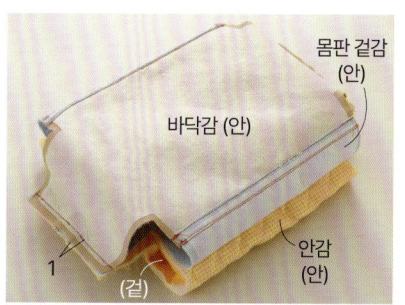

② 바닥 쪽에서 ①의 가장자리를 꿰매고 시접은 바닥 쪽으로 넘긴다.

③ 지퍼의 겉이 밖으로 나오도록 뒤집고, 옆의 벌어짐을 이용하여 바닥 가장자리를 2줄로 상침한다. (④ 사진 참조)

**POINT** 바닥 가장자리를 꿰매면 시접을 누를 수 있을 뿐만 아니라 장식도 된다. 두 줄로 꿰매는 게 어렵다면, 한 줄로 해도 좋다.

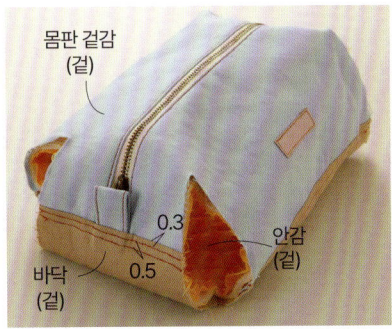

④ 반대쪽 바닥판도 같은 방법으로 꿰맨다.

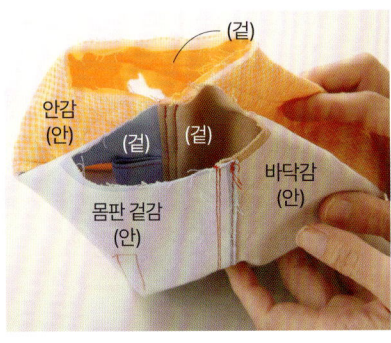

⑤ 겉감은 겉감끼리, 안감은 안감끼리 겉맞대기가 되도록 다시 뒤집은 다음, 모서리쪽 몸판 겉감의 겉과 겉, 바닥감의 겉과 겉, 안감의 겉과 겉이 맞닿도록 접어 포갠다.

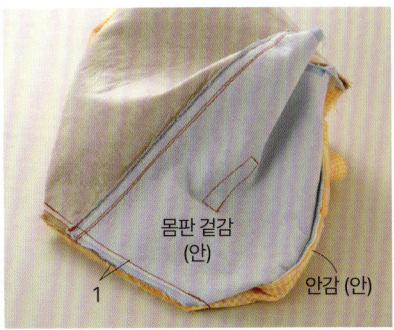

⑥ 가장자리를 꿰맨다. 같은 방법으로 모서리 네 곳 중 세 곳을 꿰맨다.

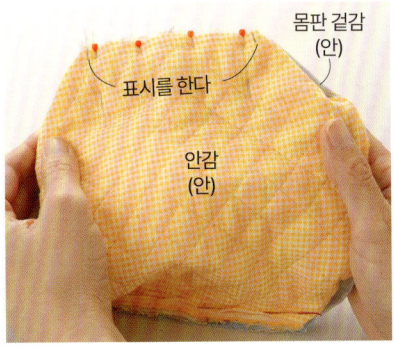

⑦ 남겨 놓은 모서리도 같은 방법으로 접어 포갠 다음 시침핀을 꽂고 양 끝에 가위집을 넣을 곳을 표시한다.

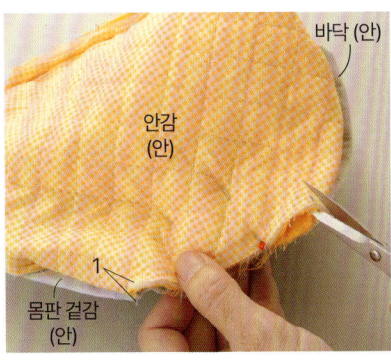

⑧ 시침핀을 꽂아 놓은 안감 양쪽 끝(⑦에서 표시한 곳)에 1cm의 가위집을 넣는다.

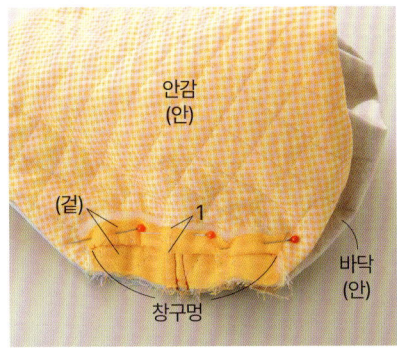

⑨ 가위집 사이의 천을 뒤로 젖혀 시침핀으로 고정한다. 이 부분이 창구멍이 된다.

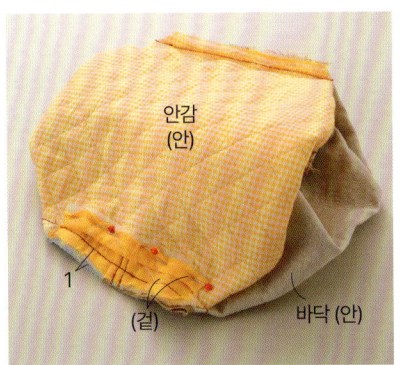

⑩ 뒤로 젖혀 놓은 부분은 빼고 포개었던 곳을 꿰맨다.

⑪ 창구멍에 손을 넣어 몸체를 꺼내고 열린 지퍼를 통해 겉감까지 끌어낸다. 창구멍을 ㄷ자 모양으로 꿰매어 닫고 형태를 다듬는다.

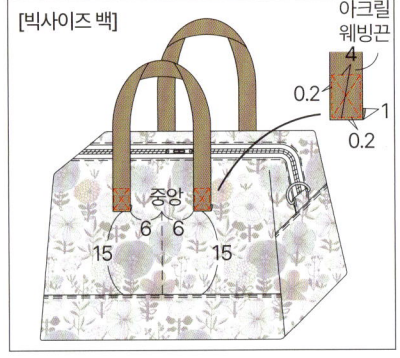

⑫ **[빅사이즈 백]** 아크릴 웨빙끈의 끝을 안쪽으로 접은 다음 몸체의 겉쪽에 X자 꿰매기로 꿰매어 붙인다. (X자 꿰매기 순서는 p.39의 ①-③ 참조)

## 반달 모양 보스턴백 패턴 B면

난이도 ★★★

〔완성 사이즈〕
너비 36cm×높이 25cm
×바닥 폭 14cm (손잡이 제외)

〔재료〕

면마 캔버스(꽃무늬) ········· 99cm×47cm
면 옥스(스트라이프 무늬) ········· 28cm×62cm
면마 퀼팅(미색) ········· 62cm×68cm
얇은 접착심 ········· 85cm×22cm
중간 두께 접착심 ········· 60cm×25cm
바이어스 천(원하는 제품) ········· 폭 4.5cm×75cm [2장]
지퍼(흰색) ········· 폭 2.5cm×50cm
가죽 핸들(꿰매어 붙이는 형태) ········· 1쌍

〔도구〕

지퍼 노루발

〔재단 방법과 치수〕 * 단위는 cm

- 겉감 a~d, 바닥감, 안감은 패턴대로 그린 후 지정된 시접을 넣어 시접선을 그린 다음 시접선을 따라 재단한다.
- 겉감 a~d의 안쪽에는 얇은 접착심을, 바닥감 안쪽에는 중간 두께 접착심을 각 패턴보다 0.5cm 더 크게 잘라 붙인다.

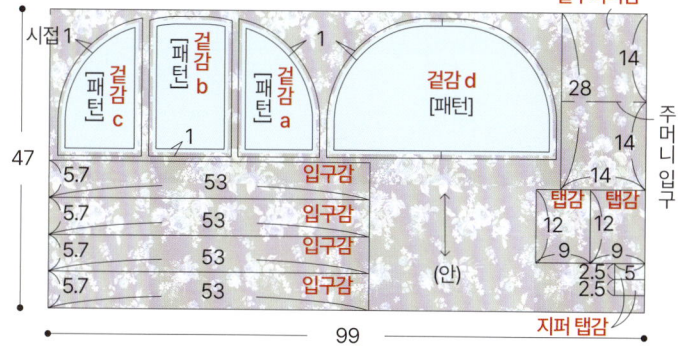

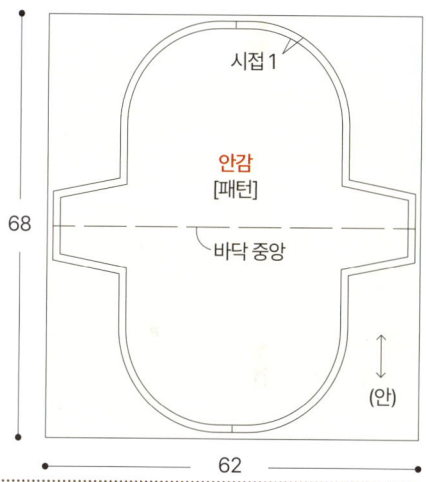

### 1 탭 만들기

탭감의 위/아래 끝에서 중앙을 향해 접은 다음 다시 반으로 접고, 위/아래 가장자리를 꿰맨다. 총 2개를 만든다. (p.21의 1 참조)

### 2 겉 몸체 만들기

① 먼저 겉주머니감을 안맞대기로 반으로 접고, 접힌 곳(주머니 입구가 됨)을 앞쪽으로 접은 후 가장자리를 꿰맨다.

② 겉감 b의 겉쪽에 겉주머니를 포개고 양옆을 임시 재봉한다.

③ ❷ 위에 겉감 a를 겉맞대기로 포개고 한쪽 가장자리를 꿰맨다.

④ 같은 방법으로 ❸에서 꿰맨 곳 반대편에 겉감 c를 겉맞대기로 포개고 가장자리를 꿰맨다.

⑤ 겉이 보이도록 펼친 다음 시접을 각각 겉감 a와 겉감 c 쪽으로 넘기고 솔기 가장자리를 상침한다.

⑥ 바닥감 위에 ❺를 겉맞대기로 포개고 상단 가장자리를 꿰맨다

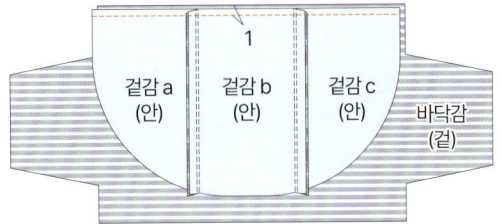

⑦ 시접을 바닥 쪽으로 넘기고 2줄로 상침한다. 같은 방법으로 겉감 d 와 바닥감을 꿰맨다.

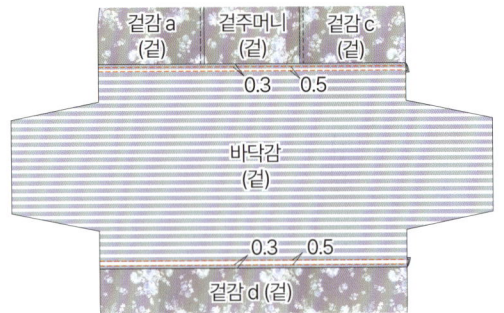

## 3 입구감에 지퍼 달기

① 지퍼 탭감을 반으로 접어 지퍼 양 끝에 꿰맨다. (p.111의 ❺~❻ 참조)

② 한 장의 입구감 겉쪽에 지퍼를 겉맞대기로 포개고, 지퍼 가장자리를 임시 재봉한 후 그 위에 또 다른 한 장의 입구감을 겉맞대기(입구감의 겉과 겉이 만나도록)로 포개고 지퍼 쪽 가장자리를 꿰맨다.

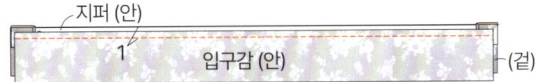

③ 지퍼의 겉쪽이 보이도록 뒤집고 지퍼의 꿰매지 않은 쪽에 다른 한 장의 입구감을 겉맞대기로 포갠 다음 가장자리를 임시 재봉하고 남은 한 장의 입구감 위에 이를 겉맞대기(입구감의 겉과 겉이 만나도록)로 포갠 후 가장자리를 꿰맨다.

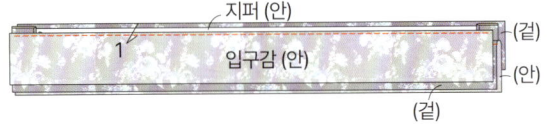

④ 지퍼와 입구감의 겉이 보이도록 뒤집은 후 지퍼 양쪽 가장자리를 상침한다.

❺ ❶에서 만든 탭을 반으로 접어 지퍼 양옆에 중앙을 맞추어 임시 재봉하고, 입구감을 한 바퀴 임시 재봉한다.

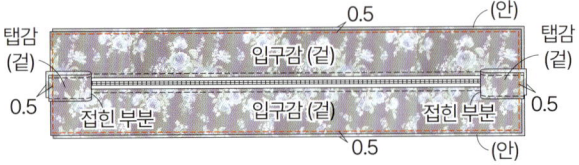

## 4 겉감, 안감, 입구감을 맞대어 꿰매기

① ❷에서 만든 겉 몸체의 바닥감 위에 ❸을 겉맞대기(지퍼의 겉이 바닥의 겉과 만남)로 포개고 가장자리를 임시 재봉한다.

② ❶에 안감을 겉맞대기로 포개고 가장자리를 꿰맨다.

③ 겉으로 뒤집어 겉 몸체와 안 몸체를 안맞대기로 맞추고 솔기 가장자리를 2줄로 상침한다.

④ ❶~❸의 방법으로 반대쪽도 입구감과 겉감, 안감을 꿰매어 붙인다.

⑤ 그림과 같이 겉감과 안감을 안맞대기로 맞추고, 둘레를 한 바퀴 임시 재봉한다.

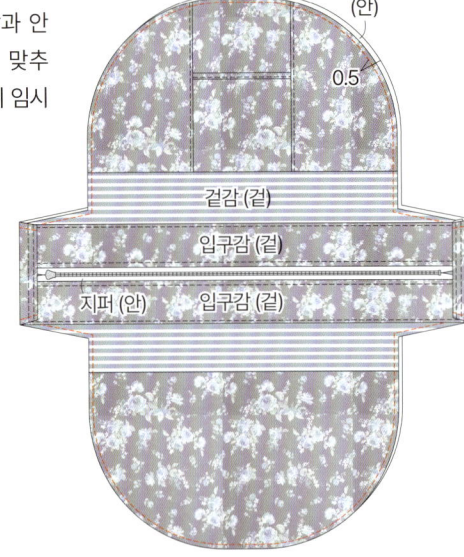

⑥ 입구감 가장자리에 1cm 간격으로 0.5cm의 가위집을 넣는다.

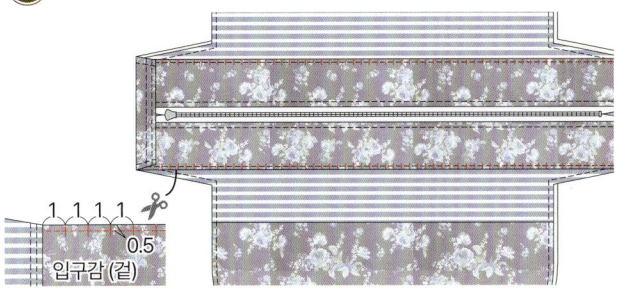

⑦ 가위집을 넣은 입구감 가장자리와 몸체의 커브 부분이 맞닿도록 한 다음 바닥부터 (커브 부분에서는 가위집을 벌리면서) 가장자리를 꿰맨다.

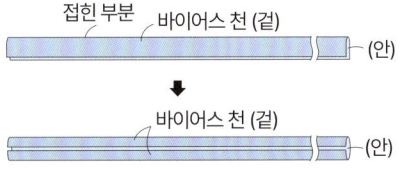

⑧ 바이어스 천을 반으로 접었다가 펼치고, 위/아래 끝에서 접음선을 향해 접는다.

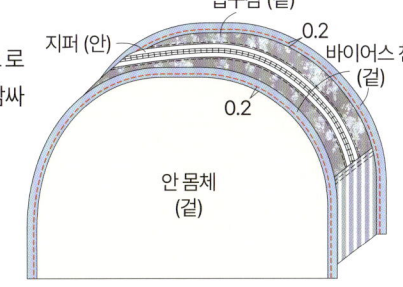

⑨ 바이어스 천으로 ⑦의 시접을 감싸서 꿰맨다.
(p.58~59의 ④~⑥ 참조)

⑩ 겉으로 뒤집고 가죽 핸들을 꿰매어 달아 완성한다.
(p.138 「손잡이 꿰매는 법」 참조)

## arrange 32 원통형 보스턴백  패턴 B면

난이도 ★★★

〔완성 사이즈〕
너비 33cm×높이 25cm×바닥 폭 14cm
(손잡이 제외)

〔재료〕
데님(파란색) ········· 109cm×50cm
면 시팅(스트라이프 무늬) ········· 14cm×13cm
퀼팅(별 무늬) ········· 70cm×49cm
바이어스 천 ········· 폭 4.5cm×55cm [2장]
지퍼(겨자색) ········· 2.5cm×30cm
라벨(원하는 디자인) ········· 폭 1.8cm×4cm
태그용 테이프(원하는 디자인) ········· 폭 1cm×5cm

〔도구〕 지퍼 노루발

〔재단 방법과 치수〕  *단위는 cm

• 옆판 겉감, 옆판 안감은 패턴대로 그린 후 지정된 시접을 넣어 시접선을 그린 다음 중앙 표시와 너치를 넣고, 시접선을 따라 재단한다.

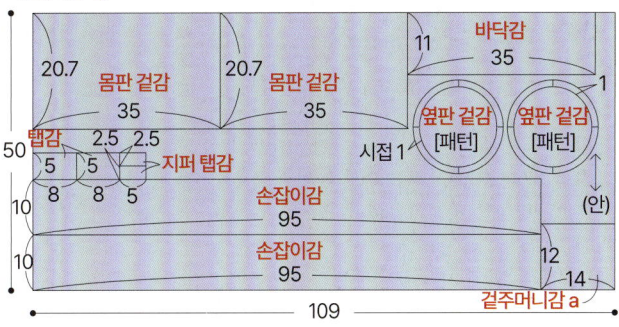

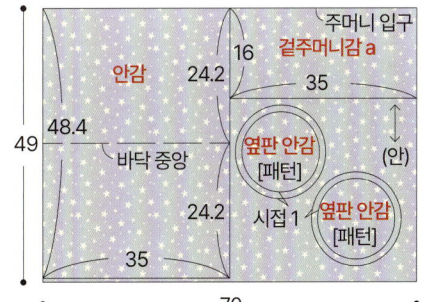

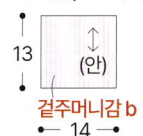

## 1 손잡이와 탭 만들기

① 손잡이감의 위/아래 끝에서 중앙을 향해 접은 다음 다시 반으로 접고, 위/아래 가장자리를 꿰맨다. 총 2개를 만든다. (p.21의 **1** 참조)

② 탭감 2장을 각각 접어 꿰맨다. (p.71의 **1**-❸ ~❻ 참조) 솔기가 보이는 쪽이 탭의 바깥쪽이 된다.

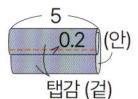

## 2 겉감 꿰매기

① 겉주머니감 a와 겉주머니감 b를 겉맞대기로 포개고 상단 가장자리를 꿰맨다.

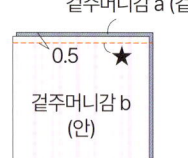

② 겉이 보이도록 뒤집고 솔기(★) 쪽을 겉주머니감 a 쪽으로 접은 다음 가장자리를 꿰맨다. 겉주머니감 a의 겉쪽에 라벨을 꿰매어 단다.

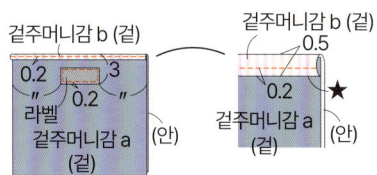

③ 한 장의 몸판 겉감 겉쪽에 ❷를 올리고 주머니 양옆을 임시 재봉한다.

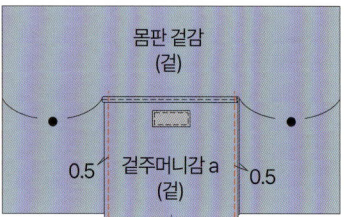

④ ❸에 **1**-❶의 손잡이를 꿰매어 단다. 이때 탭용 테이프를 반으로 접어 손잡이 아래에 끼워 같이 꿰맨다. (p.39의 **1**-❸ 참조)

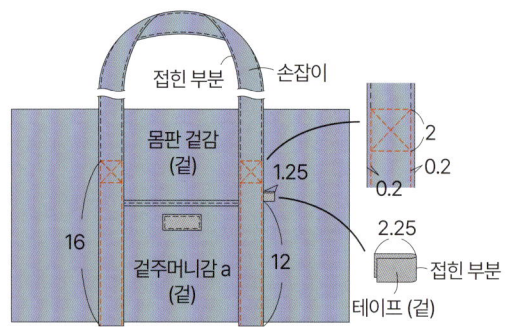

⑤ 같은 방법으로 나머지 한 장의 몸판 겉감에 손잡이를 꿰매어 단다.

⑥ 몸판 겉감 한 장과 바닥감을 겉맞대기로 포개고 가장자리를 꿰맨다.

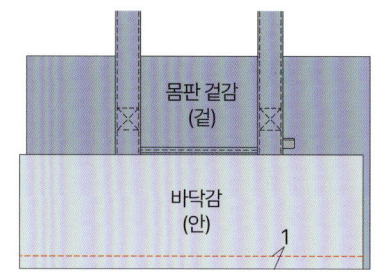

⑦ 나머지 한 장의 몸판 겉감을 바닥감의 꿰매지 않는 쪽에 겉맞대기로 포개어 꿰맨다.

⑧ 시접을 바닥 쪽으로 넘기고 솔기 가장자리를 상침한다.

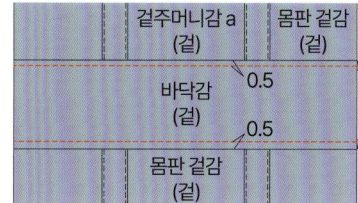

## 3 안감 꿰매기

① 안주머니감의 주머니 입구를 안쪽으로 두 번 접어 가장자리를 꿰맨다.

② 안주머니를 그림과 같이 몸판 안감에 겉맞대기로 포개어 꿰맨다.

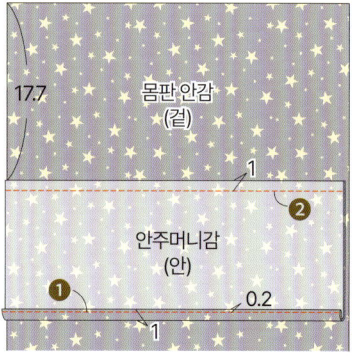

③ 안주머니의 겉이 보이도록 접어 올리고, 주머니의 세 변을 꿰맨다.

④ 중앙에 칸막이를 꿰맨다. 이쪽이 가방의 뒤쪽이 된다.

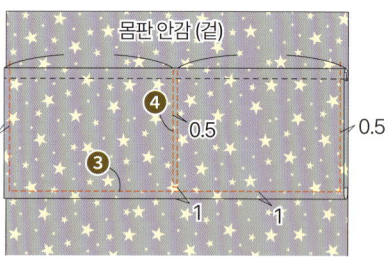

## 4 지퍼 달고 옆판 꿰매기

① 지퍼 양 끝에 지퍼 탭을 꿰맨다. (p.111의 ⑤~⑥ 참조)

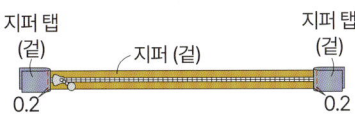

② 몸판 겉감에 지퍼를 임시 재봉하고, 몸판 안감과 겉맞대기로 맞추어 꿰맨다. (p.112~113의 ③-①~⑤ 참조) 겉으로 뒤집어 지퍼 가장자리를 2줄로 상침한다.

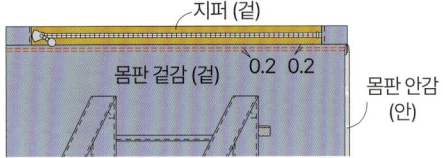

③ 몸판 겉감와 몸판 안감의 꿰매지 않은 쪽에 지퍼의 꿰매지 않은 쪽을 꿰매어 붙인다. (p.113~114의 ⑧~⑫ 참조) 겉으로 뒤집어 ②와 같은 방법으로 지퍼 가장자리를 2줄로 상침한다.

④ 몸판 겉감와 몸판 안감을 안맞대기로 포개고, 양옆을 한 바퀴 돌려 임시 재봉한다. 바닥 중앙을 표시하고 양옆의 중앙에 너치를 넣는다. (p.22 「입구에 중앙 표시 넣기」 참조)

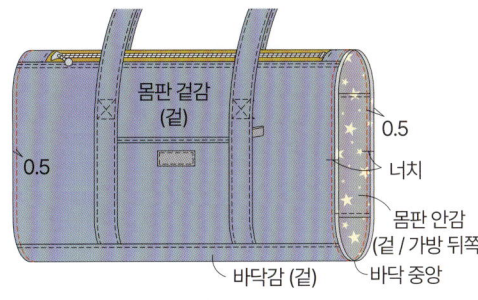

⑤ ④에서 꿰맨 양옆 시접에 1cm 간격으로 0.5cm의 가위집을 넣는다.

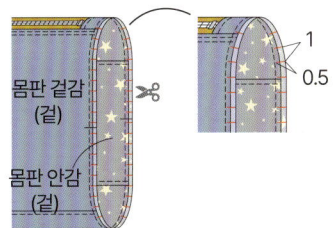

⑥ ①에서 만든 탭을 반으로 접어 각각 지퍼 양옆에 임시 재봉한다.

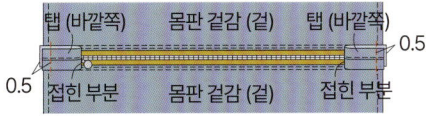

⑦ 옆판 겉감 한 장과 안감 안감 한 장을 안맞대기로 포개고 둘레를 한 바퀴 임시 재봉한다.

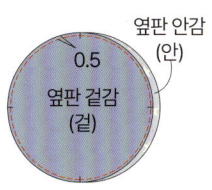

⑧ 안감이 밖으로 나오도록 ⑤의 몸체를 뒤집는다. 몸체의 양옆 너치(④)와 옆판의 너치를 맞추며 몸체의 겉감과 옆판의 겉감이 만나도록 맞댄 다음 몸체 쪽에 넣은 가위집을 벌리면서, 몸체 쪽에서 한 바퀴 꿰맨다. (p.89의 ①-③, ⑤ 참조)

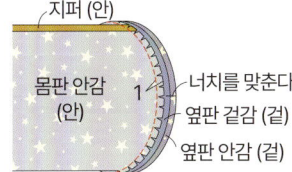

⑨ 바이어스 천을 옆판 안감에 바닥 중앙에서부터 겉맞대기로 맞대고, 옆판 안감 쪽에서 ⑧의 솔기에서 0.1cm 바깥쪽을 꿰맨다.

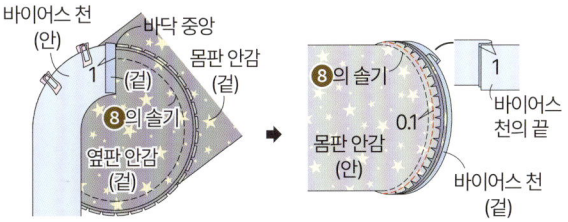

⑩ 바이어스 천으로 시접을 감싸 가장자리를 꿰맨다.

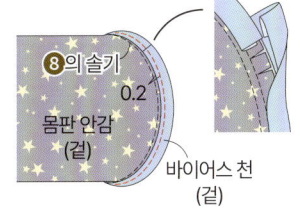

⑪ 나머지 옆판도 같은 방법으로 꿰매어 붙인다. 겉으로 뒤집고 형태를 가다듬어 완성한다.

# TYPE 9 | 프레임을 넣은 가방

비틀어 여는 꼭지쇠가 달린 물림쇠 프레임, 쉽게 열고 닫을 수 있는 바네 프레임, 입구가 활짝 열리도록 잡아주는 와이어 프레임 등을 넣어 만든 가방입니다.

### basic 33
**물림쇠 프레임 가방**

가방 입구를 물림쇠 프레임으로 마무리한 가방입니다. 커다란 구슬 모양의 꼭지쇠를 비틀어 여는, 자수 천으로 만들어진 개성 있는 가방이에요.

### basic 34
**물림쇠 프레임 파우치**

작은 물림쇠 프레임을 단 작은 가방은 화장품을 담는 파우치나 잔돈 지갑 등으로 쓸 수 있습니다. 큰 가방 안에 넣어 다니며 가방 속을 정리정돈하는 데에도 도움이 되지요.

arrange
## 35

**바네 프레임 포셰트**

두루주머니형 가방(p.98)과 같은 방식으로 만드는 작은 주머니 형태의 가방입니다. 입구에는 조이는 끈 대신 바네 프레임을 넣어 포셰트로 만들었습니다.

*arrange*
## 36
### 와이어 프레임을 넣은 배낭

가방 입구에 와이어 프레임을 끼워 넣어 입구가 활짝 열리도록 만들었어요. 덕분에 가방 속을 들여다보기가 좋고 물건을 넣고 빼기도 쉽습니다. 와이어 프레임은 가방 형태가 무너지지 않게 잡아주는 역할도 해요.

# how to make

## basic 33 물림쇠 프레임 가방 패턴 B면
난이도 ★★☆

## basic 34 물림쇠 프레임 파우치 패턴 B면
난이도 ★★☆

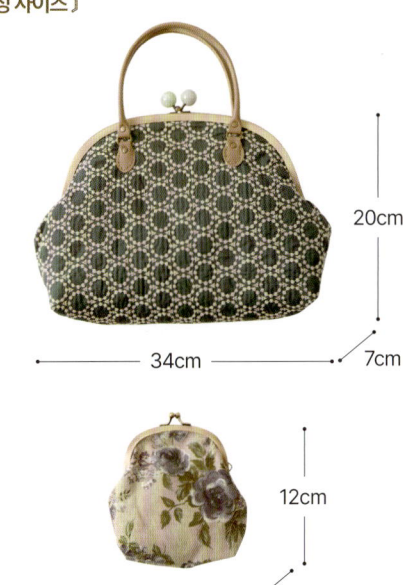

〔완성 사이즈〕

20cm / 34cm / 7cm

12cm / 14cm / 4cm

〔재료〕

**물림쇠 프레임 가방**
면 론(자수 무늬) ······ 38cm×49cm
면마 퀼팅(미색) ······ 38cm×49cm
얇은 접착심 ······ 적당량
물림쇠 프레임(폭 26cm) ······ 1개
종이끈 ······ 35cm [2개]
가죽 핸들(꿰매어 붙이는 형태) ······ 1쌍

**물림쇠 프레임 파우치**
면마 캔버스(꽃무늬) ······ 18cm×30cm
11호 범포(회색) ······ 18cm×30cm
물림쇠 프레임(폭 10cm) ······ 1개
종이끈 ······ 20cm [2개]

〔도구〕

송곳, 이쑤시개, 물림쇠용 삽입 기구, 플랫 노즈 플라이어, 접착제, 마스킹 테이프, 표시용 펜

〔재단 방법과 치수〕 *단위는 cm

- 패턴을 사용하여 선을 그리고 중앙 표시와 꿰매기가 끝나는 곳 표시를 넣어 재단한다.
- ( ) 안의 숫자는 「물림쇠 프레임 파우치」의 치수이다.
- 「물림쇠 프레임 가방」의 겉감 안쪽에 패턴 크기에 맞춰 자른 얇은 접착심을 붙인다.

<물림쇠 프레임 가방> 면 론(자수 무늬), 면마 퀼팅(미색)
<물림쇠 프레임 파우치> 면마 캔버스(꽃무늬), 11호 범포(회색)

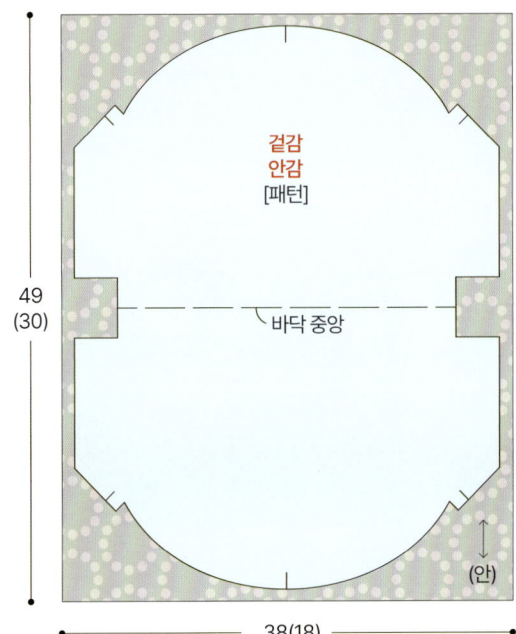

겉감
안감
[패턴]

바닥 중앙

49 (30)

38 (18)

(안)

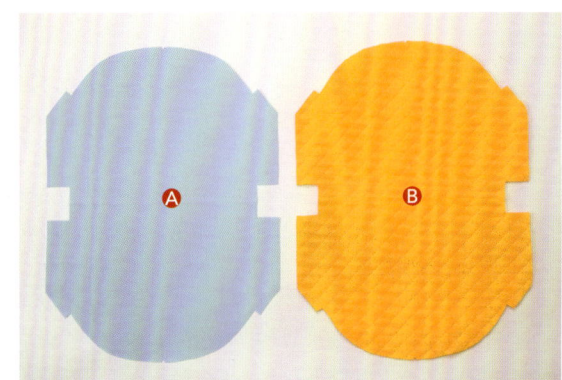

Ⓐ 겉감  Ⓑ 안감

TYPE 9 프레임을 넣은 가방

## 1  겉감과 안감 꿰매기

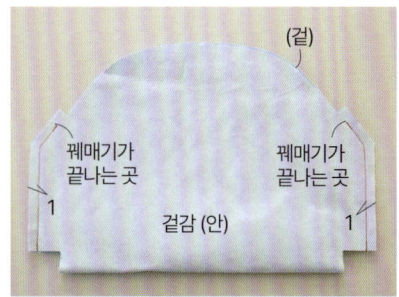

① 겉감을 바닥 중앙을 중심으로 겉맞대기로 접고 양옆을 꿰매되,「꿰매기가 끝나는 곳」까지 꿰맨다.

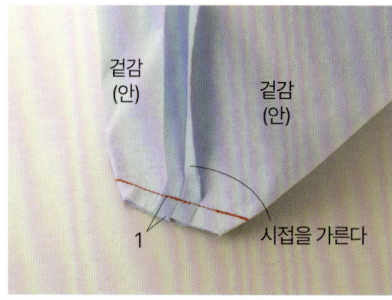

② 시접을 가른 다음 가방 옆선과 바닥 중앙을 맞대고 가장자리를 꿰맨다.

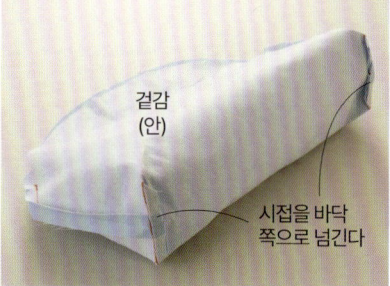

③ 반대쪽도 같은 방법으로 꿰매고 시접을 바닥 쪽으로 넘긴다. 겉 몸체가 완성된다.

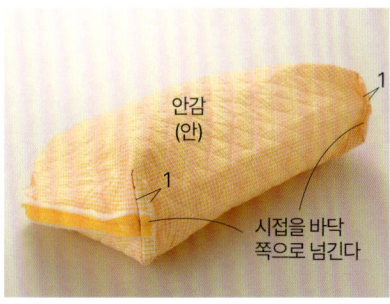

④ ❶~❸과 같은 방법으로 안감을 꿰매어 안 몸체를 만든다.

⑤ 겉 몸체의 겉이 보이도록 뒤집은 다음, 겉 몸체 속에 안 몸체를 안맞대기로 넣고, 겉 몸체와 안 몸체의 입구를 맞댄다.

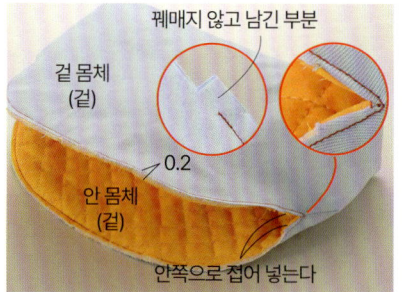

⑥ 입구 중앙 표시끼리 맞추고,「꿰매기가 끝나는 곳」바로 위의 꿰매지 않고 남긴 부분은 안쪽으로 접어 넣는다. 그리고 입구 둘레를 한 바퀴 꿰맨다.

**POINT** 「꿰매기가 끝나는 곳」위의 꿰매지 않고 남긴 부분은 물림쇠 프레임에는 들어가지 않기 때문에 시접을 안쪽으로 접어 넣고 꿰맨다.

## 2  물림쇠 프레임과 손잡이 달기

① 입구에 물림쇠 프레임을 단다. (p.137「물림쇠 프레임 다는 법」참조) 물림쇠 프레임 파우치가 완성된다.

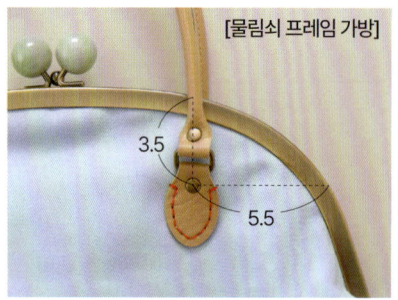

② **[물림쇠 프레임 가방]** 가죽 핸들을 손바느질로 꿰매어 붙인다.
(p.138「손잡이 꿰매는 법」참조)

③ 물림쇠 프레임 가방이 완성된다.

## 물림쇠 프레임 다는 법

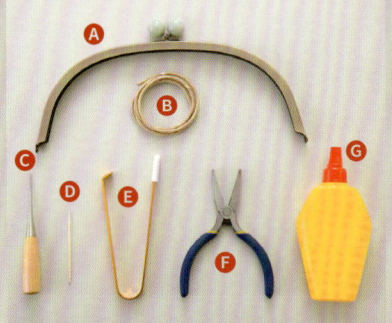

[준비물] Ⓐ 물림쇠 프레임 Ⓑ 종이끈 Ⓒ 송곳 Ⓓ 이쑤시개 Ⓔ 물림쇠용 삽입 기구 Ⓕ 플랫 노즈 플라이어 Ⓖ 접착제
※ 그 밖에 천 조각, 마스킹 테이프, 펜도 있으면 좋다.

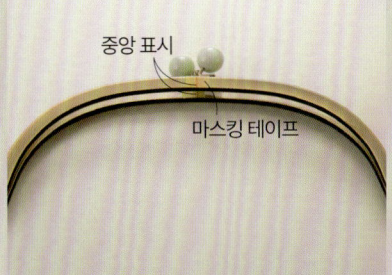

❶ 물림쇠 프레임 중앙의 앞뒤 네 곳에 마스킹 테이프를 붙이고 펜으로 중앙 표시를 한다.

❷ 물림쇠의 홈에 댈 수 있게 길이를 재어 종이끈 2개를 잘라둔다.

❸ 물림쇠의 한쪽 홈에 이쑤시개를 이용해 접착제를 바른다.

❹ 안 몸체 쪽에서 프레임의 중앙 표시해 둔 곳과 가방 입구의 중앙을 맞춘다.

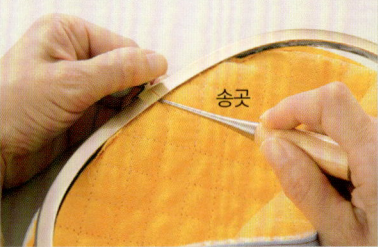

❺ 송곳을 사용하여 물림쇠 홈 안쪽으로 안 몸체를 찔러 넣는다.

❻ 잘라둔 종이끈의 중앙을 프레임의 중앙 표시한 곳에 송곳으로 찔러 넣는다.

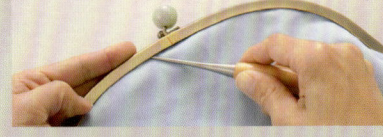

❼ 안 몸체와 종이끈을 함께 중앙에서 가장자리 방향으로 물림쇠 홈에 끼워 넣는다. 그리고 겉 몸체 쪽에서도 송곳으로 찔러 넣어 형태를 가다듬는다.

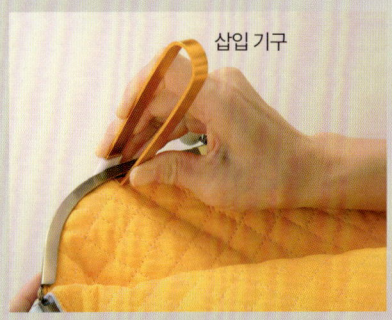

❽ 삽입 기구로 물림쇠 홈에 더욱 단단히 끼운다. 반대쪽 물림쇠에도 같은 방법으로 몸체와 종이끈을 끼워 넣는다.

❾ 물림쇠 가장자리(총 4곳)에 천 조각을 씌우고 플랫 노즈 플라이어로 가볍게 눌러 고정한다.

**POINT** 플라이어로 직접 물림쇠 프레임을 누르면 프레임에 흠이 날 수 있으므로 천 조각을 씌우고 나서 플라이어를 사용하도록 한다.

TYPE 9 프레임을 넣은 가방

## 손잡이 꿰매는 법

❶ 손잡이 다는 부분에 난 구멍에 손바느질용 바늘을 찔러 구멍을 넓힌다.

**POINT** 손잡이 다는 부분에 난 구멍은 바늘이 지나가기 힘들 때가 있으므로, 부드럽게 바늘이 통과할 수 있게 해둔다.

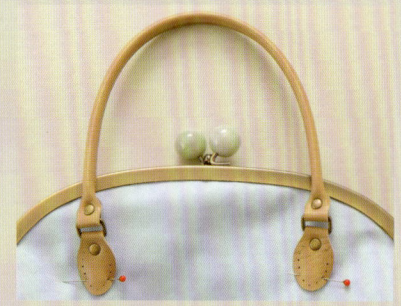

❷ 가방 몸체의 원하는 위치에 손잡이 다는 부분을 대고 시침핀으로 고정한다.

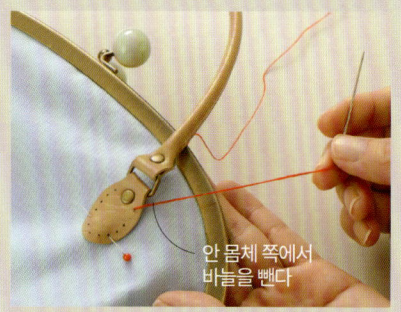

❸ 바늘에 실을 한 줄로 꿰고, 안 몸체 쪽으로 바늘을 넣어 손잡이 다는 부분의 구멍(오른쪽 맨 위의 구멍)으로 빼낸다. 실 끝은 5cm 정도 남겨둔다.

안 몸체 쪽에서 바늘을 뺀다

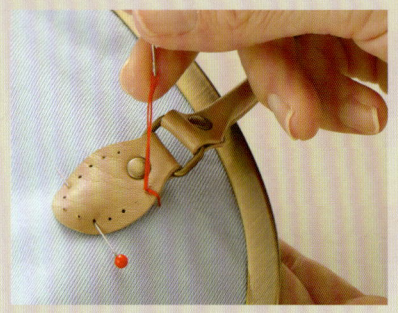

❹ 빼낸 구멍 바깥쪽 옆으로 바늘을 넣었다가 다시 같은 구멍으로 바늘을 빼낸다.

❺ 이후에는 다음 구멍으로 바늘을 넣었다가 그 다음 구멍으로 바늘을 빼는 방법(홈질하는 방법과 같음)으로 꿰맨다. 마지막 구멍까지 가면 시작할 때처럼 구멍 바깥쪽 옆으로 바늘을 넣는다.

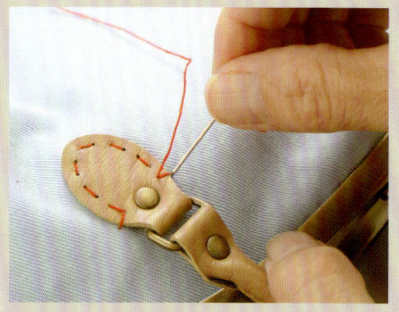

❻ 같은(마지막) 구멍으로 바늘을 뺀 다음 한 번 더 반복한다. 즉, 다시 한 번 구멍 옆으로 바늘을 넣었다가 같은 구멍으로 빼낸다.

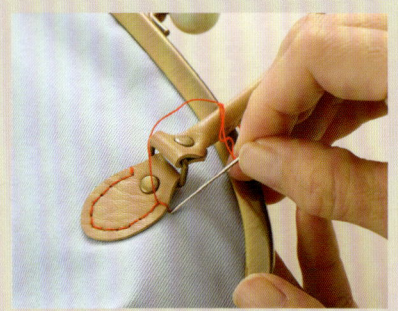

❼ 다음 구멍에 바늘을 넣고 그다음 구멍에서 바늘을 빼는 홈질 방식으로 반대 방향으로 돌며 처음 시작한 곳으로 돌아간다. 마지막 구멍에서 구멍 바깥쪽 옆으로 바늘을 넣는다.

꿰매기가 시작되는 곳의 실
2번 묶기
꿰매기가 끝나는 곳의 실

❽ 안 몸체 쪽에서 꿰매기를 시작할 때 남겨둔 실 끝과 꿰매기가 끝나는 실의 끝을 두 번 묶는다.

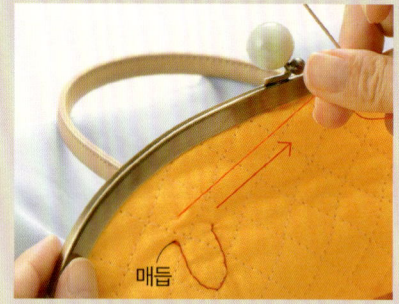

매듭

❾ 매듭 근처의 안 몸체를 조금 떠서 바늘을 빼내고, 가볍게 당겨 매듭을 안쪽으로 끌어당긴 후 실을 끊는다. 나머지 세 곳도 같은 방법으로 꿰매어 단다.

## arrange 35 바네 프레임 포셰트 패턴 A면

난이도 ★☆☆

〔완성 사이즈〕
너비 22cm×높이 21cm
(숄더 스트랩 제외)

〔재료〕
면 브로드클로스(꽃무늬) ·········· 51cm×22cm
리넨(겨자색) ·········· 51cm×25cm
숄더 스트랩(폭 1cm·원하는 색상·개고리 달린 것) ·········· 1개
바네 프레임(고리형·폭 1cm×14cm) ·········· 1개

〔도구〕
평 플라이어

〔재단 방법과 치수〕 *단위는 cm
- 겉감과 안감은 패턴대로 그린 후 지정된 시접을 넣어 시접선을 그리고, 중앙 표시와 다트 표시를 넣은 다음 시접선을 따라 재단한다.

면 브로드클로스(꽃무늬)

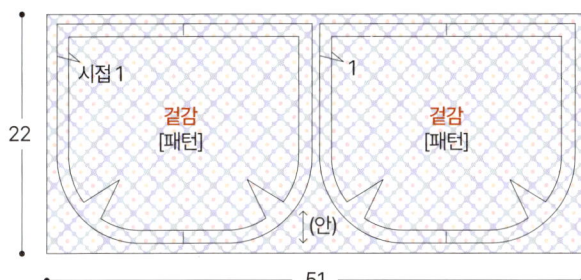

리넨(겨자색)

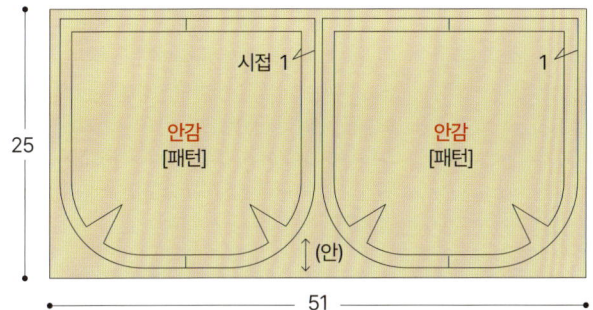

## 1 겉 몸체와 안 몸체 만들기

① 겉감과 안감의 다트를 꿰맨다. (p.102 「다트 꿰매는 법」 참조)

② 겉감 한 장과 안감 한 장을 겉맞대기로 포개고 입구 쪽 가장자리를 꿰맨다.

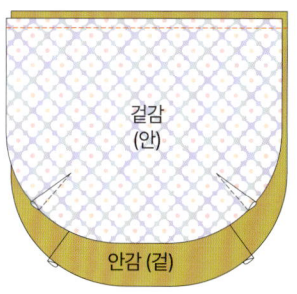

③ ❷를 펼치고 시접을 겉감 쪽으로 넘긴다. 또 한 장의 겉감과 안감도 같은 방법으로 꿰맨다.

④ ❷~❸에서 만든 두 장의 「겉감+안감」을 다트 시접이 겹치지 않도록 겉맞대기로 포개고, 안감 쪽에 프레임 끼우는 구멍과 창구멍을 남기며 한 바퀴 꿰맨다.

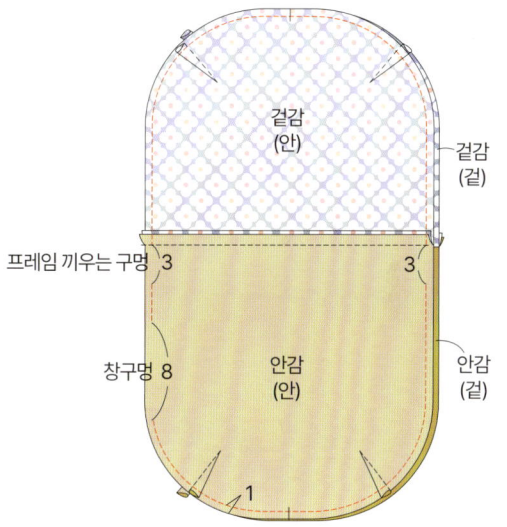

⑤ 겉감의 커브 부분 시접에 가위집을 넣고, 창구멍을 통해 겉으로 뒤집은 다음 창구멍을 ㄷ자 모양으로 꿰매어 닫는다. (p.103의 ❹~❺ 참조)

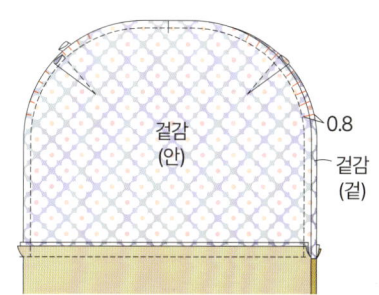

## 2 바네 프레임 끼우기

① 안감을 겉감 속으로 넣고 입구 쪽 가장자리를 상침한다.

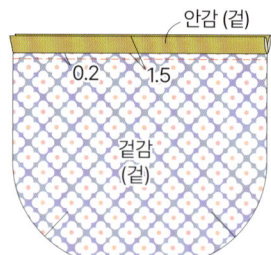

② 프레임 끼우는 구멍을 통해 바네 프레임을 통과시킨다. (하단의 「바네 프레임 끼우는 법」 참조) 프레임의 양쪽 끝 고리에 숄더 스트랩의 개고리를 끼워서 완성한다.

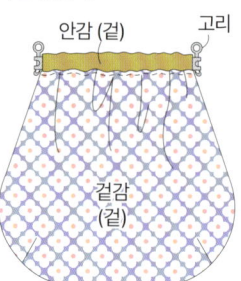

## arrange 36 와이어 프레임을 넣은 배낭
난이도 ★★★

〔완성 사이즈〕
너비 24cm×높이 37cm×바닥 폭 12cm

〔재료〕
- 면마 캔버스(알파벳 무늬) ········ 106cm×39cm
- 면 옥스(스트라이프 무늬) ········ 95cm×38cm
- 면마 웨더 클로스(스트라이프 무늬) ········ 38cm×82cm
- 얇은 접착심 ········ 75cm×55cm
- 지퍼(미색·양쪽으로 열리는 형태) ········ 폭 2.5cm×40cm
- 아크릴 웨빙끈(베이지) ········ 폭 3cm×90cm [2개], 폭 3cm×10cm [2개]
- 와이어 프레임(24cm) ········ 1개
- D링(30mm) ········ 2개
- 왈자조리개(30mm) ········ 2개

〔도구〕 지퍼 노루발

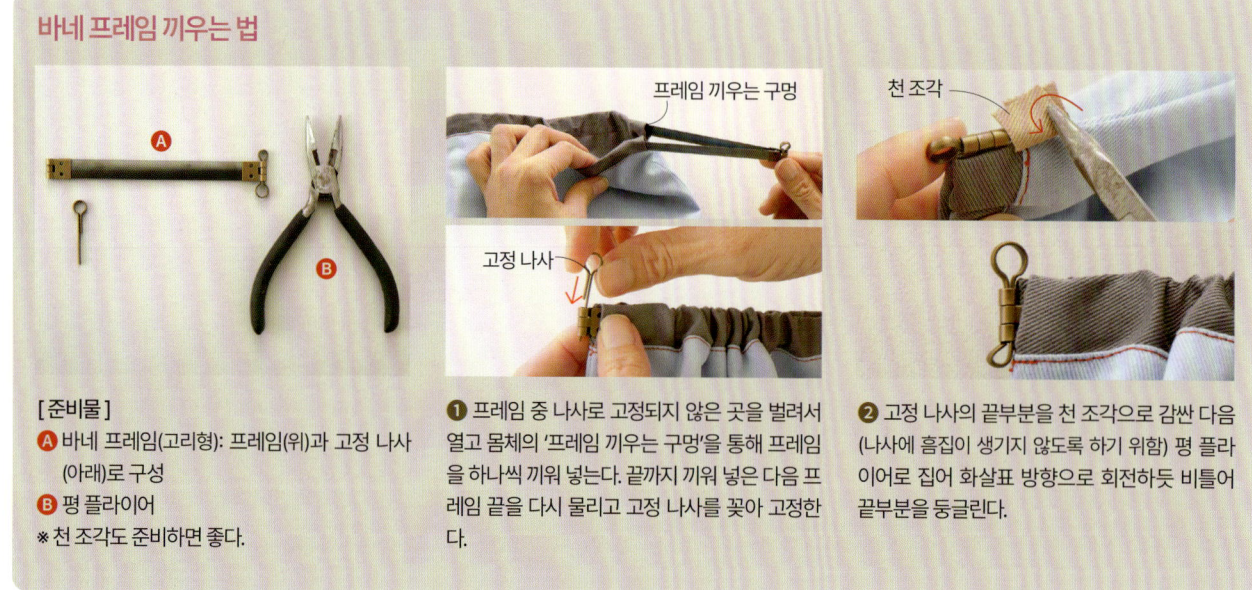

### 바네 프레임 끼우는 법

[준비물]
- Ⓐ 바네 프레임(고리형): 프레임(위)과 고정 나사(아래)로 구성
- Ⓑ 평 플라이어
※ 천 조각도 준비하면 좋다.

❶ 프레임 중 나사로 고정되지 않은 곳을 벌려서 열고 몸체의 '프레임 끼우는 구멍'을 통해 프레임을 하나씩 끼워 넣는다. 끝까지 끼워 넣은 다음 프레임 끝을 다시 물리고 고정 나사를 꽂아 고정한다.

❷ 고정 나사의 끝부분을 천 조각으로 감싼 다음 (나사에 흠집이 생기지 않도록 하기 위함) 평 플라이어로 집어 화살표 방향으로 회전하듯 비틀어 끝부분을 둥글린다.

〔재단 방법과 치수〕　*단위는 cm

- 바닥감과 안감은 바닥 중앙 양 끝을 네모 형태로 잘라낸다.
- 겉감 a, 겉감 b, 겉쪽 입구감, 바닥감의 안쪽에는 얇은 접착심을 치수보다 가로·세로 1cm 작게 잘라서 시접선에서 0.5cm 안으로 들어가도록 맞추어 붙인다.

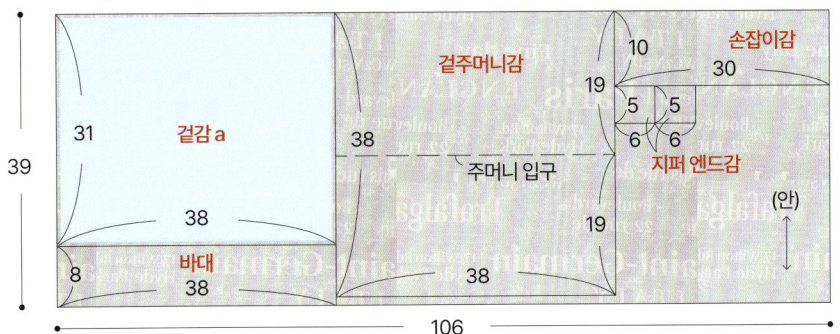

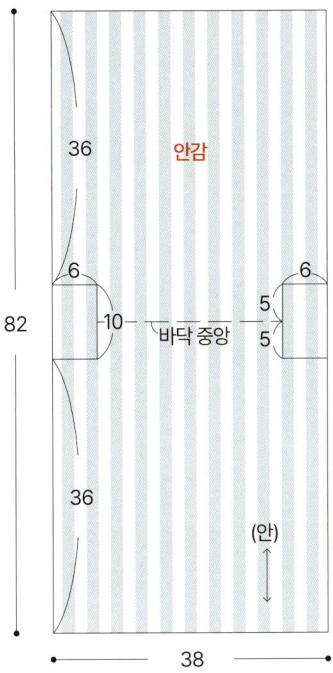

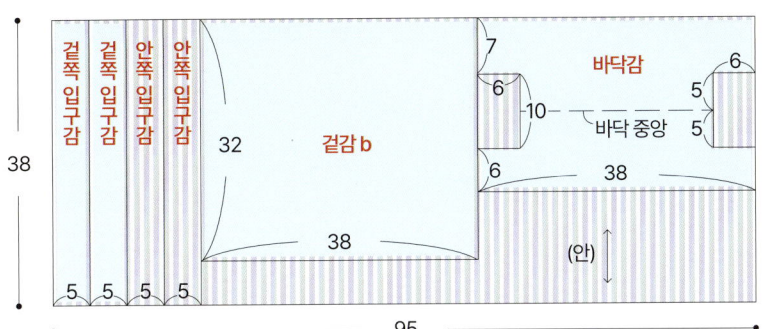

## 1  안 몸체 만들기

① 안감을 바닥 중앙을 중심으로 겉맞대기로 접고, 창구멍을 남긴 채 양옆을 꿰맨다.

② 옆선과 바닥 중앙을 맞대고 가장자리를 꿰맨다.

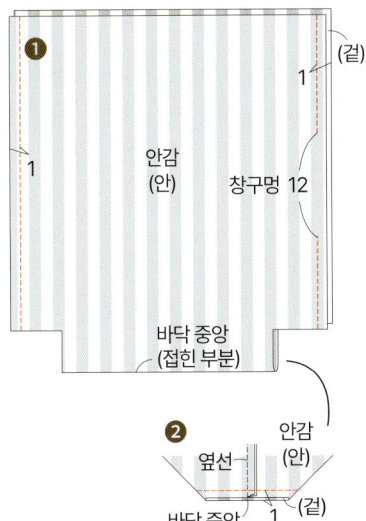

## 2  겉주머니 꿰매기

① 겉주머니감을 안맞대기로 반으로 접고, 접힌 부분(주머니 입구가 됨)을 앞쪽으로 접어 내린 후 가장자리를 꿰맨다.

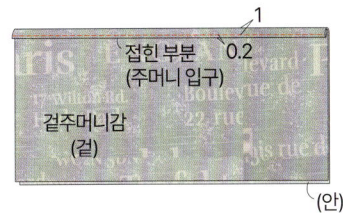

② 겉감 b의 겉쪽에 ①을 포개고 세 변을 임시 재봉한 다음 주머니 중앙에 칸막이를 만든다.

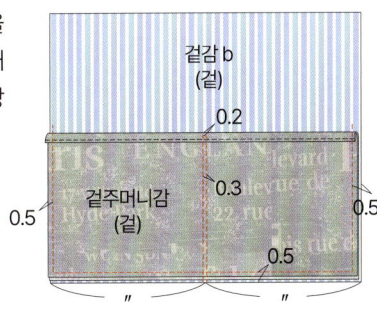

## 3 바대에 손잡이와 웨빙끈 꿰매기

① 손잡이감을 위/아래 끝에서 중앙을 향해 접은 다음 다시 반으로 접고 위/아래 가장자리를 꿰매어 손잡이를 만든다. (p.21의 ① -①~ ② 참조)

② 바대 겉쪽에 그림처럼 90cm 아크릴 웨빙끈과 손잡이(①)를 놓고 하단 가장자리를 임시 재봉한다.

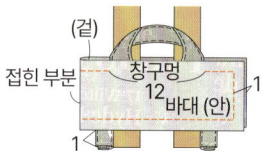

③ 바대를 겉맞대기로 반으로 접은 다음 창구멍을 남기며 한 바퀴 꿰맨다. 이때 손잡이 위쪽은 함께 꿰매지지 않도록 주의한다.

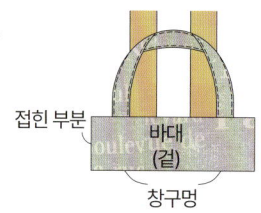

④ 창구멍을 통해 겉으로 뒤집고 형태를 가다듬는다.

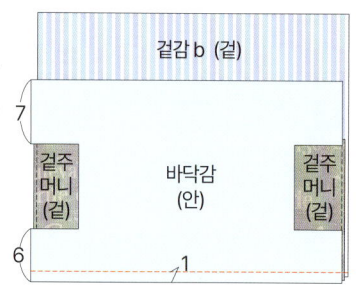

## 4 겉 몸체 만들기

① ②(겉주머니를 단 겉감 b) 위에 바닥감을 겉맞대기로 포개고 하단 가장자리를 꿰맨다.

② 같은 방법으로 겉감 a와 바닥감을 포개고 바닥감의 꿰매지 않은 쪽 가장자리를 꿰맨다.

③ ②를 펼치고 시접을 바닥 쪽으로 넘긴 다음 가장자리를 2줄로 상침한다.

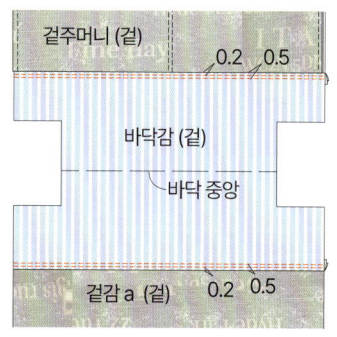

④ 겉감 b의 겉쪽에 ③(손잡이와 웨빙끈을 단 바대)를 포개고 둘레를 한 바퀴씩 2줄로 상침한다.

⑤ 10cm 아크릴 웨빙끈에 각각 D링을 통과시키고, 바닥 중앙에 중앙을 맞추어 임시 재봉한다.

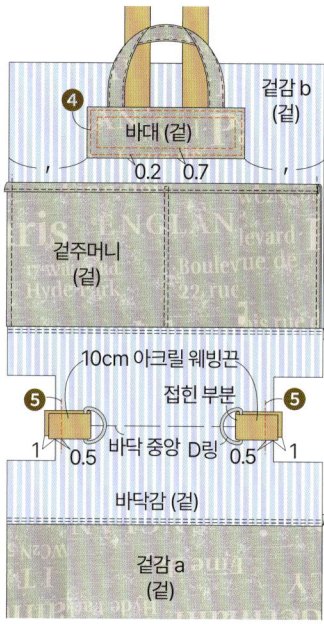

⑥ ④를 바닥 중앙을 중심으로 겉맞대기로 접어 ①과 같은 방법으로 양옆을 꿰매고(창구멍은 남기지 않음), 옆선과 바닥 중앙을 맞대어 가장자리를 꿰맨다.

## 5 지퍼와 입구감 꿰매기

① 지퍼 엔드감의 세 변을 안쪽으로 접는다. (2장 모두)

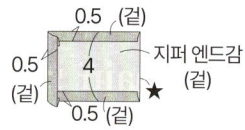

② 지퍼 엔드감 위에 그림과 같이 지퍼를 포개고 지퍼 스톱 쪽 가장자리를 꿰맨 다음, 지퍼 엔드감을 지퍼 겉쪽으로 접어서 가장자리를 꿰맨다. (2장의 지퍼 엔드를 각각 상/하단 지퍼 스톱 가장자리에 꿰맨다.)

③ 겉쪽 입구감 위에 ②를 입구감의 중앙과 지퍼의 중앙을 맞추어 겉맞대기로 포개고 위쪽 가장자리를 임시 재봉한다.

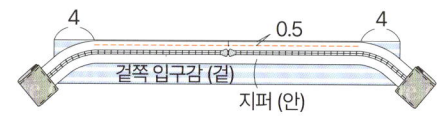

④ ❸을 안쪽 입구감 위에 겉맞대기(겉쪽 입구감의 겉과 안쪽 입구감의 겉이 만남)로 포개고 가장자리를 꿰맨다.

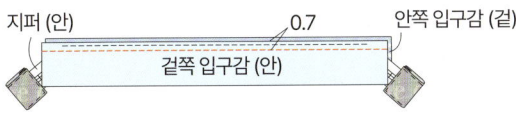

⑤ ❸~❹와 같은 방법으로 지퍼의 꿰매지 않은 쪽에 나머지 한 장의 겉쪽 입구감과 안쪽 입구감을 꿰매어 붙인다.

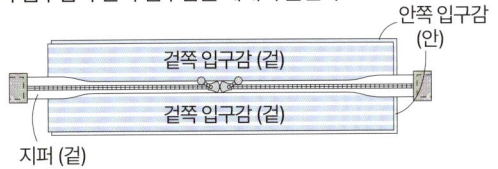

⑥ 겉쪽 입구감의 겉과 겉, 안쪽 입구감의 겉과 겉이 만나도록 포갠 다음, 지퍼는 꿰매지지 않도록 안으로 접어 넣고, 와이어가 통과하는 구멍을 남긴 채 양옆을 꿰맨다.

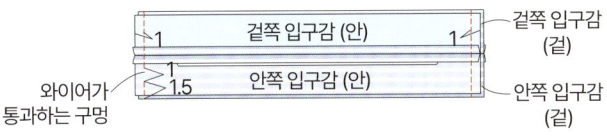

⑦ 와이어가 통과하는 구멍이 있는 쪽 시접을 가르고 가장자리를 꿰맨다.

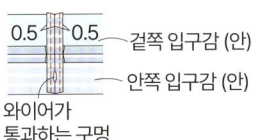

⑧ 다시 겉쪽 입구감의 안과 안, 안쪽 입구감의 안과 안이 만나도록 정리한 다음 지퍼 끝부분을 밖으로 꺼내두고, 상단 둘레를 한 바퀴 꿰맨다. 와이어가 통과하는 구멍 반대쪽에 있는 솔기의 가장자리를 상침한다.

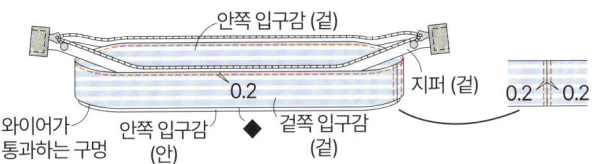

## 6 몸체에 입구감 꿰매고 와이어 프레임 끼우기

① ❺의 입구감을 지퍼가 아래로 내려가도록 겉 몸체의 입구에 끼우고 입구 둘레를 한 바퀴 임시 재봉한다.

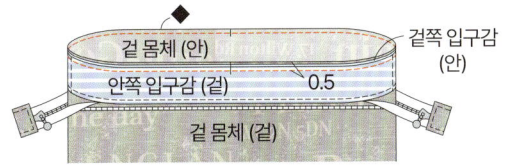

② ❶을 겉맞대기로 안 몸체 속에 넣고, 입구 둘레를 한 바퀴 꿰맨다.

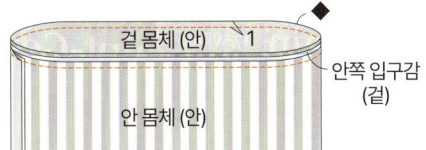

③ 안 몸체의 창구멍을 통해 겉으로 뒤집고 안 몸체를 겉 몸체 속으로 집어 넣은 다음, 입구감을 세워 올려 지퍼가 위쪽으로 올라가게 정돈한다. 시접을 몸체 쪽으로 넘긴 다음 겉 몸체 입구 둘레를 한 바퀴 상침하고, 안 몸체의 창구멍을 ㄷ자 모양으로 꿰매어 닫는다.

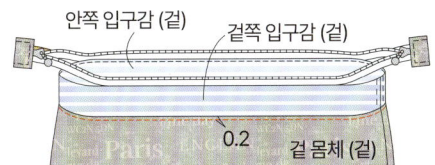

④ 입구감의 와이어가 통과하는 구멍을 통해 와이어 프레임을 하나씩 넣고, 와이어 구멍의 양쪽 가장자리를 상침하여 와이어 구멍을 닫는다.

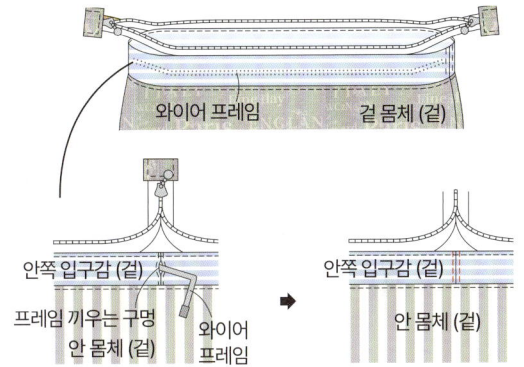

⑤ 아크릴 웨빙끈에 왈자조리개와 D링을 통과시키고 끝부분을 꿰매어 완성한다.

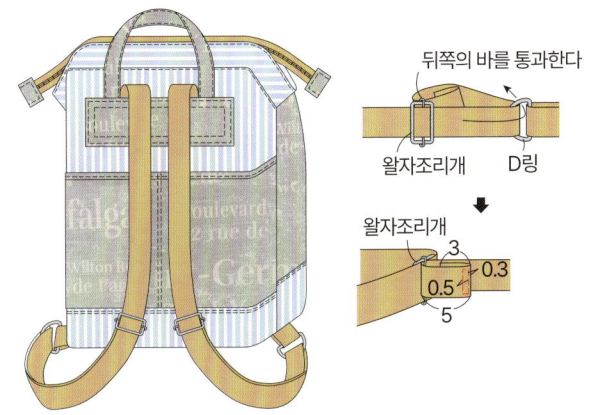

# TYPE 10 다양한 소재의 가방

래미네이트나 나일론, 타포린 등 천 이외의 소재로 멋들어진 가방을 만들어 봅시다.

basic
## 37
### 나일론 에코백

가볍고 튼튼하면서 접을 수 있다는 장점이 있어요. 가방 속에 항상 가지고 다니며 사용하기 좋은 나일론 소재의 에코백입니다.

접어서 포켓 속에 넣을 수 있어요!

arrange
## 38
## PVC 토트백

PVC 소재의 투명한 가방 속에 예쁜 두루주머니를 만들어 넣었습니다. 손잡이는 가죽 테이프로 조합하여 완성했어요.

arrange
## 39

**타포린 토트백**

물과 오염에 강한 타포린을 꿰매어 가방으로 만들었습니다. 손잡이는 커다란 아일렛과 두툼한 로프로 멋을 냈어요.

arrange
## 40

### 래미네이트 에코백

겉보기에는 납작하게 보이지만 사실은 아래에 접힌 바닥판이 숨어 있답니다. 보조 가방으로도 좋아요.

arrange
## 41

### 래미네이트 보냉 토트백

방수 기능이 있는 래미네이트 소재의 겉 몸체에 보냉 시트로 된 안 몸체를 달았습니다. 도시락이나 음료를 가지고 다닐 때 편리하지요.

안 몸체는 보냉 시트여서 레저 활동에 딱 좋아요!

### arrange 42
## 타이벡 클러치 백

마치 종이처럼 보이는 외형의 타이벡은 의외로 튼튼한 소재지요. 캐주얼한 패션에도 잘 어울립니다.

**arrange**
## 43
### 인조 가죽 심플 백

**arrange**
## 44
### 인조 가죽 바이컬러 백

얇은 인조 가죽은 색도 풍부하고 가정용 재봉틀로도 꿰맬 수 있는 소재입니다. 단순한 디자인으로 만들어 어디서나 활용도가 높습니다.

## basic 37 나일론 에코백 패턴 B면

난이도 ★★☆

〔재료〕

나일론(꽃무늬) ·········· 115cm×72cm

코튼 바이어스 천(노란색) ·········· 폭 3cm×80cm [4개]

※ 바이어스 천은 약 60cm×60cm의 정사각형 천을 폭 3cm로 비스듬히(45°) 잘라 만든다. (p.17 「천의 부분 명칭」 설명 참조) 시판되는 것을 사용해도 좋다.

〔완성 사이즈〕

60cm / 32cm

〔재단 방법과 치수〕  * 단위는 cm

- 본체감은 부분 패턴을 옮겨 그리고 그 아래는 자로 선을 그린다. 지정된 시접을 넣어 시접선을 그리고, 중앙 표시과 주머니 위치 표시를 넣은 다음 시접선을 따라 재단한다.
- 주머니감 a, b는 본체를 잘라내고 남은 부분을 사용하여 재단한다.

나일론(꽃무늬)

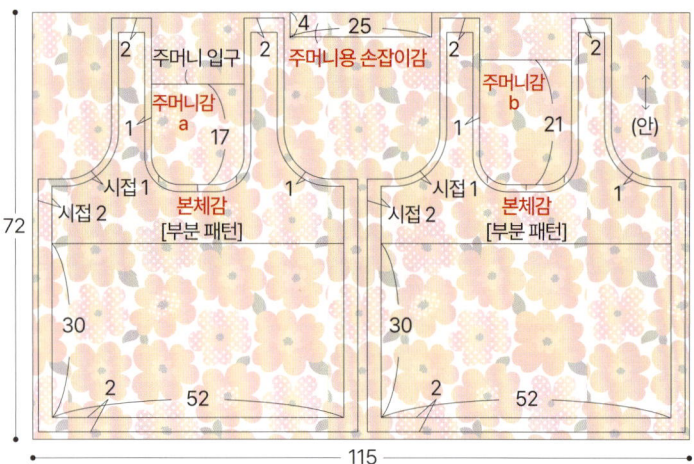

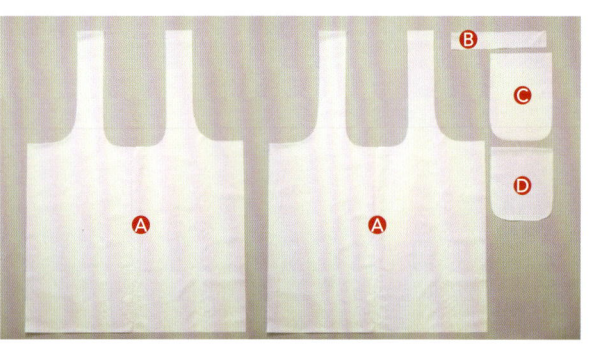

ⓐ 본체감 2장   ⓑ 주머니용 손잡이감   ⓒ 주머니감 b   ⓓ 주머니감 a

## 1 바이어스 테이프 만들기

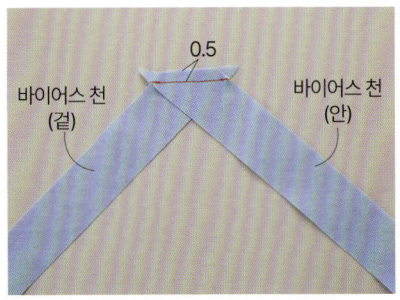

① 바이어스 천 중 2개를 끝끼리 겉맞대기로 맞추고 가장자리를 꿰맨다. (남은 2개는 꿰매어 붙이지 않는다.)

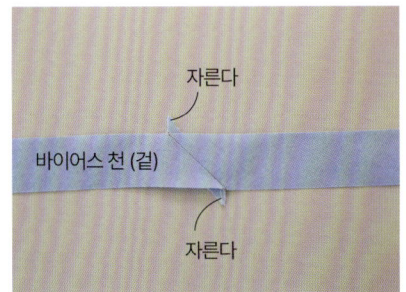

② ①을 펼친 다음 시접을 가르고 시접의 튀어나온 부분은 잘라낸다.

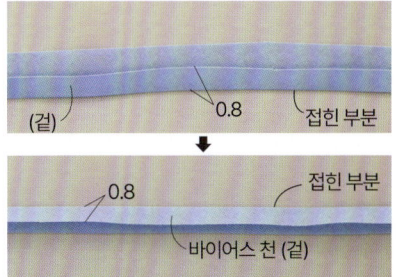

③ 바이어스 천의 아래 끝을 위로 올려 접은 다음 다시 위 끝을 아래로 내려 접는다. 다리미로 눌러준다. (①에서 연결한 바이어스 천과 2개의 80cm 바이어스 천 모두 같은 방법으로 접는다.)

## 2 주머니 만들기

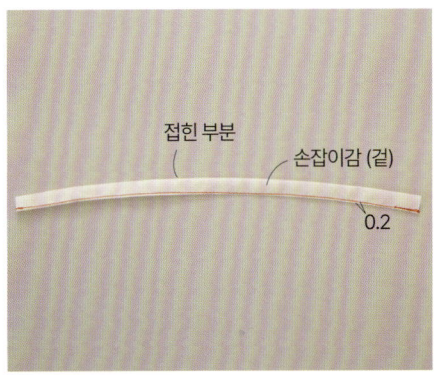

① 주머니용 손잡이감을 위/아래 끝에서 중앙을 향해 접은 다음 다시 반으로 접고, 열린 쪽(접힌 부분의 반대편)의 가장자리를 꿰맨다.

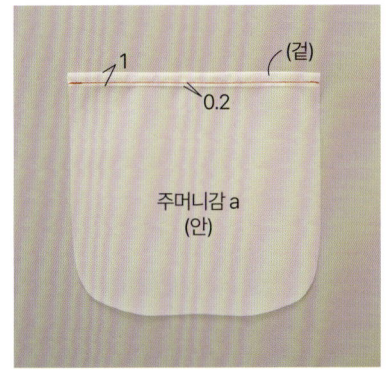

② 주머니감 a의 입구를 안쪽으로 두 번 접고 가장자리를 꿰맨다.

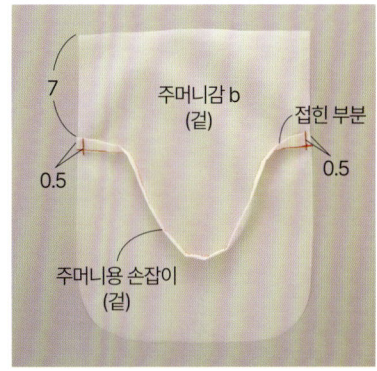

③ 주머니감 b의 겉쪽에 ①에서 만든 손잡이를 임시 재봉한다.

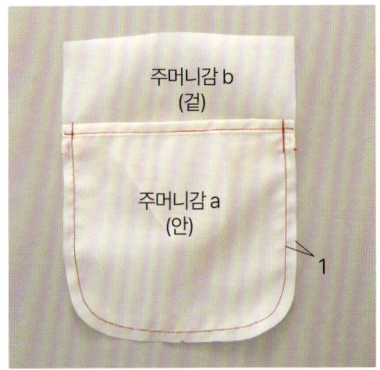

④ ③에 ②를 겉맞대기로 포개고 주머니감 a의 가장자리를 꿰맨다.

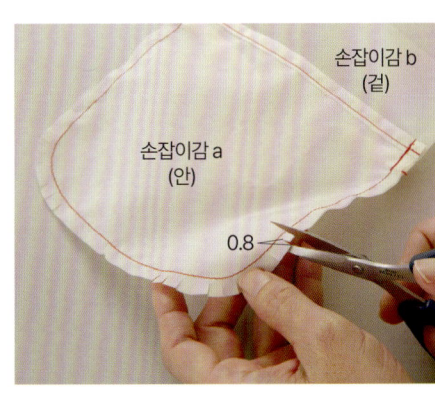

⑤ 커브의 시접에 가위집을 넣는다.

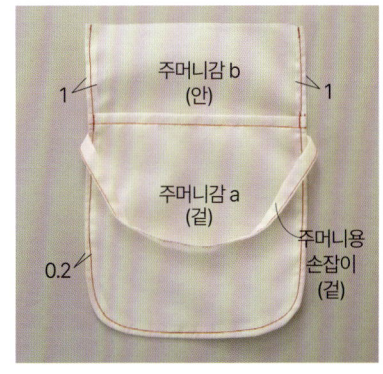

⑥ 주머니감 a의 겉이 보이도록 뒤집고 가장자리를 꿰맨다.

## 3 본체 꿰매기

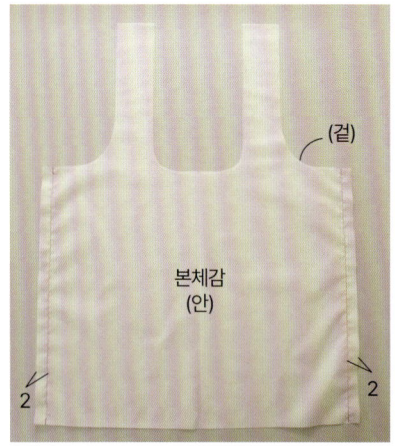

① 두 장의 본체감을 겉맞대기로 포개고 양 옆을 꿰맨다.

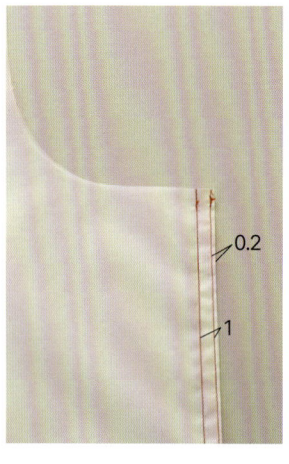

② 시접을 안쪽으로 접어 넣고 가장자리를 2줄로 꿰맨다.
(p.35의 ③~④ 참조)

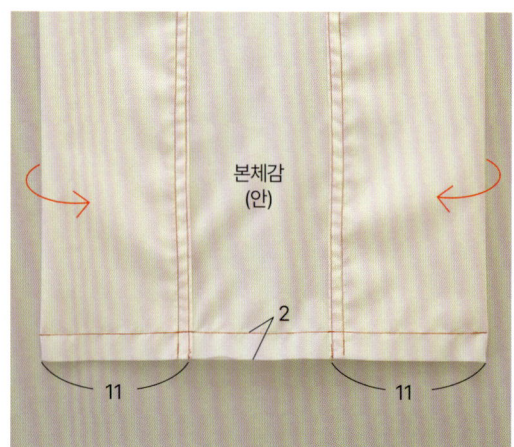

③ 본체감의 양옆을 각각 안쪽으로 접어 넣고 하단을 꿰맨다.

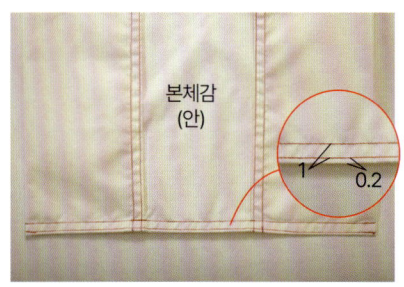

④ ②와 같은 방법으로 시접을 안쪽으로 접어 넣고 가장자리를 2줄로 꿰맨다. 이쪽이 가방의 뒤쪽이 된다.

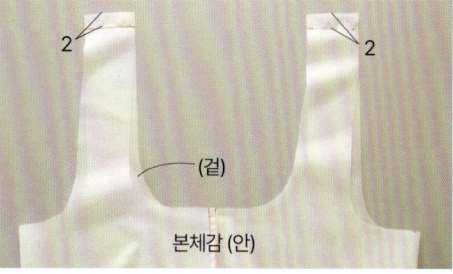
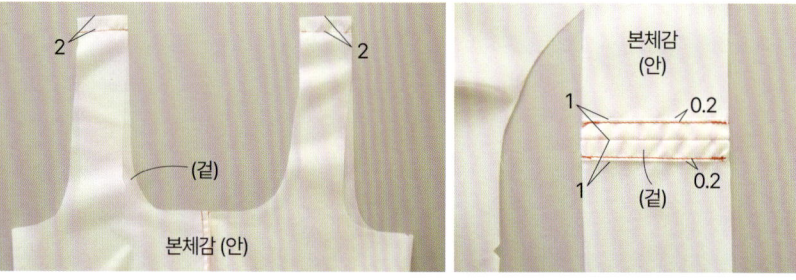

⑤ 본체를 벌렸다가 옆선이 중앙으로 오도록 포개고, 손잡이 부분을 겉맞대기로 맞추어 가장자리를 꿰맨다. 시접을 가르고 각각 뒤쪽으로 접어 넣은 후 가장자리를 꿰맨다. 반대쪽 손잡이도 같은 방법으로 꿰맨다.

## 4 주머니 달기

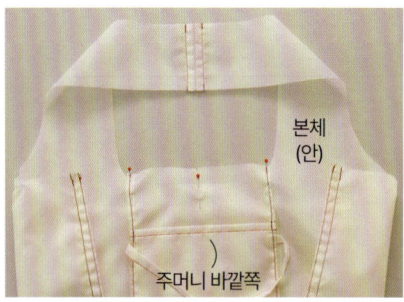

① 양 옆선이 중앙이 아닌 양쪽 옆으로 오도록(③-③의 상태) 되돌려놓고, ②에서 만들어둔 주머니를 본체의 중앙과 주머니의 중앙을 맞추며 본체 위에 포갠다. 주머니의 양쪽 끝을 주머니 다는 위치에 맞추고 시침핀으로 고정한다.

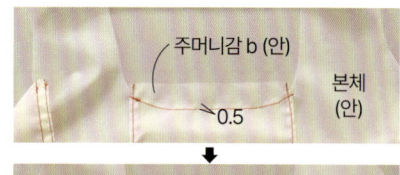

② 몸체의 가장자리에서 0.5cm 안쪽에 주머니를 임시 재봉하고, 주머니의 튀어나온 부분을 잘라낸다.

## 5  커브를 따라 바이어스 테이프 달기

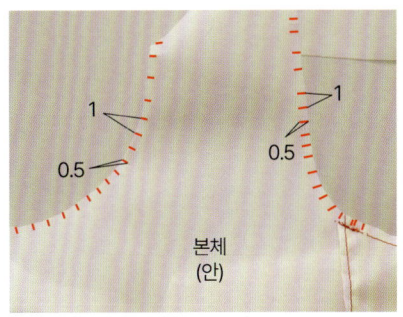
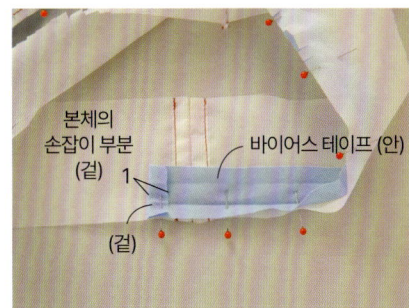

① 본체의 모든 커브 부분에 1cm 간격으로 0.5cm의 가위집을 넣는다.

② 80cm 바이어스 테이프 1개를 주머니가 달린 곳이 이루는 원의 손잡이 부분에 겉맞대기로 포개고, 본체 안쪽에서 가장자리를 따라가며 시침핀을 꽂는다.

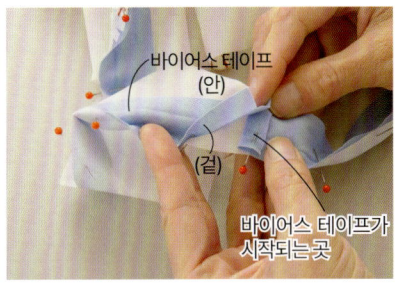
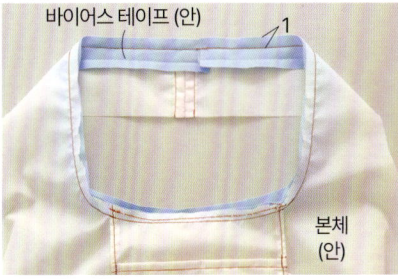

③ 테이프가 끝나는 부분은 시작하는 부분에 1cm 겹치고, 여분은 잘라낸다.

④ 시침핀을 꽂아둔 곳을 따라가며 꿰맨다. 이때, 커브 부분은 직선이 되도록 늘리면서 꿰맨다.

**POINT** 커브 부분은 커브에 맞추는 것이 아니라 가위집을 벌려 천을 똑바로 해서 꿰매면 깔끔해진다.

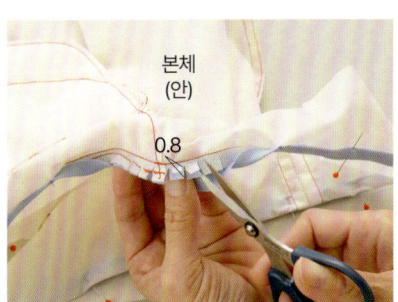
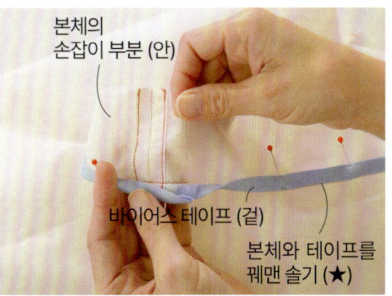
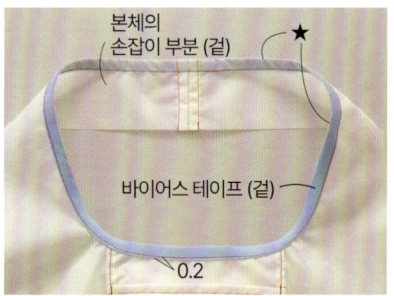

⑤ ❶에서 넣어둔 0.5cm 가위집 위치에 바이어스 테이프와 함께 자르며 0.8cm 가위집을 넣는다.

⑥ 바이어스 테이프의 접음선 대로 본체 안쪽으로 접어 넣고, 돌아가며 시침핀으로 고정한다.

⑦ 시침핀을 꽂아둔 곳을 따라가며 꿰맨다.

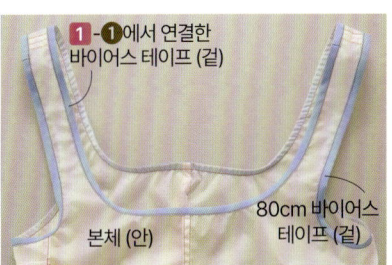

⑧ 같은 방법으로 80cm 바이어스 테이프를 다른 한 곳(반대쪽 손잡이 쪽)에 꿰매고, ❶-❶에서 연결한 긴 바이어스 테이프를 남은 가장자리를 따라 꿰맨다.

## 6 본체 손잡이 꿰매기

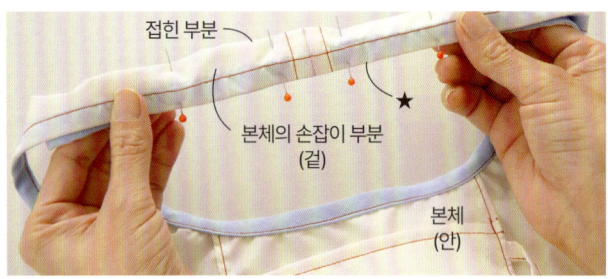

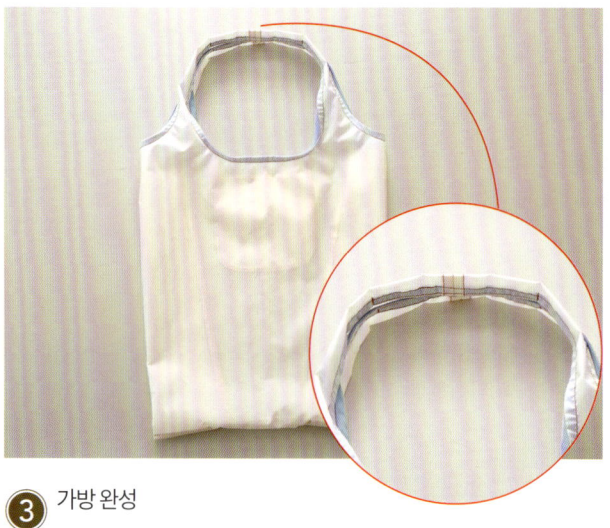

① 본체의 손잡이 부분을 바이어스 테이프끼리 맞닿도록 안맞대기로 반을 접고 시침핀으로 고정한다.

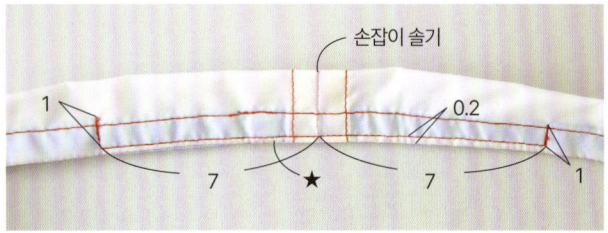

② 5-7의 이음매(★)에서부터 가장자리를 ㄷ자 모양으로 꿰맨다. 같은 방식으로 반대편 손잡이도 꿰맨다.

③ 가방 완성

---

### 천 이외의 소재

이 책에서 가방에 사용한 천 이외의 소재를 소개합니다.

**나일론**
튼튼하고 가벼우며 주름이 잘 지지 않는다. 수분을 덜 흡수하고 빨리 마르는 성질 때문에 에코백이나 우비 관련 물품을 만드는 데 적합하다.

**PVC**
폴리염화비닐(염화비닐을 함유한 소재)을 뜻하는 말로, 투명한 플라스틱 소재다. 투명한 것 말고도 색이나 무늬가 들어간 것도 있다.

**타포린**
비닐이나 폴리프로필렌 등의 소재가 많고, 색과 무늬도 다양하다. 가볍고 튼튼하며 수분이 스며들지 않아서 오염물을 제거하기 쉽다.

**래미네이트**
천에 래미네이트 가공을 하여 튼튼하고 내수성도 좋다. 표면에 윤기가 나는 타입과 윤기 없이 매트한 타입이 있다. 다리미를 사용할 수 없다.

**타이벡Tyvek®**
건축 소재로 사용되는 고밀도의 폴리에틸렌으로 된 부직포. 외형이나 감촉이 종이 같지만 가볍고 강도도 있으며 튼튼하다.

**인조 가죽(합성 피혁)**
천에 합성수지를 코팅해서 가죽 같은 분위기를 낸 것이다. 천연 가죽보다 부드럽고 가정용 재봉틀로도 바느질이 가능하다.

## arrange 38 PVC 토트백  패턴 A면

난이도 ★★☆

〔완성 사이즈〕
가방 본체: 너비 22cm×높이 25cm×바닥 폭 12cm (손잡이 제외)
두루주머니: 너비 30cm×높이 35cm

〔재료〕
PVC(투명) ·········· 56cm×36cm
11호 범포(미색) ·········· 72cm×12cm
면 브로드클로스(꽃무늬) ·········· 70cm×38cm
면마 선염 스펙(스트라이프) ·········· 70cm×41cm
가죽 테이프(내추럴 컬러) ·········· 폭 1.5cm×35cm [2개]
양면 징(중·발 길이 6mm) ·········· 8쌍
스프링 스냅 단추(지름 1.2cm) ·········· 1쌍
코드 끈(베이지) ·········· 70cm [2개]

〔도구〕
테플론 노루발,
송곳, 고무판, 받침대(몰드), 징 치개(누름쇠), 쇠망치,
나무망치, 회전식 펀치 플라이어(없는 경우 지름 2.5mm
의 구멍을 뚫을 수 있는 타공 펀치), 끈끼우개

〔재단 방법과 치수〕  *단위는 cm
- 본체감의 바닥 중앙 양 끝을 네모 형태로 잘라낸다.
- 겉감과 안감은 패턴대로 그린 후 지정된 시접을 넣어 시접선을 그리고, 중앙 표시와 다트 표시를 넣은 다음 시접선을 따라 재단한다.

<가방 본체>
PVC(투명)

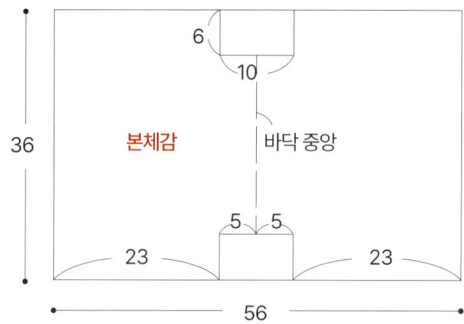

11호 범포(미색)

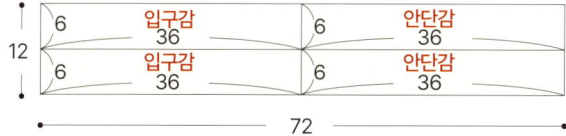

<두루주머니>
면 브로드클로스(꽃무늬)

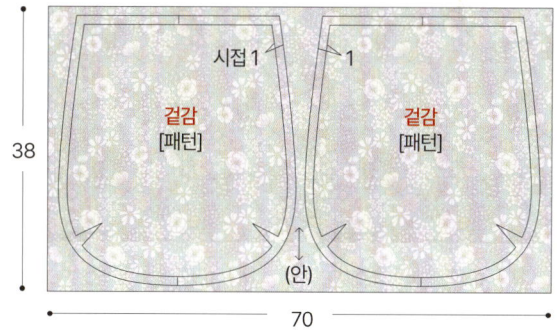

면마 선염 스펙(스트라이프)

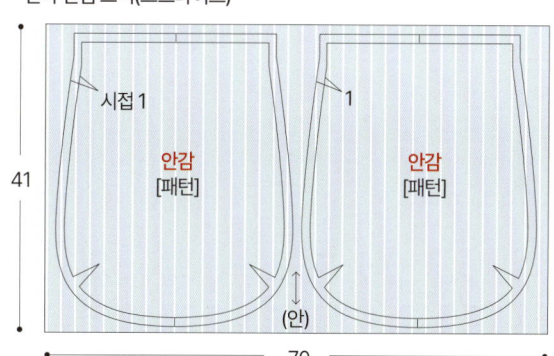

## 1 본체 꿰매기

① 본체감 위에 입구감 한 장을 겉맞대기로 포개고 가장자리를 꿰맨다.

② ①을 펼치고 시접을 입구감 쪽으로 넘긴 다음 가장자리를 꿰맨다.

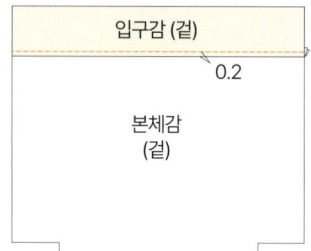

③ ①~②와 같은 방법으로 본체감의 다른 한쪽에 나머지 한 장의 입구감을 포개어 꿰맨다.

④ ③을 바닥 중앙을 중심으로 겉맞대기로 접고 양옆을 꿰맨다.

⑤ 시접을 가르고 옆선과 바닥 중앙을 맞댄 다음 가장자리를 꿰맨다.

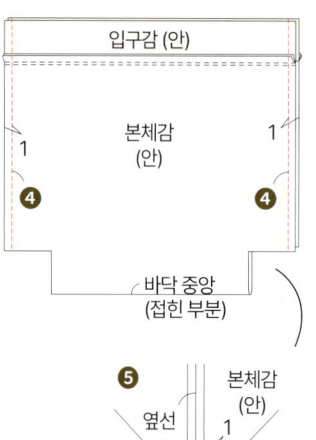

## 2 안단 만들기

두 장의 안단감 각각의 양쪽과 아래 가장자리에 지그재그 박기를 하고, 두 장을 겉맞대기로 포개고 양쪽 가장자리를 꿰맨다. 시접을 한쪽으로 넘기고 지그재그 박기 한 가장자리를 안쪽으로 접어 꿰맨다. (p36~37의 ③ 참조)

## 3 본체에 안단과 손잡이 달기

① ①의 본체를 겉으로 뒤집은 다음, ②의 안단을 본체 입구에 겉맞대기로 끼우고 입구 둘레를 한 바퀴 꿰맨다. (p37의 ④-① 참조)

② 안단을 겉이 보이도록 세워 올린 후 가방 안쪽으로 접어 넣고 가방 입구 둘레를 한 바퀴씩 2줄로 상침한다.

③ 가죽 테이프의 양 끝에 두 곳씩 구멍을 뚫고 입구감에 양면 징으로 고정한다. (p.61 「양면 징 박는 법」 참조)

④ 가방 입구에 스프링 스냅 단추를 단다. (p.157 「스프링 스냅 단추 다는 법」 참조)

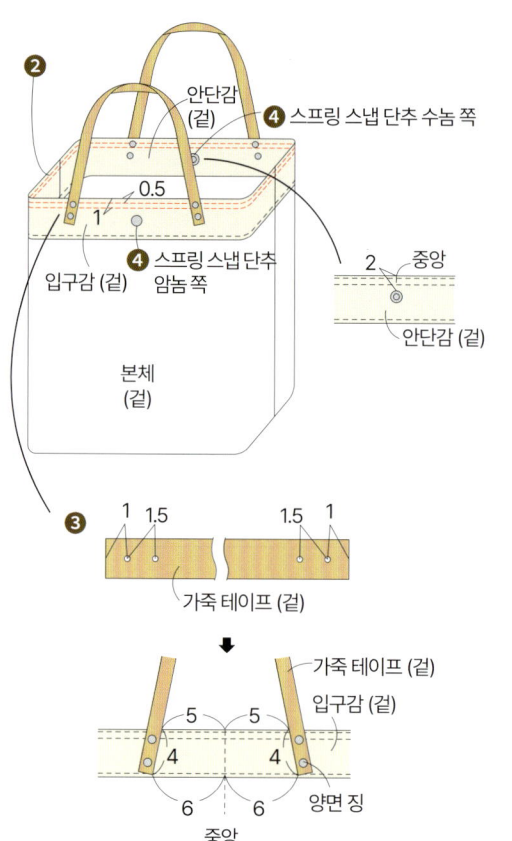

## 4 두루주머니 만들기

① 겉감과 안감의 다트를 각각 꿰맨 다음, 다트를 넘긴 방향이 다른 겉감과 안감을 겉맞대기로 포개고 끈이 통과하는 구멍을 남기며 꿰매어 겉 몸체와 안 몸체를 만든다. (p.102의 ①, p.103의 ③-①~⑥ 참조)

② 끈이 통과하는 구멍을 통해 코드 끈을 한 줄씩 통과시키고, 양 끝을 가지런히 모아 매듭을 만든다.

코드 끈
겉 몸체 (겉)

### 스프링 스냅 단추 다는 법

[준비물] Ⓐ 스프링 스냅 단추 암놈 쪽 겉단추와 안단추 Ⓑ 스프링 스냅 단추 수놈 쪽 겉단추와 안단추 Ⓒ 누름쇠 Ⓓ 받침대(몰드) Ⓔ 고무판 Ⓕ 회전식 펀치 플라이어 Ⓖ 나무망치
※스프링 스냅단추는 총 4개의 단추가 1세트가 된다.

먼저, 회전식 펀치 플라이어로 천의 단추를 달 위치에 구멍을 뚫어 둔다. (회전식 펀치 플라이어가 없을 때 구멍 뚫는 법은 p.90 「가죽에 구멍 뚫는 법」 참조)

암놈 쪽 겉단추 / 몰드 / 고무판
① 고무판 위에 받침대(몰드)를 올리고, 받침대 위에 암놈 쪽 겉단추(발이 튀어나온 것)를 올린다.

암놈 쪽 안단추 / 튀어나온 발 부분
② 튀어나온 발에 천의 구멍을 끼우고, 그 위에 암놈 쪽 안단추(구멍이 뚫린 것)를 끼운다.

누름쇠 (암놈용)
③ 누름쇠(암놈용)를 대고 나무망치로 친다.

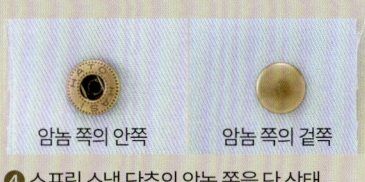
암놈 쪽의 안쪽 / 암놈 쪽의 겉쪽
④ 스프링 스냅 단추의 암놈 쪽을 단 상태

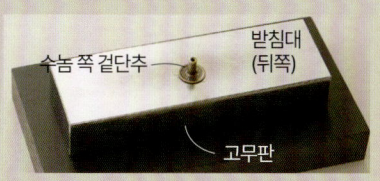
수놈 쪽 겉단추 / 받침대(뒤쪽) / 고무판
⑤ 고무판 위에 받침대(몰드)를 뒷면이 보이도록 올리고, 수놈 쪽 겉단추(발이 긴 것)을 올린다.

수놈 쪽 안단추 / 겉단추의 길게 나온 발 부분
⑥ 길게 나온 발에 천의 구멍을 끼우고 그 위에 수놈 쪽 안단추(발이 짧고 동그란 것)를 끼운다.

⑦ 누름쇠(수놈용)를 대고 나무망치로 친다.

수놈 쪽의 안쪽 / 수놈 쪽의 겉쪽
⑧ 스프링 스냅 단추의 수놈 쪽을 단 상태

# arrange 39 타포린 토트백

난이도 ★☆☆

〔완성 사이즈〕
너비 33cm×높이 32cm×바닥 폭 15cm

〔재료〕

타포린(원하는 무늬) ········· 90cm×60cm
로프(굵기 1.2cm·흰색) ········· 60cm [2개]
원터치 아일렛 링(지름 5cm) ········· 4쌍

〔도구〕

테플론 노루발

〔재단 방법과 치수〕　*단위는 cm

타포린(원하는 무늬)

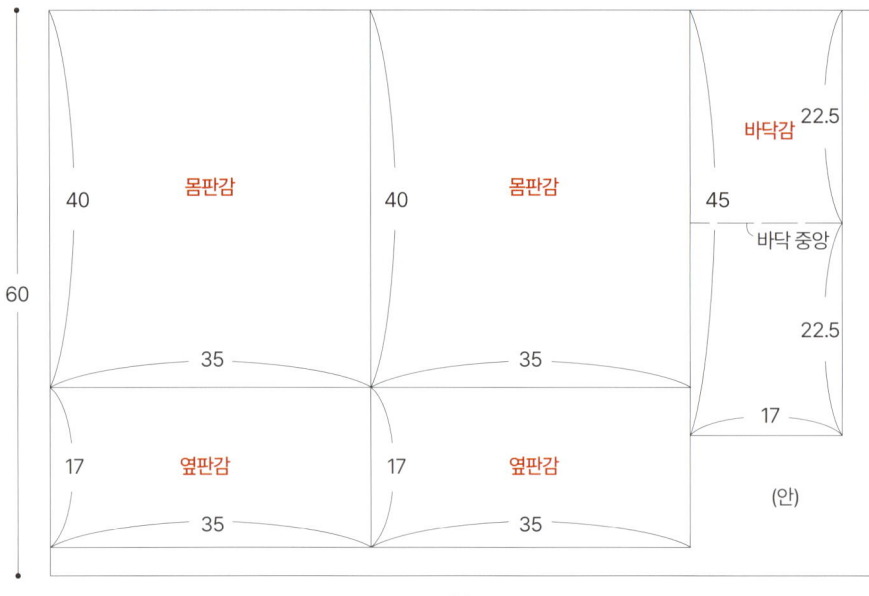

## 1 옆판감과 바닥감, 몸판감 꿰매어 몸체 만들기

① 바닥감 위에 옆판감 한 장을 겉맞대기로 포개고 가장자리를 꿰맨다.

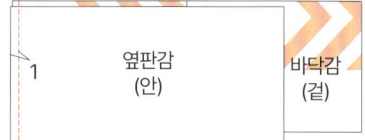

② 바닥감의 다른 한쪽에도 같은 방법으로 나머지 한 장의 옆판감을 겉맞대기로 포개고 가장자리를 꿰맨다.

③ ②를 펼치고 시접을 바닥 쪽으로 넘긴 후 각 솔기의 가장자리를 꿰맨다. 그림처럼 바닥 네 곳에 가위집을 넣는다.

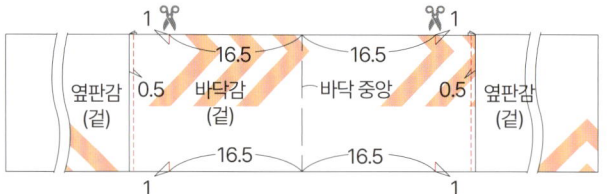

④ 몸판감 좌우의 아래 모퉁이 두 곳을 자른다.

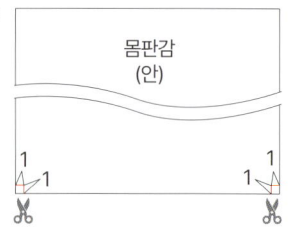

⑤ ③과 ④를 겉맞대기로 포개어 꿰맨다. (p.78의 2 - ②~④ 참조)

## 2 입구에 아일렛 링과 로프 끼우기

① 입구 끝을 안쪽으로 두 번 접고 둘레를 한 바퀴 꿰맨다.

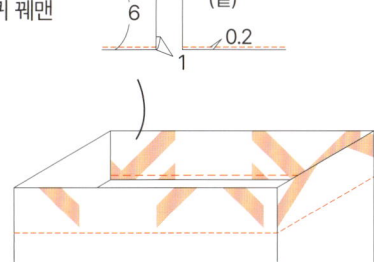

② 접어 넣은 입구에는 가위로 구멍을 뚫어 아일렛 링을 단다. (하단의 '원터치 아일렛 링 다는 법' 참조)

③ 각 아일렛 구멍에 로프를 끼우고, 로프 끝을 매듭지어 완성한다.

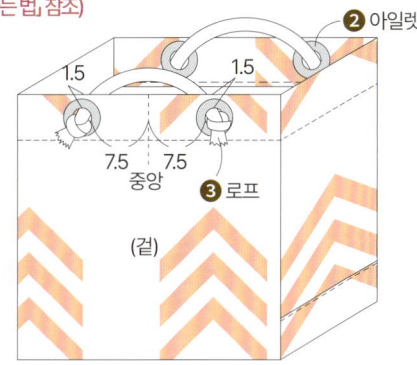

### 원터치 아일렛 링 다는 법

[준비물] 원터치 아일렛 링
* 원터치 아일렛은 별도의 공구 없이 편리하게 설치할 수 있다.
* 원터치 아일렛 링은 설치 후 안쪽에서 보이는 아래쪽 링과 겉쪽에서 보이는 위쪽 링이 한 세트이다.

[아래쪽 링] [위쪽 링]

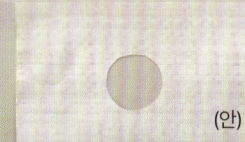
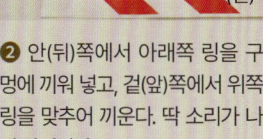

① 구멍을 뚫고 싶은 위치에 아래쪽 링을 대고, 펜 등으로 안쪽 가장자리를 따라 그린다. 선을 따라 가위로 잘라낸다.

② 안(뒤)쪽에서 아래쪽 링을 구멍에 끼워 넣고, 겉(앞)쪽에서 위쪽 링을 맞추어 끼운다. 딱 소리가 나면 완성이다.

---

## 래미네이트 에코백
난이도 ★★☆

[완성 사이즈]
너비 40cm×높이 32cm×바닥 폭 10cm (손잡이 제외)

[재료]
래미네이트(꽃무늬) ......... 80cm×90cm

[도구]
테플론 노루발

[재단 방법과 치수] *단위는 cm

래미네이트(꽃무늬)

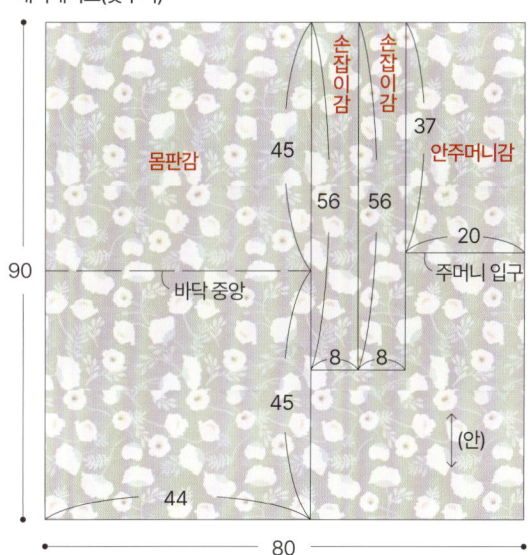

### 1 손잡이 만들기

손잡이감의 위/아래 끝에서 중앙을 향해 접은 다음 다시 반으로 접고, 위/아래 가장자리를 꿰맨다. 총 2개의 손잡이를 만든다. (p.21의 1 참조)

## 2 안주머니 만들기

① 안주머니감의 한쪽 끝(주머니 입구)을 안쪽으로 두 번 접어 가장자리를 꿰매고 그림과 같이 안맞대기로 접는다.

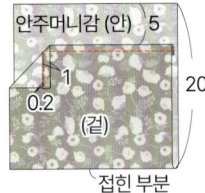

② 양옆을 꿰맨 다음 꿰맨 곳의 앞장에 있는 시접 끝을 잘라내고, 잘라내지 않은 뒷장의 시접을 안쪽으로 두 번 접어 가장자리를 꿰맨다. (p.34의 ①-③~⑤ 참조) 주머니 입구가 보이는 이쪽이 안주머니의 바깥쪽이 된다.

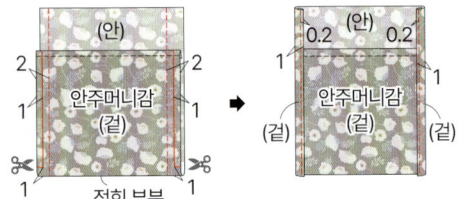

## 3 몸체 만들어 손잡이와 안주머니 달기

① 몸판감을 바닥 중앙을 중심으로 겉맞대기로 접고, 바닥 중앙을 그림과 같이 접어 올린 후 양옆을 꿰맨다.

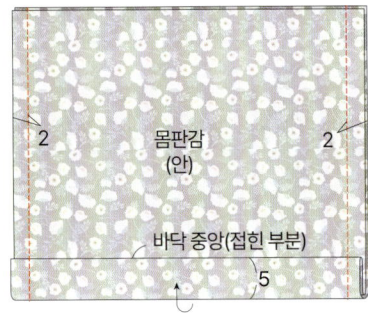

② ①의 양쪽 모퉁이 시접에 가위집을 넣고, 그림처럼 시접 끝을 잘라낸다.

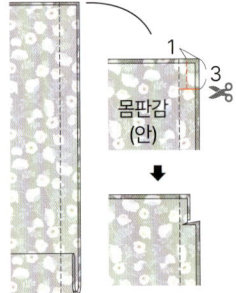

③ 가위집의 아래쪽에 있는 시접을 각각 안쪽으로 접어 넣고(p.35의 ③ 참조) 가장자리를 꿰맨다. 가위집 위쪽에 있는 시접과 아래쪽에 있는 시접을 서로 반대 방향으로 넘긴다.

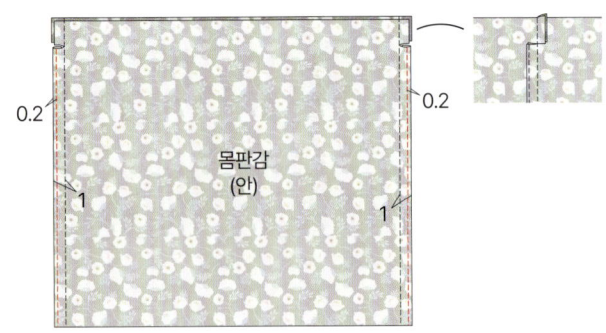

④ ③을 겉으로 뒤집고 입구에 ①의 손잡이를 임시 재봉한다.

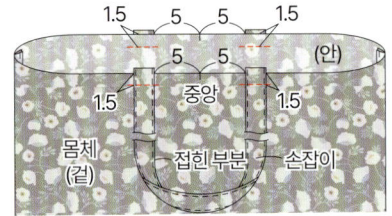

⑤ 가방의 뒤쪽에 해당하는 몸체 겉쪽에 안주머니의 바깥쪽을 맞대고 임시 재봉한다.

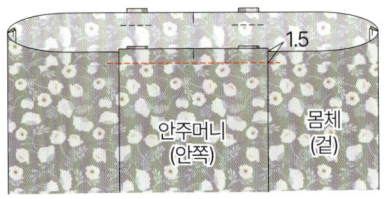

⑥ 몸체의 안이 겉으로 나오도록 뒤집고 입구 끝을 두 번 접어 둘레를 한 바퀴 꿰맨다.

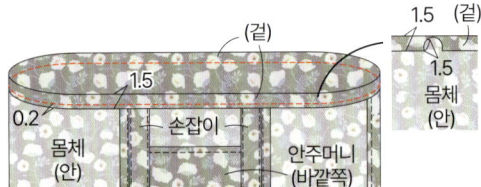

⑦ 손잡이를 세워 놓고 입구 둘레를 한 바퀴 상침한다.

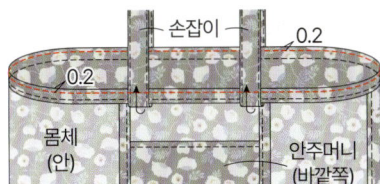

⑧ 겉으로 뒤집고 형태를 가다듬는다.

## arrange 41 래미네이트 보냉 토트백

난이도 ★★☆

〔완성 사이즈〕
너비 20cm×높이 19cm×바닥 폭 10cm
(손잡이 제외)

〔재료〕
래미네이트(꽃무늬) ········· 84cm×32cm
래미네이트(데님 무늬) ········· 32cm×18cm
보냉 시트(은박발포지) ········· 32cm×48cm
지퍼(흰색) ········· 폭 2.5cm×30cm

〔도구〕
테플론 노루발, 지퍼 노루발

〔재단 방법과 치수〕  *단위는 cm

- 바닥감의 바닥 중앙 양 끝을 네모 형태로 잘라낸다. 이때 잘라낸 네모 하나는 지퍼 엔드감으로 사용한다.

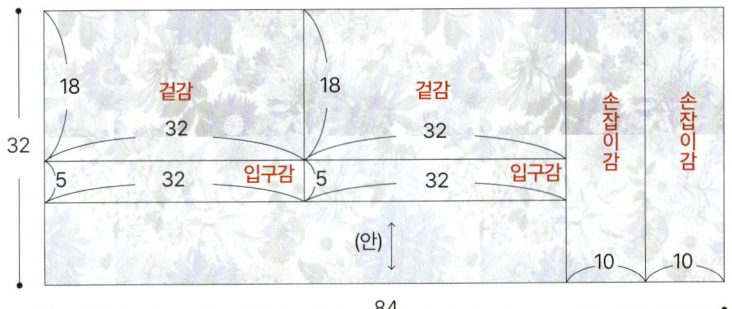

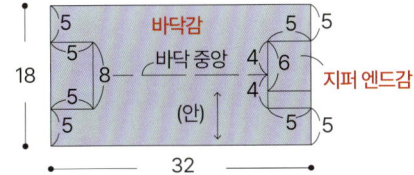

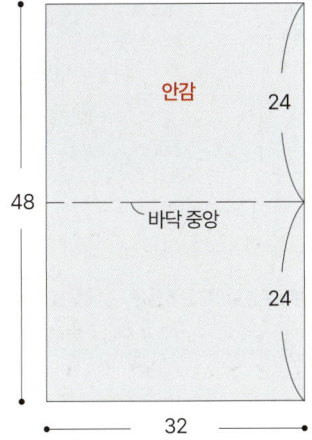

## 1 손잡이 만들기

손잡이감의 위/아래 끝에서 중앙을 향해 접은 다음 다시 반으로 접고, 위/아래 가장자리를 꿰맨다. 총 2개의 손잡이를 만든다. (p.21의 1 참조)

## 2 겉 몸체 만들기

① 겉감 한 장과 바닥감을 겉맞대기로 포개고 아래쪽 가장자리를 꿰맨다.

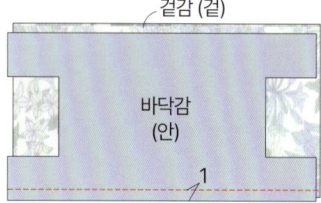

② 같은 방법으로 바닥감 반대편에 또 한 장의 겉감을 겉맞대기로 꿰매고, 시접을 바닥 쪽으로 넘긴 다음 각 솔기의 가장자리를 꿰맨다.

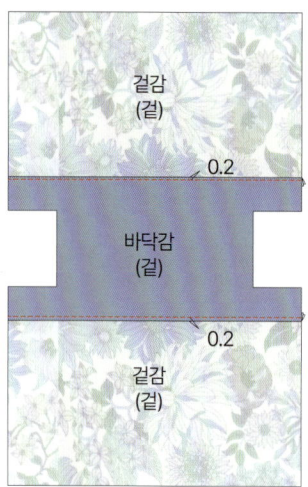

③ ②를 바닥 중앙을 중심으로 겉맞대기로 접고 양옆을 꿰맨 다음 시접을 가르고 옆선과 바닥 중앙을 맞대어 가장자리를 꿰맨다.

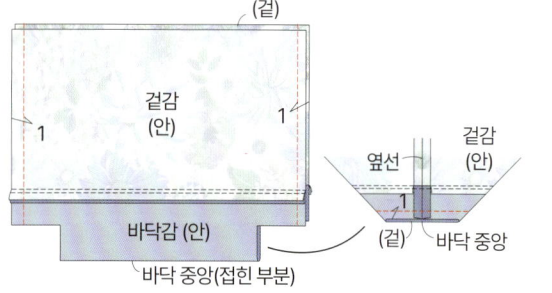

## 3 안 몸체 만들기

안감을 바닥 중앙을 중심으로 겉맞대기로 접고, 바닥 중앙을 앞으로 접어 올린 다음 양옆을 꿰맨다.

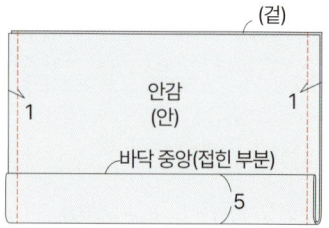

## 4 지퍼와 입구감 꿰매기

① 지퍼 엔드감의 세 변을 안쪽으로 접고, 지퍼를 그림과 같이 포갠 다음, 하단 지퍼 스톱 쪽을 꿰맨다. 그리고 지퍼 엔드감을 지퍼 겉쪽으로 접어서 가장자리를 꿰맨다. (p.142의 5-①~② 참조)

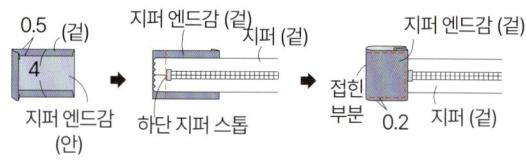

② 한 장의 입구감 위에 ①을 겉맞대기로 포개고 지퍼 가장자리를 꿰맨다.

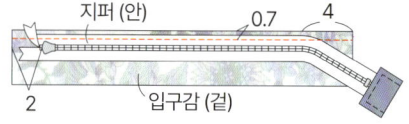

③ ②를 펼쳐서 나머지 한 장의 입구감 위에 겉맞대기로 포개고, 지퍼의 꿰매지 않은 쪽 가장자리를 꿰맨다.

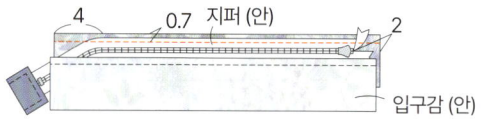

④ 입구감의 겉끼리 맞닿도록 포개고 지퍼가 꿰매지지 않도록 안쪽으로 넣은 후 양옆을 꿰맨다. 시접을 가르고 솔기의 양옆을 상침한다.

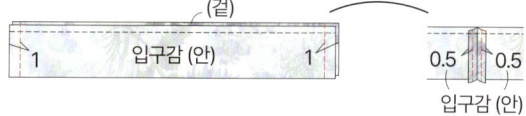

⑤ 겉으로 뒤집은 다음 지퍼 끝부분을 밖으로 꺼내두고, 입구감의 상단 둘레를 한 바퀴 꿰맨다. (p.143의 ⑤-⑧ 참조)

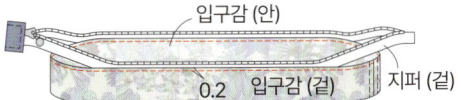

## 5 겉 몸체, 안 몸체, 입구감 꿰매기

① 겉 몸체를 겉으로 뒤집고, 겉 몸체 속에 안 몸체를 안맞대기로 넣은 다음 입구 둘레를 한 바퀴 임시 재봉한다.

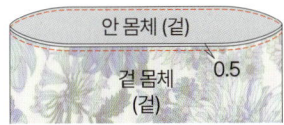

② 겉 몸체의 겉쪽에 손잡이를 임시 재봉한다.

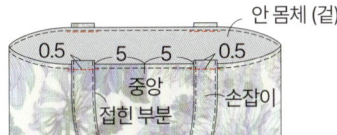

③ ④의 지퍼를 단 입구감을 지퍼가 아래로 가도록 겉맞대기로 ②의 겉 몸체에 끼우고 입구 둘레를 한 바퀴 꿰맨다.

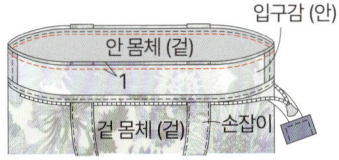

④ 입구감을 겉이 보이도록 세워 올린 후 가방 안쪽으로 다시 접어 넣고, 입구를 2줄로 상침한다.

## arrange 42 타이벡 클러치 백

난이도 ★★☆

〔완성 사이즈〕
너비 38cm×높이 26cm

〔재료〕
타이벡(갈색) ········· 80cm×54cm
지퍼(갈색) ········· 폭 2.5cm×35cm
가죽 라벨(원하는 색상) ········· 폭 1.8cm×5cm
양면 징(소·발 길이 6mm) ········· 3쌍
D링(15mm) ········· 1개
개고리(15mm) ········· 1개

〔도구〕
지퍼 노루발, 송곳, 고무판, 받침대(몰드), 징 치개(누름쇠), 쇠망치

〔재단 방법과 치수〕 *단위는 cm

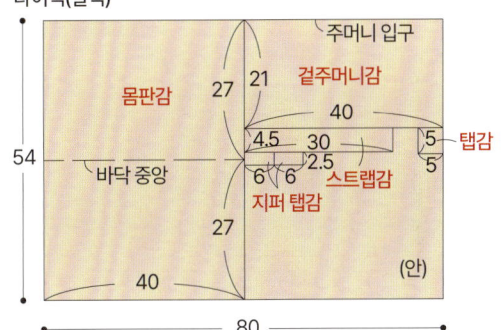

## 1 겉주머니 달기

① 겉주머니감의 주머니 입구 쪽 끝부분을 안쪽으로 접어 2줄로 꿰맨다.

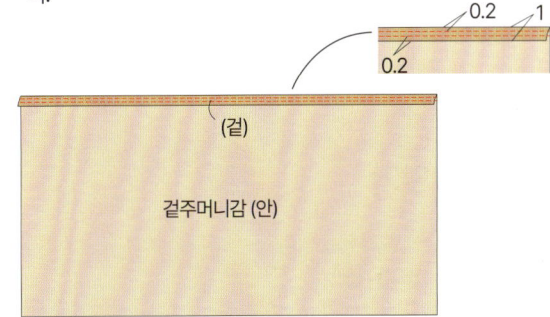

② 몸판감의 바닥 중앙과 겉주머니의 바닥 쪽이 맞닿도록 ①의 겉주머니를 몸판감에 겉맞대기로 포갠다. (p.57의 ❸ 참조)

③ 겉주머니감을 겉쪽이 보이도록 접어 올리고 바닥 쪽 가장자리를 상침한 후(p.57의 ❹ 참조) 겉주머니 중앙에 폭 0.3cm의 긴 직사각형 형태로 꿰매기를 하여 칸막이를 만든다. (p.57의 ❻ 참조)

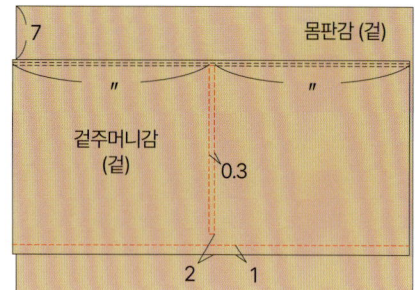

④ 칸막이 위에 양면 징을 박고, 양면 징으로 가죽 라벨을 겉주머니에 단다. (p.61의 「양면 징 박는 법」 참조)

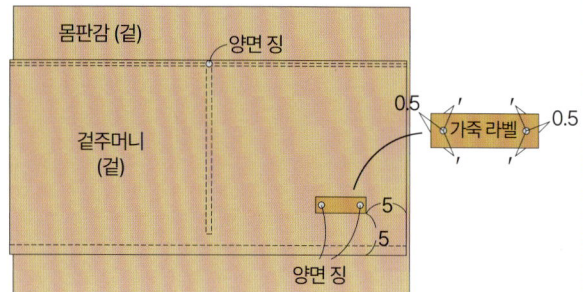

⑤ 겉주머니 양옆을 임시 재봉한다. 탭감을 접어 꿰매고(p.71의 ❶-❸~❻ 참조), 탭감에 D링을 통과시킨 다음 반으로 접어 몸판감에 임시 재봉한다. (p.112의 ❷-❸ 참조)

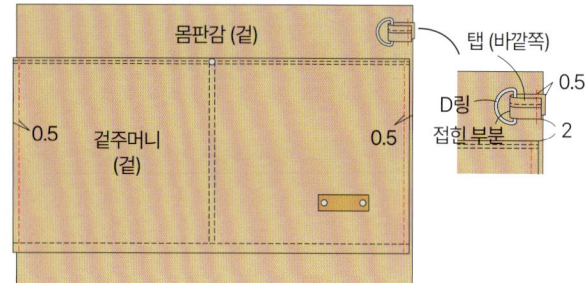

## 2 지퍼 달기

① 지퍼 양옆에 지퍼 탭을 단다.
(p.111의 ❶-❺~❻ 참조)

② 몸판감의 겉에 지퍼를 겉맞대기로 포개고 가장자리를 임시 재봉한다. (p.112의 ❸-❶~❷ 참조)

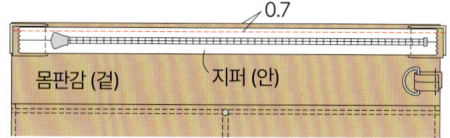

③ 지퍼의 겉이 보이도록 펼친 다음 지퍼 가장자리를 상침한다.

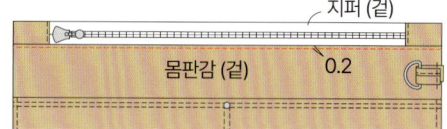

④ 몸판감을 겉맞대기로 접어 올리고 지퍼의 꿰매지 않은 쪽 가장자리를 임시 재봉한 후 겉으로 뒤집어 가장자리를 상침한다.

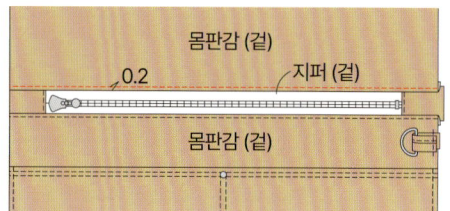

## 3 몸체 만들고 스트랩 달기

① 몸판감의 겉과 겉이 만나도록 뒤집고 양옆을 꿰맨다.

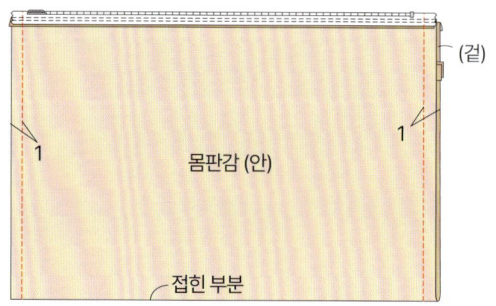

② 스트랩감을 앞서 탭감을 접어 꿰맨 것과 같은 방법으로 접어 꿰매고, 개고리를 단다. (p.111의 ❶-❷~❹ 참조)

③ 몸체를 겉으로 뒤집고 탭에 달린 D링에 스트랩에 달린 개고리를 걸어 완성한다.

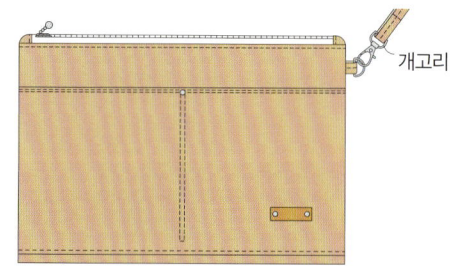

# 인조 가죽 심플 백
난이도 ★★☆

# 인조 가죽 바이컬러 백
난이도 ★★☆

〔완성 사이즈〕
너비 28cm×높이 30cm×바닥 폭 10cm (숄더 스트랩 제외)

〔재료〕

**인조 가죽 심플 백**
인조 가죽(갈색) ····· 80cm×80cm
가죽 장식 연결 고리(갈색·3.8cm×3.8cm
·양면 징 포함) ····· 2개

**인조 가죽 바이컬러 백**
인조 가죽(파란색) ····· 80cm×41cm
인조 가죽(베이지) ····· 40cm×41cm
가죽 장식 연결 고리(베이지·3.8cm×3.8cm
·양면 징 포함) ····· 2개

**공통**
양면 징(소·발 길이 6mm) ····· 1쌍
자석 단추(지름 1.4cm) ····· 1쌍
숄더 스트랩(폭 1.5cm·원하는 색상·개고리 달린 것) ····· 1개

〔도구〕
테플론 노루발, 송곳, 고무판, 받침대(몰드), 징 치개(누름쇠), 쇠망치

〔재단 방법과 치수〕　＊단위는 cm
- 인조 가죽 심플 백의 몸판감 바닥 중앙 양 끝을 네모 형태로 잘라낸다.
- 인조 가죽 바이컬러 백의 몸판감 a, b 아래 양쪽 모퉁이를 네모 형태로 잘라낸다.

<인조 가죽 심플 백>
인조 가죽(갈색)

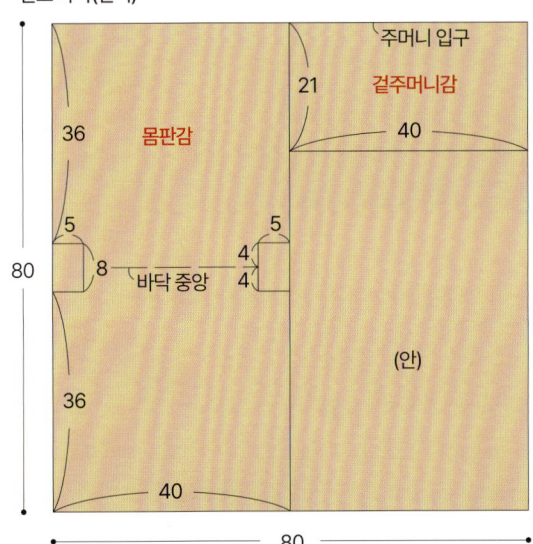

<인조 가죽 바이컬러 백>
인조 가죽(파란색)

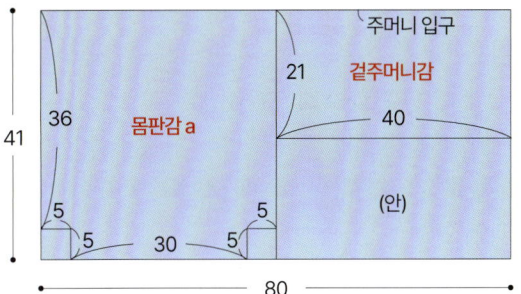

인조 가죽(베이지)

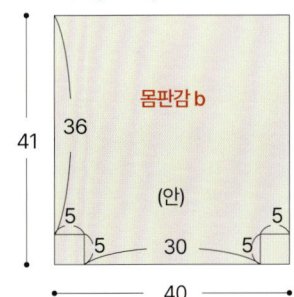

※ 만드는 방법은 심플 백과 바이컬러 백 공통이며 사진은 바이컬러 백을 기준으로 하였다.

## 1 몸판감 맞대어 꿰매기 (바이컬러 백만 해당)

① 몸판감 a, b를 겉맞대기로 포개고 바닥 가장자리를 꿰맨다.

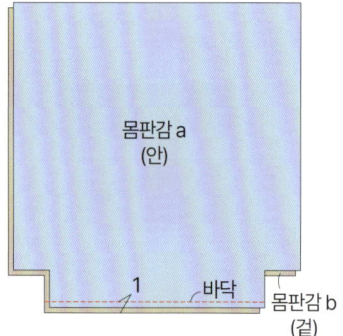

② ①을 펼친 다음 시접을 가르고 솔기 양쪽 가장자리를 상침한다.

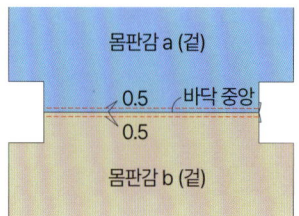

## 2 겉주머니 달고 몸체 만들기

① 겉주머니감의 주머니 입구를 안쪽으로 접어 꿰맨다.

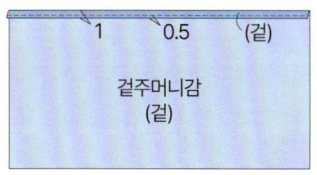

② 겉주머니를 ①의 겉쪽(심플 백의 경우 몸판감의 겉쪽)에 겉맞대기로 포개고 그림과 같은 위치를 꿰맨다.

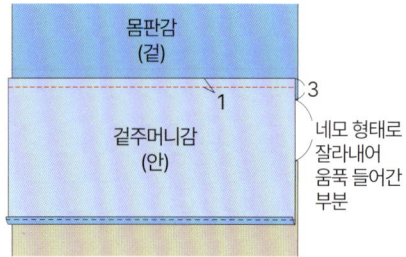

③ 겉주머니의 겉이 보이도록 들어 올린 후 세 변을 꿰매고 중앙에 칸막이를 만든다.

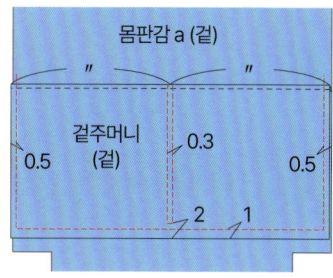

④ 몸판감을 바닥 중앙을 중심으로 겉맞대기로 접고 양옆을 꿰맨 다음 시접을 가르고 옆선과 바닥 중앙을 맞대어 가장자리를 꿰맨다.

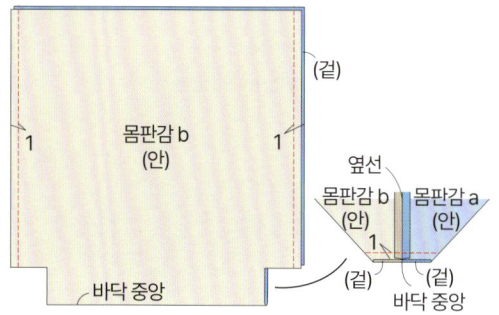

## 3 몸체에 부품 달아 완성하기

① 몸체를 겉으로 뒤집고 입구 끝을 안으로 접어 넣은 다음 둘레를 한 바퀴 꿰맨다. 안으로 접혀 들어간 끝부분을 다시 안으로 접어 넣고 입구 둘레를 한 바퀴 꿰맨다.

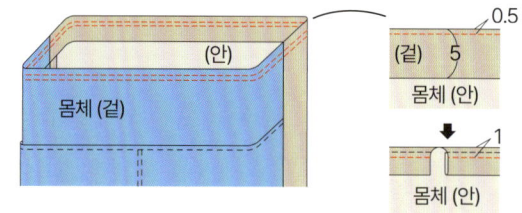

② 입구의 양옆에 가죽 장식 연결 고리를 끼우고 양면 징으로 고정한다. (p.61의 「양면 징 박는 법」 참조)

③ 겉주머니의 칸막이 위에 양면 징을 박는다.

④ 입구의 앞판과 뒤판 중앙에 자석 단추를 단다. (p.38의 「자석 단추 다는 법」 참조)

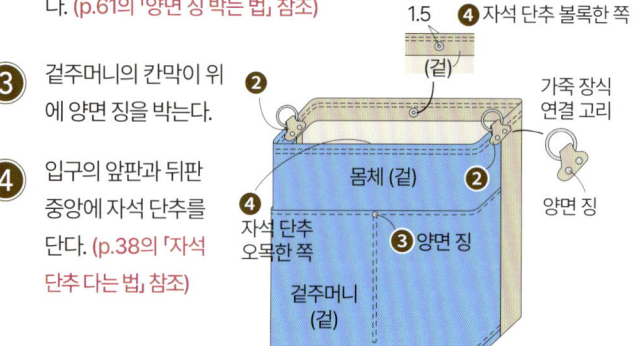

## 유치원 및 학교용 소품

꿰매지 않고 만들 수 있어요!

재봉이 서툴러도 쉽게 만들 수 있는 가방들을 소개합니다. 모두 수예용 본드를 활용하면 되니 만들기도 쉬워요. 꼭 도전해 보시길 바랍니다.

**basic 45**
학원 가방 A

**arrange 47**
신발주머니 A

동물 무늬 천과 우주 무늬 천을 조합하여 만들었습니다. 각각의 천이 보이는 면적을 다르게 해서 다른 인상을 주는 두 가지 가방으로 만들었습니다.

**basic 46**
학원 가방 B

**arrange 48**
신발주머니 B

레이스를 달아 귀여움을 더했습니다. 신발주머니는 세로 줄무늬 천을 돌려서 가로 보더 무늬로 사용했어요.

사이즈가 다른 두루주머니는 체육복 주머니와 컵 주머니로 활용할 수 있어요. 가벼운 두루주머니는 사이즈별로 여러 개 만들어 두면 매우 편리합니다.

arrange
## 49
**체육복 주머니**

arrange
## 50
**컵 주머니**

arrange
## 51
**어른용 레슨백**

아이들용 학원 가방을 천만 바꾸면 어른용으로도 충분히 쓸 수 있습니다. 서류나 책, 잡지를 넣을 수 있지요.

## how to make

**basic 45** 학원 가방 A  난이도 ★☆☆

**basic 46** 학원 가방 B  난이도 ★☆☆

〔완성 사이즈〕

30cm / 40cm

〔재료〕

**학원 가방 A**
- 면마 캔버스(동물 무늬) ····· 84cm×23cm
- 면 옥스(우주 무늬) ····· 42cm×30cm
- 퀼팅(별 무늬) ····· 42cm×62cm
- 태그(원하는 디자인) ····· 6cm×1.8cm
- 아크릴 웨빙끈(갈색) ····· 폭 2.5cm×32cm [2개]

**학원 가방 B**
- 면 옥스(디저트 무늬) ····· 84cm×23cm
- 면 옥스(스트라이프 무늬) ····· 30cm×42cm
- 퀼팅(별 무늬) ····· 42cm×62cm
- 태그(원하는 디자인) ····· 6cm×1.8cm
- 레이스 테이프(오프화이트) ····· 폭 2.2cm×42cm [2개]
- 아크릴 웨빙끈(베이지) ····· 폭 2.5cm×32cm [2개]

〔도구〕
수예용 본드, 트레이싱지(기름종이 등과 같이 비치는 것), 다리미, 다리미판

▲ 수예용 본드

〔재단 방법과 치수〕 * 단위는 cm

<학원 가방 A> 면마 캔버스(동물 무늬)
<학원 가방 B> 면 옥스(디저트 무늬)

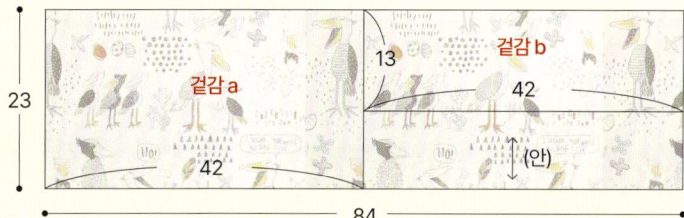

겉감 a — 23 / 42 / 84
겉감 b — 13 / 42 / (안)

<공통> 퀼팅(별 무늬)

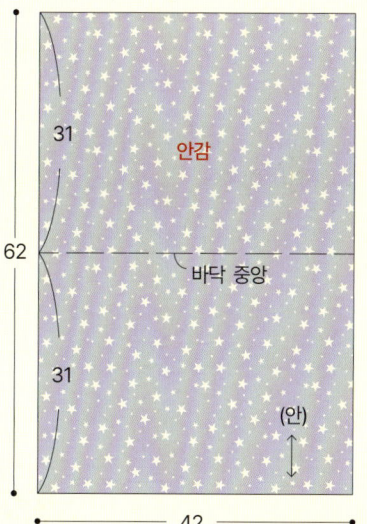

안감 — 31 / 31 / 62 / 42 / 바닥 중앙 / (안)

<학원 가방 A> 면 옥스(우주 무늬)

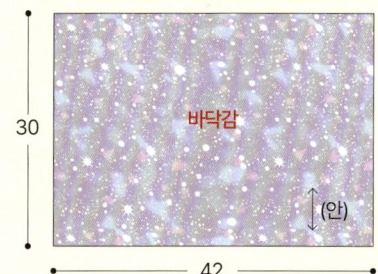

바닥감 — 30 / 42 / (안)

<학원 가방 B> 면 옥스(스트라이프 무늬)

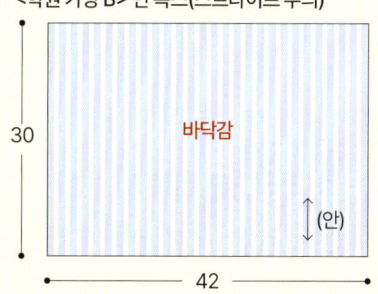

바닥감 — 30 / 42 / (안)

Ⓐ 겉감 a  Ⓑ 겉감 b  Ⓒ 바닥감  Ⓓ 안감

# 1 겉 몸체 만들기

① 바닥감의 위/아래 끝부분을 안쪽으로 접고 다리미로 눌렀다가 다시 펼쳐서 접혔던 부분에 수예용 본드를 바른다.

**POINT** 수예용 본드를 바를 때는 천 아래에 안 쓰는 종이를 깔아둔다. 본드는 제품에 딸려온 주걱으로 바르고, 밖으로 삐져나오지 않도록 주의한다.

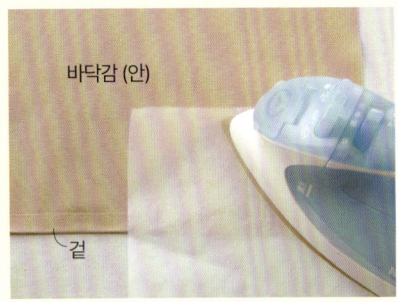

② 다시 접어 붙인 다음 트레이싱지를 대고 다리미로 누른다.

**POINT** 다리미는 밀지 말고 위에서 누르듯 대어야 접힌 부분이 뒤틀리지 않고 잘 붙여진다.

③ 하단의 접어 붙인 부분에 본드를 바른다.

④ ❸에 겉감 a의 가장자리를 포개어 붙이고, 같은 방법으로 바닥감의 반대쪽에도 본드를 발라 겉감 b를 붙인다.

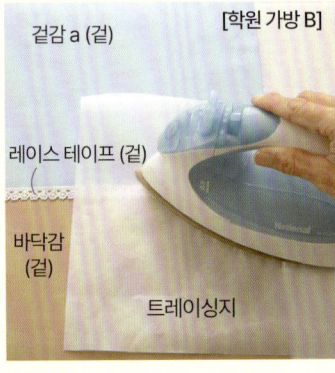

⑤ [학원 가방 B] ❹를 겉쪽이 보이도록 뒤집은 다음 레이스 테이프의 뒷면에 접착제를 발라 솔기 부분에 붙인다. 트레이싱지를 대고 다리미로 누른다.

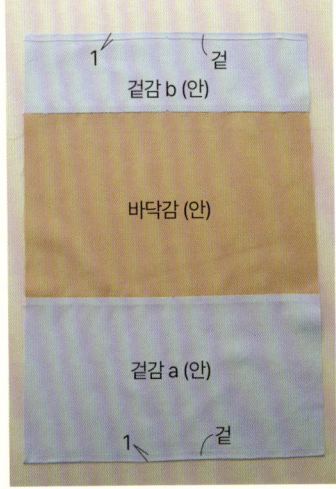

⑥ 안쪽이 보이도록 뒤집고 위/아래 끝을 안쪽으로 접어 다리미를 댄 후 접혔던 부분에 본드를 발라 붙이고 다리미로 누른다.

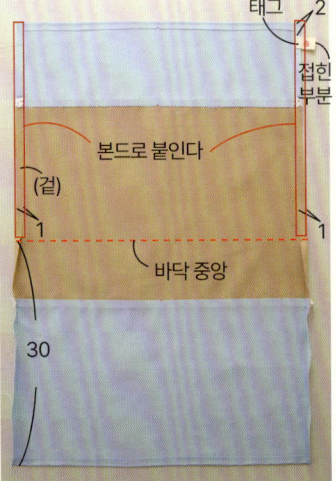

⑦ 좌우 양 끝을 안쪽으로 접고, 바닥 중앙을 기준으로 위쪽 반쪽만 본드로 붙인다. 태그를 반으로 접어 붙이고 접은 태그를 겉감 오른쪽 위에 붙여 단다.

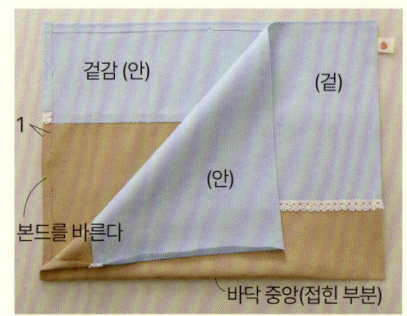
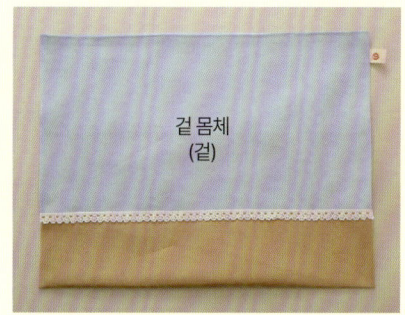
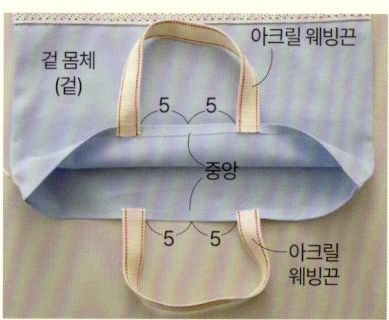

⑧ ❼에서 붙인 부분에 본드를 바르고 바닥 중앙을 중심으로 안맞대기로 반을 접어 양옆을 붙인 다음 다리미로 누른다.

⑨ 붙인 후의 모습. 겉 몸체가 완성된다.

⑩ 겉 몸체의 입구 안쪽에 아크릴 웨빙끈을 본드로 붙이고 다리미로 누른다.

## 2 안 몸체 만들기

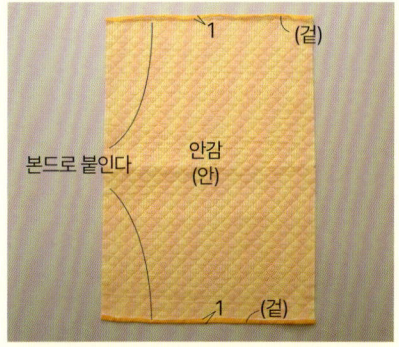

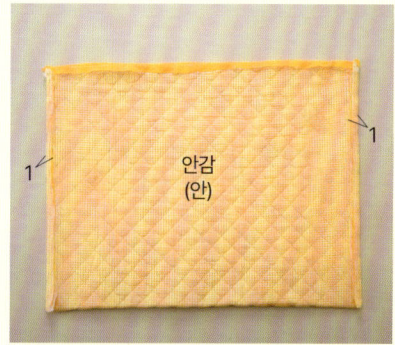

❶ 안감의 위/아래 끝을 안쪽으로 접어 본드로 붙이고 다리미로 누른다.

❷ 바닥 중앙을 기준으로 위쪽 반쪽에만 안감 겉쪽 좌우 양 끝에 본드를 바른 다음, 겉맞대기로 반을 접어 붙인다. 다리미로 누른다.

❸ 양옆에 붙인 부분의 시접을 앞쪽으로 넘기고 다리미로 누른다.

## 3 겉 몸체와 안 몸체 붙이기

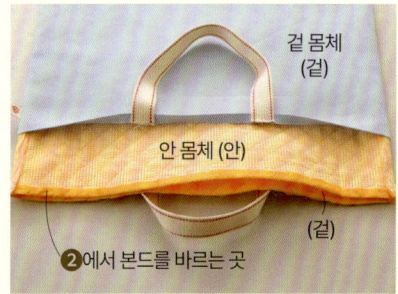
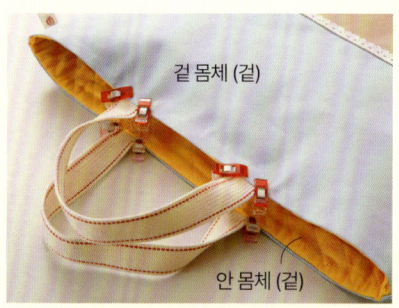

❶ 겉 몸체 속에 안 몸체를 시접이 겹치지 않도록 넣는다.

❷ 안 몸체 입구의 접은 부분에 본드를 바르고 겉 몸체와 붙인 후 다리미로 누른다.

**POINT** 웨빙끈은 잘 붙지 않으므로 일정 시간 동안 클립을 끼워두어 단단히 붙인다.

❸ 제대로 붙지 않은 부분이 있다면 본드로 붙이고 다리미로 눌러 완성한다.

## arrange 47 신발 주머니 A
난이도 ★☆☆

## arrange 48 신발 주머니 B
난이도 ★☆☆

〔완성 사이즈〕
너비 22cm×높이 28cm
(손잡이 제외)

〔재료〕

**신발 주머니 A**
- 면마 캔버스(동물 무늬) …… 48cm×19cm
- 면 옥스(우주 무늬) …… 24cm×29cm
- 퀼팅(별 무늬) …… 24cm×58cm
- 아크릴 웨빙끈(갈색) …… 폭 2.5cm×6cm, 폭 2.5cm×32cm
- 플라스틱 D링(갈색·25mm) …… 1개

**신발 주머니 B**
- 면 옥스(디저트 무늬) …… 48cm×19m
- 면 옥스(스트라이프 무늬) …… 24cm×29cm
- 퀼팅(별 무늬) …… 24cm×58cm
- 레이스 테이프(오프화이트) …… 폭 0.9cm×24cm
- 아크릴 웨빙끈(베이지) …… 폭 2.5cm×6cm, 폭 2.5cm×32cm
- 플라스틱 D링(갈색·25mm) …… 1개

〔도구〕
수예용 본드, 트레이싱지, 다리미, 다리미판

〔재단 방법과 치수〕 * 단위는 cm

• <신발 주머니 B>의 바닥감은 스트라이프 무늬의 방향을 바꾸어 보더 무늬로 사용하고 있다.

<신발 주머니 A> 면마 캔버스(동물 무늬)
<신발 주머니 B> 면 옥스(디저트 무늬)

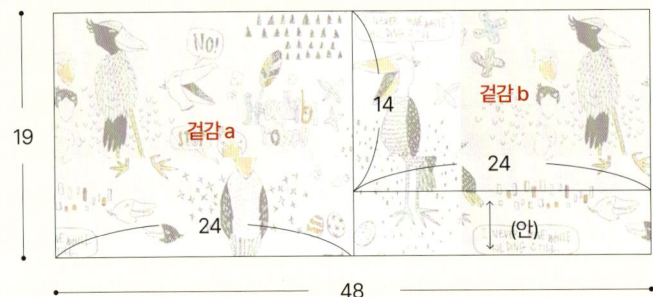

<공통> 퀼팅(별 무늬)

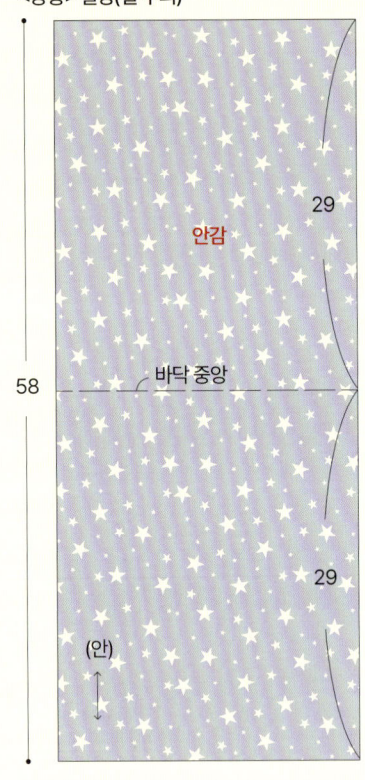

<신발 주머니 A> 면 옥스(우주 무늬)

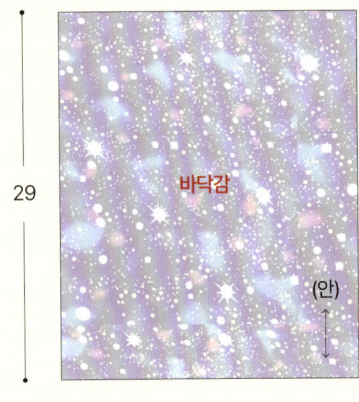

<신발 주머니 B> 면 옥스(스트라이프 무늬)

## 1 겉 몸체 만들기

**①** 바닥감의 위/아래 끝을 안쪽으로 접어 붙이고, 접은 곳에 본드를 발라 겉감 a, b를 붙인다. <신발 주머니 B>는 겉감 a와 바닥감 사이 솔기에 레이스 테이프를 붙인다. (p.170의 ❶~❺ 참조)

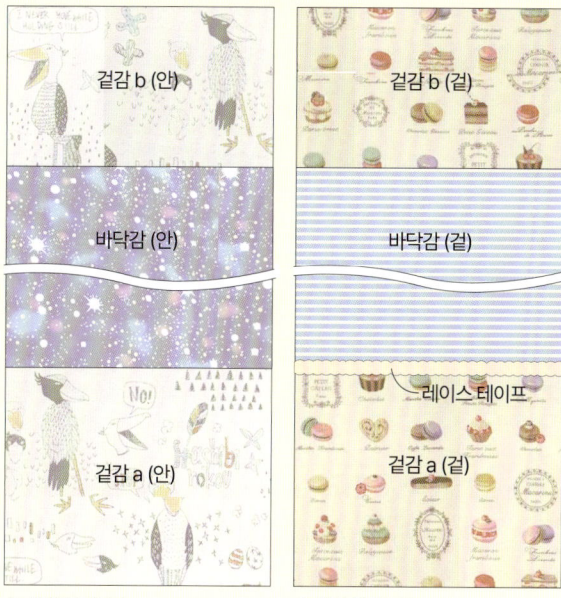

▲ 신발 주머니 A   ▲ 신발 주머니 B

**②** ❶의 위/아래 끝을 안쪽으로 접어 붙인 다음, 좌우 양 끝을 안쪽으로 접되 바닥 중심을 기준으로 위쪽 반쪽에만 본드를 발라 붙인다. (p.170의 ❻~❼ 참조)

**③** ❷에서 접어 붙인 부분에 본드를 바르고, 안맞대기로 반을 접어 붙여 겉 몸체를 완성한다. (p.171의 ❽~❾ 참조)

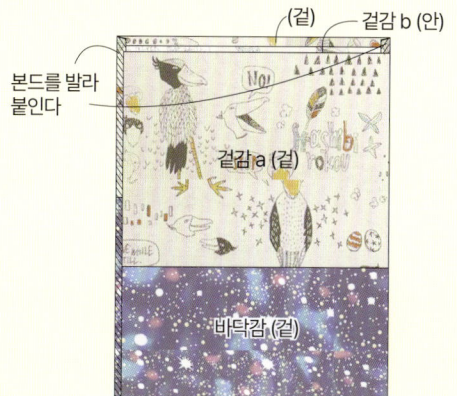

**④** 6cm의 아크릴 웨빙끈에 D링을 통과시켜 반으로 접고, 끝부분끼리 맞대어 본드로 붙인다. 그리고 이것을 겉감 a 쪽 입구의 안쪽에 붙인다.

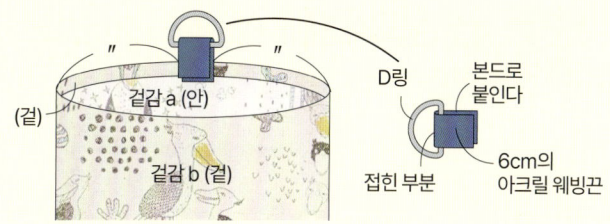

**⑤** 32cm의 아크릴 웨빙끈을 반으로 접고 끝부분끼리 맞대어 본드로 붙인다. 그리고 이것을 겉감 b 쪽 입구의 안쪽에 붙인다.

## 2 안 몸체 만들기

안감의 위/아래 끝을 안쪽으로 접어 붙인 다음, 겉맞대기로 반을 접고 위쪽 반쪽만 좌우 양 끝에 본드를 발라 붙인다. (p.171의 2 참조)

## 3 겉 몸체와 안 몸체 붙이기

겉 몸체 속에 안 몸체를 안맞대기로 넣고 입구 부분에 본드를 발라 겉 몸체와 안 몸체를 붙인다. (p.171의 3 참조)

| arrange 49 | 체육복 주머니 |
| --- | --- |
| | 난이도 ★☆☆ |

| arrange 50 | 컵 주머니 |
| --- | --- |
| | 난이도 ★☆☆ |

〔완성 사이즈〕
체육복 주머니:
너비 29cm×높이 33cm
컵 주머니:
너비 19cm×높이 19cm

〔재료〕

**체육복 주머니**
면 옥스(초콜릿 무늬) ····· 60cm×37cm
둥근 끈(갈색) ····· 75cm

**컵 주머니**
면 옥스(디저트 무늬) ····· 40cm×23cm
둥근 끈(분홍색) ····· 55cm

〔도구〕
수예용 본드, 트레이싱지, 다리미, 다리미판, 끈끼우개

〔재단 방법과 치수〕 *단위는 cm

<체육복 주머니> 면 옥스(초콜릿 무늬)

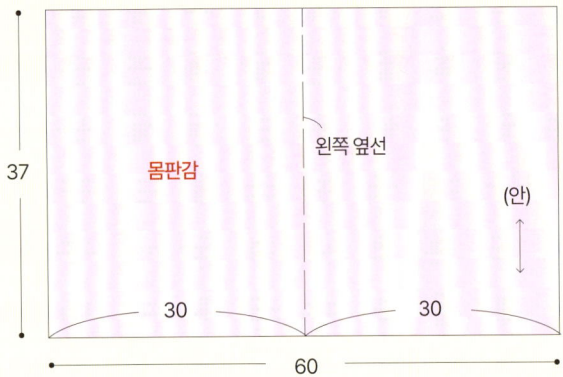

<컵 주머니> 면 옥스(디저트 무늬)

## 1 몸체 만들기

① 몸판감 좌우 양 끝을 각각 1cm씩 안쪽으로 접어 본드로 붙이고 다리미로 누른다.

② 이번에는 위/아래 끝을 각각 1cm씩 안쪽으로 접어 본드로 붙이고 다리미로 누른 다음, 상단의 접은 부분에 본드를 바른다.

③ 계속해서 위쪽 끝을 안쪽으로 접어 내려 붙이고 다리미로 누른다. 왼쪽 옆선을 중심으로 오른쪽 반쪽의 시접에 본드를 바르되, 끈이 통과하는 구멍을 만들기 위해 위쪽 끝의 시접은 지정된 치수 만큼 남겨둔다.

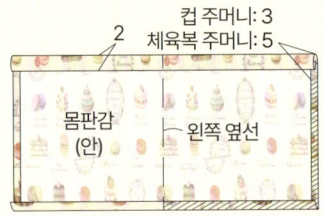

④ 옆선을 중심으로 안맞대기로 반을 접어 붙이고 다리미로 누른다.

## 2 끈 끼우기

끈이 통과하는 구멍을 통해 둥근 끈을 끼우고, 끈의 양 끝을 하나로 매듭지어 완성한다.

## arrange 51 어른용 레슨백

난이도 ★☆☆

〔완성 사이즈〕
너비 32cm×높이 35cm (손잡이 제외)

〔재료〕
면 옥스(꽃무늬) ·········· 68cm×23cm
면 옥스(데님 무늬) ·········· 34cm×40cm
면마 선염 스펙(스트라이프 무늬) ·········· 34cm×72cm
라벨(원하는 디자인) ·········· 4.5cm×1.3cm
아크릴 웨빙끈(와인색) ·········· 폭 3cm×33cm [2개]

〔도구〕
수예용 본드, 트레이싱지, 다리미, 다리미판

〔재단 방법과 치수〕  * 단위는 cm

면 옥스(꽃무늬)

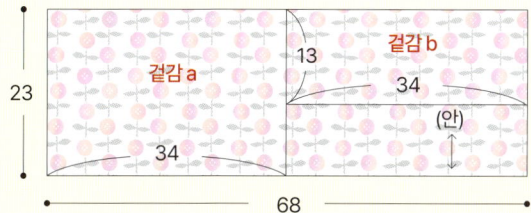

면 옥스(데님 무늬)   면마 선염 스펙(스트라이프 무늬)

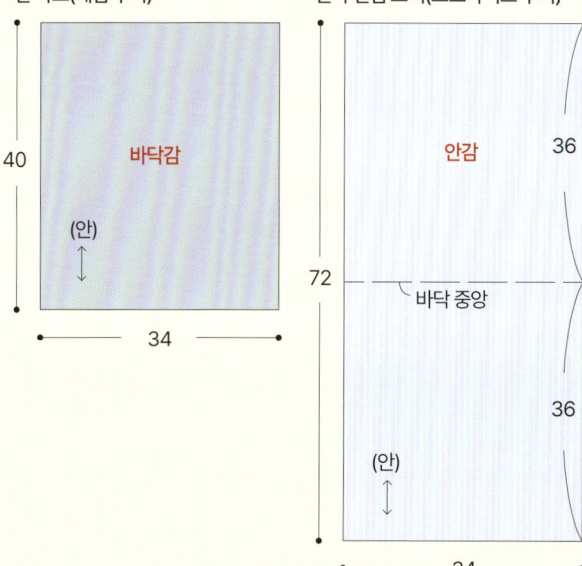

## 1 겉 몸체 만들기

① 바닥감의 위/아래 끝을 안쪽으로 접어 붙이고, 접은 곳에 본드를 발라 겉감 a, b를 붙인다. (p.170의 ①~④ 참조)

② ①의 위/아래 끝을 안쪽으로 접어 붙인 다음, 좌우 양 끝을 안쪽으로 접되 바닥 중심을 기준으로 위쪽 반쪽에만 본드를 발라 붙인다. 접어 붙인 곳에 본드를 바른다. (p.170의 ⑥~⑦ 참조)

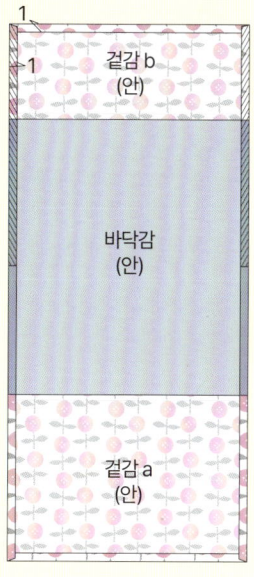

③ 바닥 중심을 기준으로 안맞대기로 반을 접어 붙이고, 입구의 시접 쪽에 아크릴 웨빙끈을 붙인다. (p.171의 ⑧~⑩ 참조)

## 2 안 몸체 만들기

안감의 위/아래 끝을 안쪽으로 접어 붙인 다음, 겉맞대기로 반을 접고 위쪽 반쪽만 좌우 양 끝에 본드를 발라 붙인다. (p.171의 2 참조)

## 3 겉 몸체와 안 몸체 붙이기

① 겉 몸체 속에 안 몸체를 넣고, 입구의 접은 부분에 본드를 발라 안 몸체와 붙인다. (p.171의 3 참조)

② 겉 몸체의 겉쪽에 라벨을 본드로 붙이고 다리미로 눌러준다.

기본부터 배우는 나의 첫 가방 교과서
## 가방의 기본

1판 1쇄 펴냄  2022년 11월 15일

**지은이**  이노마타 유키
**펴낸이**  정현순
**인쇄**  ㈜한산프린팅

**펴낸곳**  ㈜북핀
**등록**  제2021-000086호(2021. 11. 9)
**주소**  경기도 부천시 조마루로385번길 92
**전화**  032-240-6110 / **팩스**  02-6969-9737

ISBN 979-11-91443-13-4  13630
값 20,000원

파본이나 잘못 만들어진 책은 구입하신 서점에서 바꾸어 드립니다.

※ 본서 내용의 일부 혹은 전부를 무단으로 복제(카피·데이터 파일화하는 것), 전재(웹사이트·블로그 등의 전자 미디어 포함)하는 것은 법률로 인정된 경우를 제외하고 저작자 및 출판사의 권리를 침해하는 것입니다. 대행업자 등의 제삼자에게 의뢰해 본서를 전자 데이터화하는 것도 인정되지 않습니다.

● STAFF
촬영: 타나베 에리
스타일링: 쿠시오 히로에
모델: 야하라 리카
북 디자인: 세토 후유미
트레이스: 야츠몬지 노리코
교열: 아케치 케이코
집필 협력: 에비하라 준코
편집 협력: 주식회사 씨오투(이시이 카오리)

● 소재 제공
우에무라 주식회사(INAZUMA)
오오츠카야 넷숍
키지키지
주식회사 코카
코니시 주식회사
CHECK&STRIPE
데콜렉션즈
주식회사 노무라 테일러

● 촬영 협력
AWABEES
TITLES
NIMAI NITAI

Original Japanese title: HAJIMETE DEMO SUTEKI NI TSUKURERU BAG NO KIHON
Copyright © 2020 Yuki Inomata
Original Japanese edition published by Seito-sha Co., Ltd.
Korean translation rights arranged with Seito-sha Co., Ltd.
through The English Agency (Japan) Ltd. and Eric Yang Agency, Inc

이 책의 한국어판 저작권은 에릭양 에이전시를 통한 西東社와의 독점계약으로 ㈜북핀에 있습니다. 저작권법에 의하여 한국 내에서 보호를 받는 저작물이므로 무단전재와 무단복제를 금합니다.